本书获得教育部人文社会科学重点研究基地
北京师范大学国际与比较教育研究院的资助

学校课程建设与综合化实施

基于北京市中小学的实践与探索

杨明全 等著

北京师范大学出版集团
BEIJING NORMAL UNIVERSITY PUBLISHING GROUP
北京师范大学出版社

图书在版编目(CIP)数据

学校课程建设与综合化实施：基于北京市中小学的
实践与探索/杨明全等著．—北京：北京师范大学出
版社，2021.6
　ISBN 978-7-303-26615-9

Ⅰ．①学… Ⅱ．①杨… Ⅲ．①中小学－课程建设－研
究　Ⅳ．①G632.3

中国版本图书馆 CIP 数据核字(2020)第 259852 号

营　销　中　心　电　话　　010-58802135　010-58802786
北师大出版社教师教育分社微信公众号　京师教师教育

出版发行：北京师范大学出版社　www.bnup.com
　　　　　北京市西城区新街口外大街 12-3 号
　　　　　邮政编码：100088
印　　刷：北京京师印务有限公司
经　　销：全国新华书店
开　　本：787 mm×1092 mm　1/16
印　　张：23.75
字　　数：358 千字
版　　次：2021 年 6 月第 1 版
印　　次：2021 年 6 月第 1 次印刷
定　　价：82.00 元

策划编辑：鲍红玉　　　　　责任编辑：孟　浩
美术编辑：李向昕　　　　　装帧设计：原创文化
责任校对：康　悦　　　　　责任印制：马　洁

前　言

一

党的十八大以来，我国在学校教育领域明确提出以"立德树人"为根本任务，"培养什么人""怎样培养人"成为当下教育发展必须回答的时代课题。在这一宏观背景下，我国的学校教育改革进入了"快车道"，一系列改革举措陆续发布和实施。2014 年 3 月，《教育部关于全面深化课程改革 落实立德树人根本任务的意见》发布，要求充分发挥课程在人才培养中的核心作用，进一步提升综合育人水平，更好地促进各级各类学校学生的全面发展。2016 年 9 月，《中国学生发展核心素养》研究成果发布，指出了学生应具备的、能够适应终身发展和社会发展需要的必备品格和关键能力。2019 年 2 月，中共中央、国务院印发了《中国教育现代化 2035》，提出了到 2035 年总体实现教育现代化、迈入教育强国行列的目标，明确了推进教育现代化的基本理念。2019 年 6 月，《中共中央 国务院关于深化教育教学改革全面提高义务教育质量的意见》发布，提出坚持"立德树人"、坚持"五育"并举、强化课堂主阵地作用、深化关键领域改革等举措。同样在 6 月，《国务院办公厅关于新时代推进普通高中育人方式改革的指导意见》发布，要求统筹推进普通高中新课程改革和高考综合改革，全面提高普通高中教育质量，推进普通高中育人方式改革。

可以说，在这一系列改革举措的推动下，我国学校教育改革正经历着"百年未有之大变局"。学校教育改革在横向和纵向两个维度上都体现出不同于以往的基本特征：横向来看，学校教育改革正在全面提速，一步跟不上就会落伍，似乎转瞬间教育的图景已经沧海桑田；纵向来看，学校教育改革已经触及教育教学的深层次问题，其核心在于围绕人的培养而推动教育要素的调整与重构。在这一变局之下，我国学校教育无疑已经迈入了改革的"深水区"，千千万万所学校正在以不同于以往的精神状态而展示其存在、绽放其精彩。

总体而言，今天我们对教育改革的任何描述都不能忽视这日趋凸显的三大特征。一是注重价值引领，因为一旦把"立德树人"作为学校教育的根本任务，那么教育价值观就会直指"人的发展与社会发展的统一"。无论是"核心素养发展"还是"五育融合"，都不过是实现价值引领的直接抓手。二是崇尚文化重塑，表现为各种教育思潮、观点和概念各行其道。这是一个大浪淘沙、去伪存真的过程，说明中国教育正在经历一系列思想涵养和文化启蒙，从而逐步形塑适合自身的新型的教育文化。三是呼唤内涵发展。在"发展素质教育"这面旗帜下，过去那种大投入、粗放式、集约化的发展思路显然已经难以满足未来人才培养的更高要求。学校这片沃土需要的是深耕细作和定向灌溉，学校只有确立自身的发展特色才能在竞争中脱颖而出。

这就是当今时代学校变革的大背景，是推动中小学课程建设最基本的底色。改革就需要积极探索，在课程建设领域的探索已经成为教育改革与发展的重要领域。百花齐放、千帆竞发，课程建设必将成为新时代广大中小学推动教育发展的名片，打造出素质教育的亮丽风景！

二

谈到课程改革，2001年无疑是我国基础教育课程的"改革元年"。当年教育部印发《基础教育课程改革纲要(试行)》，提出了一系列的改革理念和策略，包括倡导全面、和谐发展的教育；重建新的课程结构；体现课程内容的现代化；倡导建构性的学习；形成正确的评价观念；促进课程的民主化与适应性。①新一轮的基础教育课程改革对我国中小学教育的改革与发展产生了深刻的影响，在一定程度上，这次改革是对我国基础教育课程迈向现代化发展的唤醒和启蒙。一些新的理念和做法为广大一线教师所接受并在实践中进行了可贵的探索，由此给既有的学校教育带来深刻的改造甚至重构，如"三维课程目标的整合""三级课程管理""综合实践活动和校本课程开发""教师作为研究者和课程开发者""建构主义学习和情境教学"等。

新一轮的基础教育课程改革，到今天还在改变着我们的教育生态：

---

① 钟启泉、崔允漷、张华：《为了中华民族的复兴 为了每位学生的发展——〈基础教育课程改革纲要(试行)〉解读》，6页，上海，华东师范大学出版社，2001。

一方面在于它是 1949 年以来教育改革的成效不断积累的结果；另一方面也在于这次改革一开始就站在世界课程改革的前沿，积极吸取世界课程改革的先进理论和实践经验，由此转化为变革的动力并显示出强大的生命力。尤其是在今天，我国的课程改革承担了发展学生核心素养的重要使命，同样符合国际课程改革的趋势。世界各国也逐渐建立起以学生核心能力和素养为中心的新课程体系。[①] "核心素养"这一概念是我国学者借鉴国外相关研究成果和实践经验而提出的，如美国的"21 世纪技能"、欧盟的"关键素养"等。学生核心素养的发展不同于单纯的获得知识或培养技能，而是要将习得的知识和技能转化为各种做事的能力（"素养"），这对课程改革是一个新的挑战。

那么，为什么要聚焦课程领域推进改革？这是由课程的育人价值和特定功能决定的。课程是什么？课程不仅仅是学生手中的教科书，它还是各种经验和活动，承载着学生的成长与发展。从本质上说，课程是为学生提供发展机会的过程，通过这个过程，学生获得知识、提高技能、发展情感和态度。尽管学校中的相关因素纷繁复杂，但最基本的两个要素，就是教师和学生；学校教育的过程，也就是教师影响学生的过程。但教师的影响不是在真空里进行的，而是要借助于特定的载体，那就是课程。在这里，课程就成了负载教育功能的基本中介，没有了课程，教师对学生的影响也就无从谈起。中国古代的孔子以"六艺"（礼、乐、射、御、书、数）授徒，古希腊的"智者学派"和柏拉图等人倡导"七艺"（文法、修辞、逻辑、算数、几何、天文、音乐）。课程在育人过程中发挥着至关重要的作用，古今中外莫不如此。

三

"立德树人"这一学校教育的根本任务的落实推动了一系列改革。2013 年 11 月 12 日，中国共产党第十八届中央委员会第三次全体会议通过了《中共中央关于全面深化改革若干重大问题的决定》（简称《决定》），提出了"深化教育领域综合改革"，要求"全面贯彻党的教育方针，坚持立德树人，加强社会主义核心价值体系教育，完善中华优秀传统文化教育，

---

① 辛涛、姜宇、王烨辉：《基于学生核心素养的课程体系建构》，载《北京师范大学学报（社会科学版）》，2014(1)。

形成爱学习、爱劳动、爱祖国活动的有效形式和长效机制，增强学生社会责任感、创新精神、实践能力"。为落实这一《决定》，教育部印发《教育部关于全面深化课程改革 落实立德树人根本任务的意见》，提出要充分认识全面深化课程改革、落实立德树人根本任务的重要性和紧迫性，指出课程是教育思想、教育目标和教育内容的主要载体，集中体现国家意志和社会主义核心价值观，是学校教育教学活动的基本依据，直接影响人才培养质量。该文件提出了推进课程改革的基本原则：坚持系统设计，整体规划育人各个环节的改革，整合利用各种资源，统筹协调各方力量，实现全科育人、全程育人、全员育人。该文件重点阐述了关键领域和主要环节的改革：研究制订学生发展核心素养体系和学业质量标准；修订课程方案和课程标准；编写、修订高校和中小学相关学科教材；改进学科教学的育人功能；加强考试招生和评价的育人导向；强化教师育人能力培养；完善各方参与的育人机制；实施研究基地建设计划；整合和利用优质教育教学资源；加强课程实施管理。可以说，这是对课程改革的全面部署，对于全国范围内推动课程改革发挥了重要引领和指导作用。

为了落实教育部有关课程改革文件的精神，切实解决基础教育中存在的深层次问题，进一步扩大各区县和学校课程建设的自主权，2015 年7 月北京市教育委员会印发《北京市实施教育部〈义务教育课程设置实验方案〉的课程计划(修订)》(简称《课程计划》)，对北京市的课程改革和实施进行了总体部署。北京市教育委员会提出了一些具体的要求：在北京市义务教育阶段整体设置九年一贯课程，逐级制定相应的义务教育三级课程整体建设一体化课程方案；关注课程的整体育人功能以及学科内、学科间的联系与整合，加强综合实践活动课程的开发与实施；进一步下放课程自主权到学校，鼓励学校根据学科、课型等积极开展长短课、大小课相结合的课程实验；各学科平均应有不低于 10％的学时用于开设学科实践活动课程，在内容上可以某一学科内容为主开设学科实践活动课程，也可综合多个学科内容开设跨学科综合实践活动课程；等等。这一文件对未来较长一段时间内北京市中小学(特别是义务教育阶段)的课程改革进行了规划，对北京市的课程改革产生了深刻的影响。

为深入研究北京市中小学课程建设的现状、推动学校课程建设理论创新，我们申报并承担了北京市教育科学"十三五"规划 2017 年度课题

"北京市中小学课程改革与综合化实施的理论与实践研究"（课题批准号BEDA17034）。该课题从两个层面开展研究。一是理论研究层面，围绕课程的综合化实施这一核心，把课程改革的相关理论研究与教师的课程参与作为其保障，从三个维度予以突破，即学校课程的研制与整合、跨学科实践活动课程开发、基于学生核心素养发展的学校课程评价，进而提炼和梳理出课程综合化实施的模式与策略。二是实践和实验研究层面，体现行动研究的理念，在北京市范围内选择若干所中小学作为实验校，指导实验校进行三级课程整合、跨学科综合实践活动开发以及校本化课程评价等，指导教师参与学校课程建设，带动并产生一批课程特色学校。

　　本书就是这一研究的成果，也是多所项目学校共同努力的结晶，包括北京师范大学亚太实验学校、北京市西城区厂桥小学、北京石油学院附属实验小学、中国人民大学附属中学朝阳学校、北京市陈经纶中学保利分校、北京教育科学研究院丰台学校、北京教育科学研究院丰台实验小学、北京市房山区阎村中心小学 8 所学校。这些项目校从不同的视角切入，对学校课程建设进行了积极探索，取得了很好的成效。本书也将这些成果以案例的方式加以呈现，以为更多的学校开展相关探索提供借鉴。由此，本书在整体上分为上下两编：上编关注理论研究，下编聚焦实践探索，通过理论与实践的结合全方位展示课题研究的成果。当然，我们的研究也是阶段性的，如有不足之处，敬请读者批评指正！

杨明全

北京师范大学国际与比较教育研究院

2020 年 3 月

目　录
CONTENTS

上　编　学校课程建设的理论创新

2010 年 7 月，我国颁布了《国家中长期教育改革和发展规划纲要（2010—2020 年）》，明确提出"到 2020 年，基本实现教育现代化，基本形成学习型社会，进入人力资源强国行列"这一战略目标。这表明，在 21 世纪的第二个十年里，我国教育改革聚焦"实现教育现代化"这一重大历史使命。显然，教育现代化呼唤课程的现代化，而课程的现代化则意味着学校课程必须立足于学生的核心素养发展，在课程理念、课程目标、课程内容、课程实施与评价等各个方面进行深刻变革，从而最终服务于培养现代化的人才。因此，从这一历史性的社会需求来看，中小学课程改革的研究与实践仍然是当前我们面临的重大课题。

一、研究背景 >>>>>>>>

（一）国家课程改革的要求

课程研究要服务于国家课程改革与发展的重大需求，这种需求集中表现为发挥课程在人才培养中核心作用，进一步提升综合育人水平。2014 年 3 月，《教育部关于全面深化课程改革 落实立德树人根本任务的意见》指出，当前的学校课程与立德树人的根本要求还存在一定的差距，主要表现为："重智轻德，单纯追求分数和升学率，学生的社会责任感、创新精神和实践能力较为薄弱；高校、中小学课程目标有机衔接不够，部分学科内容交叉重复，课程教材的系统性、适宜性不强；与课程改革相适应的考试招生、评价制度不配套，制约着教学改革的全面推进；教师育人意识和能力有待加强，课程资源开发利用不足，支撑保障课程改革的机制不健全。"显然，这呼唤我国的课程研究要以现代化人才的培养为核心，对课程内容与设置、课程实施的方式和方法进行深入研究，提出符合教育现代化要求的课程形态并进行课程理论创新，探索符合我国教育情境的课程运作规律，并确立相应的课程理论体系和实践模式。

课题"北京市中小学课程改革与综合化实施的理论与实践研究"正是在这一背景下提出的。它基于学生的核心素养发展，研究中小学课程改革中存在的问题，聚焦课程的综合化实施这一新的方式和方法，对我国课程改革的理论依据和实践路径进行系统研究。因此，本书的研究符合国家课程改革的根本需要与核心精神，体现出当今时代的改革诉求，并具有一定的前瞻性；而且，本书的研究关注中小学的课程实践，积极开展相关的课程实践和实验，也体现出较强的应用性。

（二）北京市中小学课程改革的现实需要

作为"首善之区"，北京的学校教育一向被看作全国教育改革的重要"风向标"。2001 年新课程改革以来，北京市积极推动基础教育课程改革，落实国家课程改革的方针政策和具体要求，探索符合北京市教育发展的课程实践模式。2015 年 7 月，北京市教育委员会下发了《北京市实施教育部〈义务教育课程设置实验方案〉的课程计划（修订）》，对北京市中小学的课程设置和实施提出了一系列具体的指导意见。《课程计划》对北京市中小学的课程设置、课程结构、综合性课程的开设及选择、综合实践活动、地方课程和校本课程等多个方面提出了具体的实施办法和工作要求，是指导未来一段时间北京市中小学课程改革与实践的重要文件。这既是对课程实践的具体指导，同时也对中小学的课程实施提出了巨大的挑战，改革过程中出现的问题亟待得到研究和解答。

此外，北京市发展战略的实现需要积极推动中小学课程改革。2015年4月，中共中央政治局审议通过了《京津冀协同发展规划纲要》，随后印发实施。该规划纲要进一步明确了京津冀区域协同发展的战略思路，将北京定位为"全国政治中心、文化中心、国际交往中心、科技创新中心"。这一战略定位表明，北京市既要发挥国家首都的功能，同时又要辐射津冀这两个区域，成为我国北方地区的标杆城市。而且，2017年4月1日，中共中央、国务院决定设立雄安新区这一国家级新区，北京市各个领域的发展思路和模式也会为雄安新区的建设提供一些借鉴。从这个视角来看，北京市中小学的课程改革具有重要的示范价值和带动作用。

(三)中小学生核心素养发展的需要

近年来，我国课程改革进入"深水区"，需要以新的理念指引课程改革的方向；特别是党的十八大首次提出"把立德树人作为教育的根本任务"，学校教育改革面临新的课题。在这种背景下，我国学术界对学生发展的核心素养进行了调研，并于2016年9月发布研究成果，正式提出"学生发展核心素养"这一概念。这一概念指出了学生应具备的、能够适应终身发展和社会发展需要的必备品格和关键能力，涵盖了文化基础、自主发展、社会参与三个基本领域的六大核心素养，即人文底蕴、科学精神、学会学习、健康生活、责任担当、实践创新。它丰富了新时期素质教育的内涵，致力于将立德树人的教育目的落到实处，引领我国建立以"学生核心素养"为统领的课程体系和评价标准，必将推动课程改革走向深入。

本书围绕当前的课程改革进行系统研究，聚焦课程的综合化实施这一新的领域，是与发展学生的核心素养一脉相承的。课程的综合化实施注重学科知识的统整，强调学生经验的参与，在内容设计、实施方式和方法等方面加强与社会生活的联系，突出教师在课程事务中的决定性作用。这有助于均衡地发展学生的核心素养。

二、研究目的、意义和价值 >>>>>>>>

（一）研究目的

在北京市积极推动课程改革的背景下，我们对课程改革中出现的新问题进行系统梳理和研究，深入探讨课程与学科、课程与经验、课程与核心素养的关系，探讨教师参与课程改革的途径和策略，有助于对北京市中小学课程的实践进行追踪和总结提炼，从而提出新的理论和实践模式，进一步推动课程创新。具体来说，研究目的主要有如下方面。

一是探讨课程改革与创新的理论进展，借鉴先进的理论观点对课程改革的前沿课题进行研究，揭示北京市基础教育课程改革的未来走向。

二是落实北京市课程改革精神，研究北京市中小学课程创新的原理和新的课程形式，探讨综合化实施学校课程的方式方法，提炼课程创新的机制和模式，推动北京市中小学的课程改革和课程实验。

三是指导北京市中小学开展综合化课程实施的实践和实验，探讨学校课程评价新模式，推动教师参与课程改革与创新。

（二）研究意义

深化素质教育改革，以核心素养发展统领学校课程改革成为当前教育改革的重要追求。本书立足于中小学生的核心素养发展，以课程的综合化实施为研究的突破口，对中小学课程改革的理论与实践进行系统研究，具有鲜明的时代特征，体现出较强的理论和实践意义。

一是具有较强的理论意义。对课程改革的基本理论问题进行研究，有助于发现新理论、提出新模式，推动理论创新，发挥北京市课程改革在全国的理论引领作用。

二是具有积极的实践意义。倡导通过学校课程进行整体育人的理念，带领北京市中小学开展课程创新的研究、实践和实验，有助于产生辐射和带动作用，推动北京市中小学课程改革的深入发展。

（三）研究价值

本书致力于探索课程理论发展的新方向、解决当前基础教育课程改革中出现的新问题，具有如下研究价值。

一是有助于追踪国际基础教育课程改革的最前沿，发现课程改革的新理论，提升北京市课程改革的研究水平。对相关理论的研究能揭示课程改革的规律和经验，进而发现新的理论。

二是有助于推动学校课程建设和课程实验，提升学校办学特色。我们要努力带动一批具有示范作用的项目学校，给北京市中小学课程改革的实践和实验带来示范效应。

三是提升校长的课程领导力，促进教师的专业发展。我们要发挥校长的课程领导作用，倡导教师参与课程改革，让校长带领教师参与课题研究并建设学校课程体系。这一过程也能促进教师的专业发展。

三、文献综述与核心概念的界定 >>>>>>>

（一）国外相关研究述评

课程改革与创新是国外课程研究的一个基本领域。半个多世纪之前，美国课程专家拉尔夫·泰勒（Ralph Tyler）就提出了课程开发的"基本原理"，这成为指导课程开发和改革实践的基本理论。此后，众多的课程论专家学者围绕课程创新进行了研究，提出了诸多理论模式，如劳伦斯·斯滕豪斯（Lawrence Stenhouse）的"过程模式"、马尔科姆·斯基尔贝克（Malcolm Skilbeck）的"情境模式"等。在学校课程建设领域，最有影响的是科林·马什（Colin Marsh）等人倡导的"校本课程开发"，这已经为我国中小学教育界所熟知。

我们尤其关注近年来美国课程专家乔治·J. 波斯纳（George J. Posner）的课程研究，他提出了"课程分析"（Curriculum Analyzing）的概念，通过不同的理论视角去考察课程的概念、组织、实施等问题，阐述了课程开发和创新领域的一些基本问题，并给予了一定的分析和回答。[①]此外，美国课程

---

① ［美］George J. Posner：《课程分析》，10 页，西安，陕西师范大学出版社，2005。

专家利彻瑞洛特(Leigh Chiarelott)撰写了《情境中的课程——课程与教学设计》一书，提出了如何根据具体情境进行课程与教学的设计问题。课程的综合化实施也是国外学者关注的一个问题，如戴维·斯考特(David Scott)对有关课程的过程模式、反思性实践、课程自主权等进行了一些探讨，其中就涉及课程的综合化实施问题。

关于学校课程设计，国外的课程专家有大量的研究和评述。I. 麦克弗林(I. Macpherson)等学者总结了传统的课程设计模式，将该模式总结为四个步骤：界定课程目标、选择学习活动和素材、组织学习材料、评价课程的效果。他认为这一模式不适合学校教师的课程实践，因此提出了一种"革新模式"，即通过协商建立起校本课程开发的平台、形成综合性的课程视角、对学生的学习结果进行评价、在课堂层面上对课程进行规划和实施。[①]这种"革新模式"更适合我国学校层面的课程建设，有助于发挥校长和教师的课程角色，优化学校课程设置，突出学校的课程自主权。

课程评价是课程实践的重要方面，也是最难以操作和突破的方面。国外关于课程评价的研究可以为我们的研究提供启发。例如，课程专家A. V. 凯利(A. V. Kelly)对课程评价的理论和实践进行了讨论，把课程评价看作一个过程，通过这个过程来评价任何一个特定教育活动的价值与效果。凯利阐述了"整体性课程评价"的方法，指出"描述性评价"(portrayal evaluation)和"阐释性评价"(illuminative evaluation)对于学校课程评价的实践具有很好的应用价值。[②]这对于我们探讨新的课程评价方式和方法具有启发价值。

(二)国内相关研究述评

在国内，学校课程的开发和建设是当前教育界关注的焦点话题之一。我国课程论专家钟启泉先生多年来致力于课程创新的研究，倡导课程领域的"概念重建和课程创新"，并将课程改革提升到"学校文化转型"这一高度。在面向未来的课程改革中，钟先生认为要充分关注核心素养的培育，提出

---

① I. Macpherson，T. Aspland，& R. Brooker，et al. ，*Places and Spaces for Teachers in Curriculum Leadership*，Deakin West，ACT ，Australian Curriculum Studies Association Inc. ，1999，p. 1-20.

② [英] A. V. Kelly：《课程理论与实践》第五版，吕敏霞译，158 页，北京，中国轻工业出版社，2007。

"核心素养是课程发展的 DNA"，标志着我国课程发展进入一个新阶段。①

　　崔允漷、吴刚平和徐玉珍等人长期致力于校本课程的研究与实验，撰写了《校本课程开发》等大量著作和论文，对学校课程创新进行了一系列探讨，提出了很多有价值的思路和操作方式。熊梅阐述了校本课程开发的四种模式：创新模式、整合模式、调适模式和选择模式。在《校本课程开发实践模式探索》中，熊梅等人谈到了学校课程创新需要遵循的基本原则：基础性原则、个性化原则、迁移性原则和普及性原则。②这对于推进课程创新具有指导价值。

　　我国学者对校本课程评价也有不少研究。相关学者认为，我国传统的课程评价以纸笔测验为主，过多强调结果、过分倚重学科知识、过多强调共性和一般趋势，忽视了学生在评价中的地位以及学生在各个时期的进步状况和努力程度，这对学生的发展不利。校本课程评价应强调过程性、个别化，不宜有统一的评价标准，应强调师生间、生生间的相互认同和鼓励。校本课程评价从学生自身发展的需要出发，强调把学习结果的评价权交给学生，引导学生自我评价，并把评价过程作为自我教育、自我发展的过程，在更高的水平上培养学生的发展能力。校本课程评价应立足过程，重视综合评价，做到评价指标、评价方法、评价主体的多元化，促进学生全面发展。③

　　此外，我们多年来围绕学校课程创新也开展了大量研究。例如，我们提出了中小学进行课程规划的基本模型。这一模型包括课程的顶层规划、课程大纲的规划、具体课程的设计、课程单元(课)的设计这四个层次④，有助于指导中小学开展课程建设活动。此外，我们将课程创新作为一种研究来开展，而且是一种来自实践、致力于提升实践水平的行动研究⑤；再如，我们对校本课程开发的具体途径进行了研究，指出校本教研是校本课程开发的有效途径。⑥ 我们的这些研究为本书研究的开展奠定了一定的基础。

---

① 钟启泉：《基于核心素养的课程发展：挑战与课题》，载《全球教育展望》，2016(1)。
② 熊梅、脱中菲、王廷波：《校本课程开发实践模式探索》，载《教育研究》，2008(2)。
③ 林一钢、黄玉鑫：《校本课程评价》，载《江西教育科研》，2002(9)。
④ 杨明全：《课程论》，295 页，北京，中国人民大学出版社，2016。
⑤ 杨明全：《行动研究与课程创新》，载《教师教育研究》，2004(4)。
⑥ 范佳午、杨明全：《校本教研：校本课程开发的有效途径》，载《教育科学研究》，2015(7)。

（三）核心概念的界定

1. 课程的整体育人功能

它指的是学校课程在形态上超越各自独立的分科状态，以分科课程和综合课程相结合的方式发挥课程的育人功能；在课程目标上超越知识、技能、情感态度三分法，以综合培养学生的核心素养。世界各国普遍关注跨学科综合学习、主题化学习及实践活动课程，北京市的课程改革也体现出这一特征。2015 年的《课程计划》提出，加强综合性实践活动课程建设和中小学各学科平均应有不低于 10% 的课时用于开展校内外综合实践活动课程等。它的核心理念在于发挥课程整体育人的功能，统筹各学段、各学科、各育人环节、各方参与人员和育人环境，以实现全科育人、全程育人、全员育人和实践育人。

2. 课程的综合化实施

它指的是以跨学科的方式整合各学科知识和学生经验、注重学生的活动和体验的课程实施方式。要强调课程整体育人的功能和价值，就必须考虑到课程的综合化、主题化发展趋势，以综合化的手段实施学校课程。这种实施方式关注学生的学习体验、动手实践及创新意识的培养，注重综合实践活动课程、学科实践活动课程、开放性科学实践活动在课程体系中的地位和作用，突出实践育人的价值。

3. 教师的课程参与

它指的是中小学的校长和教师作为课程事务的重要成员而参与学校课程的决策、研究、开发和实施。《课程计划》明确提出，进一步扩大各区县和学校课程建设自主权；课程自主权的进一步下放，必将扩大区县和学校参与课程决策的权利，凸显区域和学校的课程领导力和课程特色。要实现这一目标，需要一线教师的参与。教师的课程参与关注教师课程意识和能力的提升，注重引导他们积极参与学校课程建设，探索教师推动课程创新的新的模式和方式。

4. 校本课程开发

校本课程指的是与国家课程相对应的一种课程形态，它是一种主要由校长和学校教师根据学生的需求而在具体教育情境中开发的课程。校本课程是国家课程的有效补充，它开发的主体是学校的校长和教师，而不是外部专家，具体学校是进行校本课程开发的场所。校本课程开发指的是根据学校的办学理念和育人目标而开发出适合本校学生发展需求的校本课程的一项活动，它涉及对学校课程的顶层设计、学校课程结构的调整以及相应科目的设计，包括学校情境分析、确立课程目标、选择和组织课程内容、实施课程、评价课程等几个环节。

5. 学生发展核心素养

它指的是学生应具备的、能够适应终身发展和社会发展需要的必备品格和关键能力，涵盖了文化基础、自主发展、社会参与三个基本领域的六大核心素养。根据课题组发布的研究成果，这六大素养又分别细化为三种具体素养，即人文底蕴(具体分为人文积淀、人文情怀、审美情趣)，科学精神(具体分为理性思维、批判质疑、勇于探究)，学会学习(具体分为乐学善学、勤于反思、信息意识)，健康生活(具体分为珍爱生命、健全人格、自我管理)，责任担当(具体分为社会责任、国家认同、国际理解)，实践创新(具体分为劳动意识、问题解决、技术运用)。

四、研究目标、研究内容、研究假设和创新之处 >>>>>>>

(一)研究目标

作为一项综合性的研究，本书在两个层面上展开研究：一是进行理论研究，阐述最新的理论进展，为课程改革提供理论依据；二是进行实践探索，在一定的理论模型指导下对当前的一些课程问题做出回答并进行检验，以推动课程实践创新。具体主要表现为如下目标。

一是从国际比较的视角追踪课程改革和理论创新的最新进展，把握北京市基础教育课程改革的发展趋势。

二是对课程综合化实施的原理、机制和方法进行深入探讨，提出在学校层面上整合各种课程的模式和策略，有效整合三级课程，揭示新时期综合实践活动的新特征，探索北京市课程改革的新对策。

三是对课程综合化实施的成效进行评估，探讨新的课程评价方式方法，完善课程评价体系。

四是开展课程综合化实施的实验，带动一批中小学建设特色化的学校课程，促进校长和教师的专业发展。

(二)研究内容

在新的历史时期,我国的课程研究需要确立新的研究思路和范式,立足我国的基本国情和实践需求,推动课程的理论创新和实践模式的变革。为此,本书致力于探讨如下重大课题。

1. 课程与学科的关系问题

学科有着自身的知识发展逻辑,将学科知识体系予以编排就是学校课程吗?在基础教育阶段,从学生身心发展的规律来看,学校课程除了需要学科课程之外,还需要学科之间的统整。本书探讨这一基本的关系,在新的时期重新审视"什么知识最有价值"这一经典命题,在课程综合化实施的理念下探讨如何以整合的知识构建学校课程,促进学生综合素养的发展。

2. 课程与经验的关系问题

中小学生要获得全面发展,不仅需要学习各个学科的知识,还要有对社会的认识、对生活的感悟和人生的体验。这样,课程与经验的关系就成为课程研究不能回避的一个话题。本书立足"课程的生活化"这一理念,探讨中小学课程与学生经验和生活的联系,促进课程的综合化实施。

3. 课程与教师的关系问题

教师与课程有着天然的联系,教师对课程实施的效果有着决定性的影响。然而,教师是如何影响课程建设的?在本书中,我们倡导"教师参与"这一理念,赋予教师一定的课程自主权,提倡教师参与课程事务,鼓励教师创造性地实施学校课程。

4. 课程与核心素养的关系问题

我们把课程看作为学生的发展提供机会的过程,而这些发展机会最终指向学生核心素养的发展。因此,核心素养发展是目的,课程是途径和手段。然而,课程与核心素养又不是线性的"二元关系",二者之间是一种复杂的互动关系。本书深入探讨如何确立以核心素养为统领的课程体系,并通过课程的设置和实施引领学生发展更完善的素养结构。

基于上述分析,本书的研究可以分解为如下 5 个方面,其研究内容和分工具体如下。

一是以整体育人为导向的课程理论创新研究。这方面的研究主要是关注世界范围内课程研究的最前沿，把握当今课程改革的走向和最新理论进展，为推动北京市基础教育课程改革提供理论参考。具体而言，我们追踪国际最前沿的课程理论和其他思想，如生态课程理论、协商课程理论、多元智能理论等，借鉴发达国家的最新课程研究成果，揭示课程与学生核心素养发展的关系，为课程改革提供新的理论依据。此外，对我国本土的课程改革和课程实践进行提炼总结，努力建构本土化的课程理论体系，参与国际课程话语体系，体现课程理论创新。

二是北京市中小学课程综合化实施模式与策略研究。本部分的研究关注学校层面的课程创新，包括以国家课程为核心的学校课程方案的研制与整合研究。结合北京市基础教育课程改革的最新进展，关注三级课程整合的实践策略与特色课程开发。调整国家课程、地方课程与校本课程的布局，在学校层面形成科学合理的课程结构，优化课程设置，为课程综合化实施创造条件。此外，借鉴国际先进理论和改革经验，结合项目学校的改革与探索，研究北京市中小学课程综合化实施的内涵、影响因素、机制方法和行动策略，提出创新性的理论和观点。

三是北京市中小学跨学科实践活动课程开发研究。根据《课程计划》的规定，各学科平均应有不低于 10％的学时用于开设学科实践活动课程；在内容上可以某一学科内容为主，也可综合多个学科内容，开设跨学科综合实践活动课程。因此，未来的中小学课程体系中会出现大量的实践性课程，这些实践性课程可以是学科内的，也可以是跨学科的。本书对学科内或跨学科实践活动课程的开发进行研究，引导学校结合校内外资源(北京的各种博物馆、体育馆等设施等)，灵活开设实践性课程，发挥课程"实践育人"的功能。探索跨学科的综合实践课程的开发策略，指导学校开展相关的实践和实验，提炼具有学校特色的实施模式和策略。

四是基于学生核心素养发展的学校课程评价研究。本部分的研究关注核心素养与学校课程的关系，探讨怎样的课程形式和实施方式有助于发展学生的核心素养。为此，学校课程评价问题无法回避，通过课程评价才能考察课程的育人功能及实施的效果。为推进本部分的研究，我们深入探讨核心素养与课程的关系，借鉴核心素养研究的最新成果，探索能够有效促进这些核心素养发展的课程评价方式方法。尤其是引入表现性评价和阐释性评价等质性评价的方式，考查学生核心素养发展的真实状况。

五是激励教师参与学校课程建设的策略研究。本部分的研究倡导"没有教师发展就没有课程发展"的理念，引领一线教师通过行动研究参与学校课程建设，带动教师专业发展。在本部分的研究中，我们引入"教师课程自主权"的概念，引领教师以多种方式对课程进行调适和二次开发，让一线教师成为国家课程校本化实施和校本课程开发的主力。特别是让教师创造性地开发实践活动课程，鼓励教师在课程实施过程中采用各种方法，倡导自主学习、基于问题的学习等，灵活地实施学校课程。

（三）研究假设

研究假设一：学校课程创新是一个凝练办学思想、创生新的课程文化的过程，课程的实践创新是学校特色化办学的基本途径。

围绕这一假设，本书在研究过程中注重对学校办学理念、育人目标等的梳理，借以提炼学校的文化内涵，并以此为学校课程建设和校本课程开发的基础。学校层面的课程创新在很大程度上不是制度创新，而是学校成员对课程文化的再造。本书的研究关注学科实践课程、跨学科实践课程、校本课程等给学校带来的文化影响，研究课程创新如何影响到学校新型文化的构建和集体成员的教育价值观和课程文化认同。

研究假设二：课程的综合化实施是对"综合育人"理念的直接体现，它的本质是对学生的学习经验、社会经验和生活经验进行统整，让学生由此进行自主学习并获得自主发展。

"综合育人"体现的是一种整体主义的视野，与此对应的课程实践应该是对学科和学生经验进行统整。本书对学科内和跨学科实践活动课程的开发进行研究，倡导课程的生活化和经验化，引导学校结合校内外资源开设实践性课程，发挥课程"实践育人"的功能。

研究假设三：学生核心素养是一个综合的概念，在学生的身上表现为综合性的能力和素养。学校课程与核心素养的各具体元素不存在机械的对应关系，课程的综合化实施有助于发展这种综合性的核心素养。

在考察核心素养与学校课程的关系时，本书着重探讨怎样的课程形式和实施方式有助于发展学生的核心素养。在评价课程的实施效果方面，我们以核心素养的具体方面为参照，以此统领学校课程开发与实践。尤其是借鉴核心素养研究的最新成果，探索能够有效促进这些核心素养发展的课程评价方式方法。包括引入表现性评价和阐释性评价等质性评价的方式，考查学生核心素养发展的真实状况。

（四）研究的创新之处

本书以发挥课程的整体育人功能为宗旨，注重运用新的研究成果指导学校课程实践，具有如下创新之处。

一是突出课程的整体育人功能，注重学生理想信念和核心素养的培养，关注学生的生命质量和价值，以核心素养促进学生终身发展。

二是关注学生的学习体验、动手实践及创新意识的培养，注重跨学科实践活动课程、学科实践活动课程、开放性科学实践活动在课程体系中的地位和作用，突出实践育人的价值。

三是关注课程自主权和学校课程建设，注重课程的适应性，突出地方课程和校本课程的时代性、开放性和灵活性。

四是注重校长的课程领导力和教师专业素养的提升。本书把二者作为研究的"副产品"，必将对学校产生深刻影响。

五、研究思路、技术路线、研究方法和实施步骤 ﹥﹥﹥﹥﹥﹥﹥

（一）研究思路

本书从两个层面开展研究。一是理论研究层面，围绕课程的综合化实施这一核心，把课程改革的相关理论研究与教师的课程参与作为其保障，从三个维度予以突破：学校课程的研制与整合、跨学科实践活动课程开发、基于学生核心素养发展的学校课程评价，进而提炼和梳理出课程综合化实施的模式与策略。二是实践和实验研究层面，体现行动研究的理念，在北京市范围内选择若干所中小学作为实验校，指导实验校进行三级课程整合、跨学科综合实践活动课程开发以及校本化课程评价等，指导教师参与学校课程建设，带动并产生一批课程特色学校。

在理论研究层面，本书聚焦学校课程建设这一基本问题，在阐述特定的课程理论和思想的基础上，探讨课程的基本理论问题（课程与学科、课程与经验、课程与核心素养发展、课程与教师参与等），尝试提出学校课程建设的基本原理与模式，回答课程改革中出现的基本问题。在实践和实验研究层面，本书在北京市范围内抽样选择 10 所左右的学校作为项目学校(以小学和初中为主)，开展课程综合化实施的实践和实验，与项目学校一起探索综合化实施的方式和方法，探讨课程管理和运作的新机制和体制。考虑到相对于市中心的学校，郊区县的中小学在课程建设领域的资源更贫乏，本书向周边倾斜，涵盖一定的郊区县学校。

　　本书还包括开展相关的实践与实验。为了解中小学的实际需求和改革愿望，我们开展了实地调研。调研学校涵盖了北京市西城区、海淀区、朝阳区、昌平区、丰台区、房山区等地的学校。中小学在落实国家课程改革和北京市课程改革的过程中面临诸多挑战，在推进学校课程建设和综合化实施方面遇到很多问题，因此有较大的热情参与研究。调研结束之后，我们确定了 8 所学校作为项目学校，具体开展有关的课程实践和实验，如图 1-1 所示。

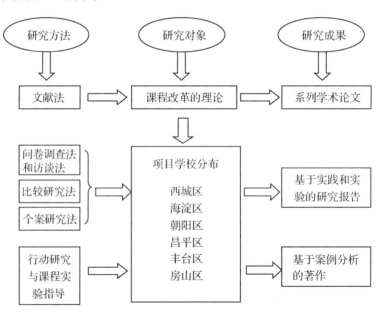

图 1-1　研究思路

(二)技术路线和研究方法

本书采用文献法、问卷调查法、访谈法、比较研究法、个案研究法，体现行动研究的取向，技术路线如图1-2所示。

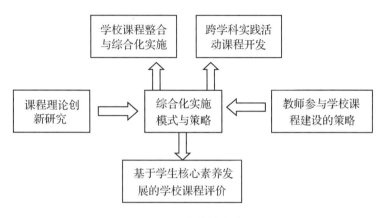

图1-2 研究的技术路线

主要研究方法如下。

1. 文献法

文献法用于基于文献资料的研究和分析而发现问题和提炼观点。对文献的研究主要围绕国内外课程理论的新进展、国际课程、学校课程建设、校本课程开发等领域开展，特别是借鉴最新的理论研究成果探讨学校课程建设和实施。

2. 问卷调查法和访谈法

问卷调查法和访谈法用于对北京市中小学课程改革和学校课程建设的需求进行实证性的调查，通过问卷、访谈等具体研究手段，整体把握当前中小学在课程建设领域的基本状况、面临问题和实际需求。

3. 比较研究法

比较研究法用于从国际比较的视角考察国外最新的课程理论研究成果，梳理主要国家课程改革的经验和做法，通过比较提出对我们的启示和借鉴；同时，将我国的课程改革放在国际课程改革的框架下进行比较，揭示我国课程改革的经验和不足之处，以更理性地对待国内外的课程改革。

4. 个案研究法

个案研究法用于选取典型个案进行深入剖析，揭示学校课程建设的基本规律和做法；对课程综合化实施的典型个案进行梳理和提炼，提出综合化实施的基本模式。

（三）实施步骤

第一阶段：开展基础理论研究和文献研究，掌握课程研究的前沿理论，为下一步研究奠定基础。

第二阶段：开展课程综合化实施的实践和实验研究，探讨学校课程方案的设置与整合、跨学科实践活动课程开发等，梳理和提炼课程综合化实施的模式与策略，开展课程实验。

第三阶段：在实验校探索课程创新的方式方法，同时对促进学生核心素养发展的课程评价方式进行研究和提炼。

第四阶段：总结研究成果，进行理论提升，并完成结题工作。

总之，课程综合化实施是本书的重点研究内容。在理论研究的基础上，我们对北京市范围内的中小学进行有目的的抽样调研，对学校课程综合化实施的具体做法进行归纳和总结，并结合理论研究，进而提炼出自成体系、合乎逻辑的实施模式。开展实践指导也是本书的重要内容。我们努力将研究成果转化为可操作的实践模式，用以指导中小学的课程改革与教学创新。在这方面，我们已经付出了很多努力，带领项目学校不断探索。在本书研究的引领下，不少项目学校已经开发出较成熟的学校课程方案并予以实施，由此凝练了学校发展的特色，提升了学校的办学质量。例如，北京教育科学研究院丰台学校近几年来以"尊重教育"为理念，开发出一系列的"尊重教育特色课程"，在很大程度上改变了学校的面貌，取得了积极的成效；北京市西城区厂桥小学以综合实践活动为载体，实现了大主题的统整，丰富了学生的学习，取得了很好的成果。本书在下编对 8 所项目学校的实践进行系统梳理，形成完整的案例，以为更多的学校开展课程建设提供参考。

第二章
当代课程理论发展及其学术取向

现代课程论百年发展的历程说明，课程知识的建构是一个批判性的学术发展过程，也是一个不断谱系化并承载特定学术功能的过程。"学科"（英文为 subject 或 discipline）是与学术知识的分类密切相关的一个概念，它折射出某一特定领域的学术知识的聚合与联系。一个学科的创立意味着人类对某一知识领域的认识已经发展到较高水平。课程论是教育学的一个分支学科，1918 年美国学者富兰克林·博比特（Franklin Bobbitt）出版了专著《课程》（*The Curriculum*），开启了课程论学科发展的新纪元。《课程》一书被认为是标志着课程作为专门研究领域诞生的里程碑，是世界教育史上第一本课程理论专著。[1]基于其在学术史上的原创性，一般认为，这本书的出版是现代课程论作为一个学科诞生的标志。岁月的沧桑洗尽铅华，在历经一个世纪的沉淀之后这个学科已成为教育学术殿堂不可或缺的构件和元素。期待它在新的时代取得突破与辉煌。

---

① 全国十二所重点师范大学：《课程论》，8 页，北京，教育科学出版社，2007。

现代课程论的创立

专业知识的生产是一个复杂的过程，从学科史的角度来看很多问题值得我们去研究。例如，博比特为什么要重新开辟一个新的研究领域？在随后的一百年里，课程论学科如何建构自身的专业知识体系进而去改变教育研究的话语格局？其不同的学术取向承载了怎样的社会功能？本节主要考察现代课程论创立的时代特征，以为更好地推进当今课程研究提供启发。

一、现代课程论学科创立的背景 >>>>>>>

19世纪末的美国是以社会转型为主要特征的：由农业国转向工业国、由自由资本主义转向垄断资本主义、由殖民地文化转向独立文化。这种转型必然带来旧秩序的坍塌和新秩序的重建，在此过程中美国面临着前所未有的社会和文化危机。一些批判现实主义者致力于揭露美国社会的黑暗面，由此推动了政治、经济和社会改革，这场运动统称"进步运动"。进步运动是美国为适应工业化、都市化和大量移民的需要而出现的社会改革运动，它试图通过有控制的、合理化的社会改革过程而维护和发展当时转型中的社会。当这种思潮进入教育领域时，它必然会与占主导地位的传统教育观念产生冲突和碰撞。因为当时美国的主流教育沿袭了欧洲的古典教育传统，注重训练、强调记忆，学生处于被动地位。这种形式主义的做法和教条显然不能满足新的工业生产和社会发展的需求，于是关心儿童生活、推广职业教育、改善个人福祉的呼声不断高涨。在这一背景下，进步主义教育（progressive education）自然就成为这一社会改革运动的组成部分。诚如美国教育史学家克雷明·L. A. (Cremin L. A.)所言，"事实上，进步主义教育最初被称为'教育中的进步主义'(Progressivism in Education)，亦即通过多方面的学校教育而努力改善个人生活。"①

进步主义教育旗帜鲜明地反对传统教育、主张教育革新，它以不同于传统教育的精神气质迸发出现代教育的先声。这场运动以确立现代教育(modern education)的价值观为追求，对既有的学校制度做出调整和安排，带来了学校教育秩序的新景观，由此也孕育了现代课程论的学科创立。张斌贤教授认为，进步主义教育之所以称为"进步主义"，就在于它接受了"进步"(progress)的观念，"通过教育，可以从根本上消除无知、愚昧和罪恶，从而改良人性、改造社会，促进人类社会的不断发展"②。在"进步"观念的引领下，被誉为"进步主义教育之父"的弗朗西斯·W. 帕克(Francis W. Parker)发出了"教育要使学校适应儿童，而不是使儿童适应学校"的呐喊，改造旧教育、重建新的学校秩序成为进步主义教育的基本诉求。1919 年，美国进步主义教育协会(American Progressive Education Association)成立，第二年公布了"七条原则声明"：①学生有自然发展的自由；②兴趣是全部活动的动机；③教师是指导者而不是布置作业的监工；④进行有关学生发展的科学研究；⑤对于儿童身体的发展给予很大的注意；⑥适应儿童生活的需要，加强学校与家庭之间的合作；⑦在教育运动中，进步学校是一个领导者。③这些原则凸显了进步主义教育的基本理念：强调以儿童为中心的学生观，注重课程内容与生活的联系，倡导问题解决的方法并淡化教师的权威。在这些理念的引领下，一大批教育实验和教学改革项目涌现出来，如"昆西教学法"(Quincy plan)、"有机教育学校"(organic school)、"葛雷制"(Gary system)、"道尔顿制"(Dalton plan)、"文纳特卡计划"(Winnetka plan)等，掀起了美国教育史上波澜壮阔的学校改造运动。

可以说，进步主义教育运动为美国学校教育各个领域的革新准备了良好的舆论环境和实践条件。正因如此现代课程论才有可能作为一个独

---

① Cremin，L. A.，*The Transformation of the School*：*Progressivism in American Education* 1876-1957，New York，Alfred A. Knopf，Inc.，1961，p. 2.

② 张斌贤：《进步主义教育运动：概念及历史发展》，载《教育研究》，1995(7)。

③ 赵祥麟：《外国现代教育史》，58 页，上海，华东师范大学出版社，1987。

立的研究领域登上学术舞台。在这一时期，美国的中小学对一些与传统教育格格不入的新的教育思想和教育方式进行了实践。其突出特点包括"儿童本位"、较宽容的训导、男女共校、开展课程实验、改变管理方式等，相对而言不太重视学业与考试，更加鼓励艺术与手工活动。在课程与教学领域，进步主义教育广泛地实施活动课程、核心课程与设计教学法。正是这些最初的创举孕育了现代课程论的思想萌芽，预示着课程研究新时代的开始。

二、博比特及其对课程知识建构的贡献 >>>>>>>>

在进步主义教育运动的疾风骤雨中，博比特敏锐地意识到这场教育改革运动的根本驱动力不是来自学校内部，而是来自更为广泛的社会改造运动。随着美国现代工业的不断成熟，工业生产对劳动者的素质提出了新的要求。1852 年，马萨诸塞州率先颁布义务教育法。到 1919 年，美国各州都通过了义务教育法，学校教育成为社会改造的决定性力量。但当时主流的教育还是沿袭欧洲传统的教育制度，被分割为贵族教育和平民教育；学校重视学术、轻视职业，学术课程和职业课程相对立，导致人与社会相互隔离，教育无法适应工业发展的需要。在这种情况下，博比特旗帜鲜明地提出，要把当代社会需要作为课程编制的首要标准。他的这一观点与另一课程论的先驱人物——韦雷特·W. 查特斯 (Werrett W. Charters) 不谋而合。1918 年博比特出版《课程》，1923 年查特斯出版《课程编制》(*Curriculum Construction*)，1924 年博比特又出版《如何编制课程》(*How to Make a Curriculum*)，这些作品代表了现代课程研究的最初成就。对此，克雷明做出了如下评论："教育是为成人生活做准备，因此课程编制这项工作就在于分析和明确人类经验的整个范围，从而使编写的课程服务于这一目的。博比特的科学主义播下了生活调适理论的种子，这是进步主义教育的终极体现。"[①]

博比特聚焦当时学校教育中存在的问题，并对现实需求保持敏锐的感知，从一开始就为课程知识的批判性建构奠定了基调。他说：旧有的

① Cremin, L. A., *The Transformation of the School: Progressivism in American Education* 1876-1957, New York, Alfred A. Knopf, Inc, 1961, p. 120.

教育，除了讲授获取知识的工具外，大部分都致力于用事实填充孩子们的记忆……我们一直在发展知识，却没有注重其功效；我们一直在发展复制事实的能力，而不是一种在活生生的现实生活中思考、体察、产生意愿并切实采取行动的能力。①他痛陈旧有的学校课程与社会现实的割裂，认为仅仅依赖传统的观念和做法无以实现改变社会的目的。为了把个人需要和工业社会的需求结合起来，使学校课程更适合当时的工业生产和社会发展，博比特采用了科学主义的方法，通过对现实社会的调研和对人类经验的分析，将具体的课程目标精确地提炼出来。基于这一想法，他提出了课程编制的五个步骤：①人类经验分析；②工作分析；③推导出课程目标；④选择课程目标；⑤详细规划课程方案。这五个步骤反映了他的信念：现在的教育旨在培养一种智慧，只有参与到人类的生活经验中去才能培养出这种智慧，仅仅记住那些关于事实的言语陈述将是徒劳的。

博比特的课程研究也充满了变革的思维。在《课程》一书中，他开宗明义地指出：当今公共教育的课程主要是在 19 世纪更简单的状况下制订出来的……一套本不是为今天而设计的课程被继承下来。任何一个继承下来的体系，在它那个时代都曾是好的，但如果时过境迁还拿来使用，终究会阻碍社会的进程。②可见，博比特对课程的研究不仅是针对学校教育的改进，更是着眼于改造当时的美国社会，这一点是与进步主义教育的主张相契合的。此后，在他开创的课程研究领域，后继的学者基本上沿袭了他的学术理路，反思实践问题、推动实践变革成为课程研究的基本追求。

博比特以其丰富的教育观念和课程思想开启了课程研究的新时期，提出了以活动分析（activity analysis）的方法来科学地编制课程，对现代课程论的创立和课程知识的建构做出了开创性的贡献。从此，课程研究成为一个独立的研究领域，课程论逐渐发展为教育科学的一个分支学科，现代课程论开始登上学术的舞台。

---

① ［美］约翰·富兰克林·博比特：《课程》，刘幸译，2 页，北京，教育科学出版社，2017。

② ［美］约翰·富兰克林·博比特：《课程》，刘幸译，1 页，北京，教育科学出版社，2017。

三、初创时期课程论的学科功能 ▷▷▷▷▷▷▷

"进步"一词意味着"向上、向前、向更高阶段运动"。一百多年前美国的社会思想界以"进步主义"为旗号，其实质是以新的思想回应社会变革和转型带来的挑战，由此建立起跟工业大生产相适应的更加公平合理、更积极向上的社会秩序，从而实现"社会重建"（social reconstruction）。显然，学校教育为改革者提供了一个重要的实验领域和观察社会的视角。事实上，在进步主义教育的先驱人物眼里，学校是创建新生活秩序的"发动机"，是实现美国愿景的工具；学校秩序的改造被看作社会和政治改革的象征，学校秩序的重建是实现社会公平正义的基础。对此他们不遗余力地进行了探索，主张对课程设置、教学方法、管理方式、评价方式等各个方面进行改造。例如，"昆西教学法"强调学校的社会功能，主张学校课程要尽可能与实际生活相联系，并围绕一个核心安排相互联系的科目，增设游戏、手工等活动课程；"有机教育学校"倡导"有机的教育方法"，要求遵循儿童自然生长的规律，整个教育计划以活动为主；"葛雷制"注重学校管理上的改革，主张不分年级，进行能力分组；"道尔顿制"主张废除班级授课、课程表及年级制……显然，这些改革大都聚焦于改造学校课程，其集大成者就是后来的约翰·杜威（John Dewey）。他力主"经验课程"，实施方式上强调"活动教学"和"做中学"，构建起经验主义课程理论的大厦，最终发展为课程知识的重要谱系。

也正因如此，关注学校课程问题成为现代课程研究的先驱人物改造旧教育的切入点。以博比特为例，在美国教育史上博比特被认为是职业教育的"鼓手"。他的《课程》这本著作用了相当大的篇幅去讨论"职业效率"（occupational efficiency）问题，包括职业训练的目的、专业技术的训练和集体工作者的专门训练等。然而，他的根本目的在于通过将职业训练的科目引入学校课程体系而培养适合社会生产的劳动力。为此，他激烈反对当时那些重视拉丁文和欧洲典籍的保守的课程体系，认为那些传统的知识无法实现社会需要的教育目的，需要补充体现工业生产的物理、化学等自然科目，培养市民的职业素养和职业技能。他把"课程"定义为"儿童和青少年必须去做和体验的一系列事物"，认为需要从两个方面予以界定：①它包含了全部的经验序列，这些经验是与个体能力的拓展有关的；②它是一系列经过有意识引导而产生的训练经验，学校利用这些经验来完成这种拓展并使其趋于完满。①也正是从这一理解出发，他认为学校课程的开发需要一种"科学方法"，他称为"活动分析"；而查特斯则称为"工作分析"（job analysis），其实质就是在分析人类经验的基础上，对生产和生活中的基本经验进行提炼并分类，以此为课程目标。"学校必须承担起社会责任，即满足通过科学分析方法而提炼出的社会需求"，博比特的这一信念显然将学校课程与社会需求紧密联系在一起，体现了他以学校课程编制改造学校秩序进而改造社会的这一追求。

　　由于时代的限制，初创时期的现代课程论在研究取向上体现出浓厚的"效率取向"和"行为控制"的色彩，学校教育过程被类比为工业生产过程，课程活动需要满足"效率主义"的追求并体现"科学的方法"。从历史唯物主义的角度来看，这是那个时期美国的社会发展状况在学术研究上的必然体现，课程研究不可能超越那个时代所特有的社会条件和思想状况；同时，它也体现了初创时期的课程研究对社会现实的关注和回应。而且，现代课程研究的先驱们以反思学校问题、批判教育现实为己任，这对后来的学者产生了很大的影响，由此也形成了自己的学术传统，为课程知识的批判性建构奠定了基调。

------

　　① Bobbitt，F.，"Scientific Method in Curriculum-Making，"In *The American Curriculum：A Documentary History*，eds. George Willis，et al.，Westport，Greenwood Press，1993，pp. 165-166.

课程知识谱系建构的当代发展

纵观现代课程论发展的历程可以发现，课程理论的建构具有一定的谱系化特征。我们引入"谱系学"（pedigree）的视角和方法，以厘清现代课程论学科的专业知识体系，并揭示其学术取向的演变轨迹。这种探讨有助于明确课程论的学术身份，揭示课程知识建构的内在规律，这对我国新时期的课程研究和课程改革不无裨益。

一、经验课程知识谱系 >>>>>>>

经验课程有着悠久的历史传统，甚至可以追溯到正规学校出现之前。因为远古时期人类需要以活动和劳动为手段传递当时的社会经验，这就是广义上的经验课程。在20世纪初的进步主义教育运动中，杜威把现代教育的理念融入经验课程的设计，构建了完整的经验主义课程理论，这是经验课程知识谱系的具体表达。他在《民主主义与教育》中系统分析了经验课程的形式，即"主动作业"。他认为学校的课程应该是丰富的，"除了无数种的游戏和竞技以外，还有户外短途旅行、园艺、烹饪、缝纫、印刷、书籍装订、纺织、油漆、绘画、唱歌、演剧、讲故事、阅读、书写等具有社会目的(不是仅仅作为练习，以获得为将来应用的技能)的主动作业"。①

杜威的经验主义课程理论是基于其"教育就是经验的改造或改组"这一基本的命题而提出的。所谓的经验课程也就是着眼于儿童经验的持续发展而对社会上的典型职业进行分析、归纳和提炼而获得的、适合儿童

① ［美］约翰·杜威：《民主主义与教育》，王承绪译，209页，北京，人民教育出版社，1990。

去学习和体验的各种活动方式。经验课程理论的合理性在于，人的存在先是一种经验性的存在，经验体现了人类教育和生活的本质状态，课程的设置和编制无法将经验予以剥离。在杜威之前，欧洲的卢梭(Rousseau)、裴斯泰洛齐(Pestalozzi)等先驱人物都是经验课程的忠实拥趸，他们对经验课程的提炼和实践也是经验课程知识谱系的重要构成部分。可以说，经验课程知识谱系以追问和体现人存在的本质为根本诉求，代表了学校教育领域表达人的主体价值和张扬人的经验的最基本的课程主张。

20世纪后期以来，经验课程的研究日益受到诸多流行的人文社会科学思潮的影响，从而出现了话语多元、理论杂糅的格局。例如，张华分析了"当代人本主义经验课程范式"，把存在主义和现象学影响下的课程思想归入该范式，衍生出存在现象学课程理论。[①] 在世纪之交的各国课程改革的实践中，体现"经验课程"的新的课程形态不断涌现，譬如美国的 STEM 课程(科学、技术、工程、数学课程)、日本的"综合学习时间"、中国的综合实践活动和研究性学习等均属于经验课程知识谱系的范畴。

需要指出的是，20世纪以来，经验课程知识谱系是制衡"以知识为中心"的教育哲学的基本力量。"要素主义"(Essentialism)、"永恒主义"(Perennialism)等教育思潮倡导以古典知识的学习为核心、以文化要素为课程的内容，强化知识教育而忽视儿童经验和本性的生长。当这种思潮过于极端时，经验课程知识谱系就会从儿童经验发展的立场出发予以制衡，从而压制学校教育中以知识传递为基本追求的这一冲动，使"知识本位"和"儿童本位"的两难选择得以保持微妙的平衡。

二、理性课程知识谱系 >>>>>>>

理性课程同样有着悠久的学术传统。早在古希腊时期，柏拉图就将人类的认识划分为"知识"和"观念"两部分，认为知识是内在的、合乎理性的，而观念则是外在的、虚幻的。"理性"(reason)意味着事物的普遍性和规律性，代表了人类思维的统一性，近代以来几乎成为启蒙精神和科学精神的代名词。在人们的认知中，理性具体表现为真理和知识。因

---

① 张华：《经验课程论》，122页，上海，上海教育出版社，2000。

此理性课程高举"真理与知识"的旗帜，认为知识本身就有着至高无上的价值；那些体现了本质性知识的科目(语法、逻辑、数学等)和历史上的伟大著作，是学校中当之无愧的课程形式。

理性课程知识谱系是现代课程论创立以来非常活跃的一个支脉。它在不同阶段有着不同的表现，但其课程观又有着内在的一致性，即强调知识的学习对儿童发展的重要性，认为学校课程必须包含人类传承下来的种族经验(或文化遗产)，个人的直接经验和兴趣是次要的。例如，要素主义课程理论就是这一支脉的重要代表。其代表人物巴格莱(Bagley)坚信，在人类文化遗产中存在着永恒不变的、共同的要素，也就是基本的核心知识；课程编制的主要任务就是要把这些文化的共同要素提炼出来并传授给下一代。这一观点被另一代表人物贝斯特(Bestor)表达得淋漓尽致：课程必须根本上由 5 种大范围的学科学习组成：①掌握母语，系统地学习语法、文学和写作；②数学；③科学；④历史；⑤外国语。[①]此外，永恒主义教育哲学在课程观上也属于这一阵营，主张学校课程就是由历史上流传下来的"伟大著作"和"永恒科目"构成的。其代表人物艾德勒(Adler)甚至在 1946 年还策划了"百部名著计划"，认为儿童和青少年只要学习这百部名著就可以了，这是理性课程的一种极端表达。

20 世纪五六十年代，美国教育家布鲁纳(Bruner)提出的"结构主义课程理论"是理性课程知识谱系在第二次世界大战之后的重要代表。他强调学科知识结构的重要性，主张在学校中分门别类地开设学科课程，并突出学科的知识发展逻辑，从而帮助学生系统地进行学习。他说："我们可以用一个词来解释相关的课程问题，即结构……掌握某门学科的结构，就是用一种新的方式去理解这门学科，这种方式允许其他更多的事物与该学科建立有意义的联系。简言之，学习学科的结构意味着学习事物如何相关。"[②]布鲁纳的课程主张在很大程度上推动了美国第二次世界大战之后课程内容的现代化。他提出了"新三艺"(自然科学、数学和现代外语)，努力使美国学校教育摆脱经验主义教育带来的生活化和低学术标准，从而更加适应时代发展的需求。

---

① 江山野：《简明国际教育百科全书：课程》，64～65 页，北京，教育科学出版社，1991。

② Bruner, J. S., *The Process of Education*, Cambridge, Harvard University Press, 1960，pp. 6-7.

理性主义思想对课程研究的影响还表现在课程编制方面。例如，博比特和查特斯等人提出要用"科学的方法"编制课程，因为科学的方法是合乎"理性"的。课程编制是一个理性的过程，泰勒就是这一主张的集大成者。1949 年，泰勒出版了《课程与教学的基本原理》(*Basic Principles of Curriculum and Instruction*)，在书中开宗明义："本书所提出的基本原理，是以确定 4 个基本问题为起点的，而这几个问题是在编制任何课程与教学计划时都必须加以回答的。它们是，学校应该达到哪些教育目标？提供哪些教育经验才能实现这些目标？怎样才能有效组织这些教育经验？我们怎样才能确定这些目标正在得到实现？"[①]这一课程开发模式是理性主义思想在课程编制中应用的典范，被称为课程开发的"目标模式"，对课程开发的实践产生了深远的影响。

三、实践课程知识谱系 >>>>>>>

"实践课程"的提出和其成为一个重要的知识谱系，是与美国课程论专家施瓦布(Schwab)的努力分不开的。在 20 世纪 60 年代，他曾是结构主义课程改革运动的主要旗手，在该次课程改革失败之后则痛定思痛，在 1970—1983 年发表了 4 篇以"实践"为标题的论文，即 1970 年的《实践：课程的语言》(*The Practical：A Language for Curriculum*)、1971 年的《实践：折中的艺术》(*The Practical：Arts of Eclectic*)、1973 年的《实践 3：转化为课程》(*The Practical 3：Translation into Curriculum*)、1983 年的《实践 4：课程教授要做的事》(*The Practical 4：Something for Curriculum Professor to Do*)。这 4 篇文章代表着一种新的课程理论的诞生。在随后的发展中，不少学者以实践性课程理论为参照，提出了诸多课程研究和开发的模式，如英国斯滕豪斯的"过程模式"、澳大利亚斯基尔贝克(Skilbeck)的"情境模式"以及校本课程开发理论等。这些都属于实践课程知识谱系这一支脉。

施瓦布在第一篇文章中开宗明义："鉴于(以往的)理论建构脱离了有关教与学的真实问题情境，而课程领域又根深蒂固地、不加检验地、错

---

① Ralph W. Tyler，*Basic Principles of Curriculum and Instruction*，Chicago，The University of Chicago Press，1949，p. 1.

误地依赖于理论，这最终导致了课程在真实的学校教育中的撕裂、失败与中断。"①施瓦布对当时的课程研究领域进行了诊断，认为过于依赖理论的课程研究已经步入穷途末路，按照当时的原则和方法不能继续运行，也无以促进学校的发展。可见，实践课程知识谱系的立论基础是对机械的、僵化的理论研究取向进行批判，在此基础上倡导面向实践的课程研究取向。他说："旧有的理论研究存在三个方面的问题：失败的视野选择、惯于抽象的恶习以及偏激地采取多数原则。只有当课程研究从对理论的追求转向其他三种操作模式，课程领域才能获得复兴，它们是实践、准实践和折中。"

实践模式主要从以下四个方面区别于理论研究：一是课程研究的结果会带来课程决策；二是实践课程中的科目通常被认为是具体的、确定的、能够与环境相融合的；三是课程研究的问题来自课程事件本身；四是课程研究的方法是"审议"（deliberation），它不是线性的，而是复杂的，更有助于实现预期目标。从这几点来看，实践课程知识谱系不再以理论的建构为最终追求，而是关注课程在实践层面的运作，因此对课程的概念和课程开发的方法都进行了重新的界定。它认为，课程不再是单纯的"科目"，而是教师、学生、教材和环境这四个要素的综合；课程开发需要由"课程集体"用审议的方法，对课程问题进行讨论并最终达成一致意见，从而提出课程决策。

这种以实践为取向的课程研究对后来的学校课程开发产生了深刻的影响，它集中表现为校本课程开发。可以说，校本课程开发是实践课程知识谱系在学校课程改革中的具体应用，它的代表人物包括马什、斯基尔贝克等人。例如，斯基尔贝克认为，课程就是所有学习经验的总和，它包括课程大纲规定的课堂中获得的学习经验，但绝不仅仅限于此；它还包括了那些看不见的、学生通过参与学校活动而生成的课程要素。基于这种理解，他提出了课程开发的情境模式，认为课程开发的过程可以划分为如下环节："①情境分析，即系统研究教育情境，包括学校、地方环境、学生、资源、教师等；②提出课程目标，即从情境分析中提炼出课程的目标，这些目标可以在学习开展的过程中进行调整；③初步设计

① Schwab, J. J., "The Practical: A Language for Curriculum,"*Journal of Curriculum Studies*，2013(5)，pp. 591-621.

课程方案，包括课程素材和资源、学习方式、教师实施方式等；④课程实验和实施，这也是对课程方案进行实地检验和初步评价的过程；⑤课程方案的确定，包括出版和发放课程材料等。"①这一情境模式已经成为校本课程开发的经典模式。

四、批判课程知识谱系 ≫≫≫≫≫≫≫

"20世纪80年代，在概念重建阵营中有一种受批判理论影响的话语，它为课程研究提供了重要的新主张。它的重要性不仅在于它有助于理解和促进课程的话语发展，也带来了针对受压迫者阶层的有关公平和正义问题的深度批判。"②美国课程论专家舒伯特（Schubert）这一段话明确描述了20世纪80年代以来北美课程研究的一个新趋势，那就是批判课程理论的兴起。该理论的显著特征就是致力于社会批判：不满于当下西方社会的现实，对主流文化意识和经济政治结构抱持不信任态度，批判学校和课程中存在的意识形态依附、贫困和富裕阶层对立、不公正和霸权等现象，呼吁"人类解放"。批判课程理论日益发展为一个新的课程知识谱系，成为当今时代课程知识批判性建构的集中反映。

直到目前为止，批判课程知识谱系观点杂陈、概念多歧，并没有形成相对统一的、明确的课程主张。它在总体上反映了批判社会学在课程研究领域的延伸，但不同的学者基于不同的社会理想，从不同的视角出发而提出的具体课程观点则大异其趣。早在20世纪70年代中后期，在批判以泰勒原理为代表的传统课程范式的声浪中，主张从社会批判的视角对学校课程进行分析的声音就已经出现。它被派纳（Pinar）归入概念重建主义课程范式的阵营，体现出"政治的或批判的取向"。这方面的先驱无疑是巴西教育家弗莱雷（Freire）。1970年，弗莱雷出版了著名的《被压迫者的教育学》（*Pedagogy of the Oppressed*），由此成为解放教育理论的标志性人物。他强调教育要培养学生的"唤醒意识"，改变被动接受合法化知识的灌输式教育，发展批判能力，从而反抗"被压迫"的社会结构。

①　Skilbeck，M.，*Curriculum Development*，Bangkok，UNESCO Regional Office for Education in Asia and the Pacific，1982，pp.17-18.

②　Schubert，W. H.，Schubert，A. L.，& Thomas，T. P.，et al.，*Curriculum Books*：*The First Hundred Years*，New York，Peter Lang Publishing，Inc，2002，p.268.

他提出建构"解放的课程"的四大原则：①以参与为基础，共同建构新课程；②尊重各校的自主权，进行各种不同的实验；③在课程中要运用"行动—反思—再行动"的方法，加强理论联系实际；④加强教师培训，在实践中批判性地分析课程。①

20世纪90年代以后，派纳认为课程研究领域已经完成了"概念重建"并转向"课程理解范式"(其成果体现为1995年出版的《理解课程》一书)。但以社会批判为取向的课程研究仍然坚持其批判色彩，并且依据的理论更加多样(新马克思主义、存在主义、现象学、文化资本理论、后结构主义理论、女性主义理论等)，关注的领域更为广泛(如文化霸权、隐性课程、文化再生产、女权与女性平等)。这一方面说明课程研究领域对批判理论的关注力度进一步增大，另一方面也说明课程知识的建构需要关注当下社会生活中的公平与正义。这方面最典型的代表人物，就是美国学者阿普尔·M.(Apple M.)。

阿普尔是北美批判教育理论的领军人物之一，他擅长从制度、权力、阶级、意识形态、霸权等视角对教育问题进行分析。课程领域也是他主攻的一个方向，他的代表作就是《意识形态与课程》(*Ideology and Curriculum*)。在书中，他用"霸权"这一概念来分析教育现实和课程问题。他说："霸权不是抽象的意义集合，而是有组织地整合了意义和实践，也就是我们生活于其中的核心的、有效的、占统治地位的意义、价值观和行动系统。"②"霸权"是一种特殊的社会存在，它通过学校教育的作用而使统治阶级的价值观念、意识形态等合法化。它利用权力对不平等的社会文化和社会关系进行复制，而学校课程则是这一过程的载体。因此学校课程也有意无意地强化了社会的不平等，充当了再生产不平等社会关系的工具。因此，他提醒人们不仅要思考"什么知识最有价值"，还要思考"谁的知识最有价值"，即"合法性知识"(legitimate knowledge)这一问题。

批判课程知识谱系是一个宽泛的理论阵营，很多具有社会批判倾向的思想都可以归入这一阵营。例如，法国社会学家布迪厄(Bourdieu)提出的文化再生产理论就属于这个范畴。在布迪厄看来，资本有三种基本

---

① 黄志成：《弗莱雷解放教育课程建构论述评》，载《全球教育展望》，2003(2)。

② Apple，M.，*Ideology and Curriculum*(3rd Edition)，New York & London，Routledge Falmer，2002，p. 5.

形态：经济资本、社会资本和文化资本。与前两种不同的是，文化资本是由人对文化资源的占有而形成的、对社会产生重要影响的各种能力和素养，包括语言能力、社交能力、个人的风度举止以及对成功机会的把握能力等。"事先获得知识的人保持对这一知识的垄断，从而有助于文化再生产，进而有助于社会再生产的时候，暗含教学法可以对统治阶级很'有好处'。"①布迪厄的文化再生产理论深刻揭示了西方国家阶层固化的隐蔽过程，也为隐性课程、多元文化课程等方面的研究提供了重要的理论依据。

---

① ［法］布尔迪约、［法］帕斯隆：《再生产——一种教育系统理论的要点》，邢克超译，58页，北京，商务印书馆，2002。

课程研究的学术取向及其演变

在课程理论建构的过程中，课程知识谱系的演变其实也折射出课程研究的学术取向。对这些学术取向的梳理有助于我们在今天的时代背景下研究课程的社会属性和育人功能，从而更好地推进学校课程建设。

一、课程研究作为"技艺之学"（1918—1948 年）

这个时期是现代课程论的初创期，大约从 1918 年持续到 1948 年。1918 年，博比特出版《课程》，把现代课程研究定位为"一门科学"，致力于探求课程编制的"科学原则和方法"。笔者将这种取向下的课程研究称为"技艺之学"。进入 20 世纪之后，欧美国家的科学技术发展迅速，机器大生产成为主导的社会生产方式，对标准化和效率的追求成为当时的普遍共识，"社会效率运动"深入生产、生活和学术研究的方方面面。这必然导致课程研究领域也泽被了"科学"的光芒，课程编制就是一门"技艺"，需要通过科学的方法和手段产出预期的课程产品。也正因如此，博比特、查特斯等利用"经验分析"和"工作分析"等方法，尝试将课程编制的基本过程具体化、标准化，这是当时课程研究的基本路径。除了这两位学者外，哈罗德·拉格（Harold Rugg）也活跃在那个时期的学术舞台上。他在课程编制上奉行科学主义的原则，而且特别强调教师要把课程编制作为自己工作的一部分。1924 年，拉格召集了当时一批知名学者对课程问题进行商讨，包括博比特、查特斯、威廉·克伯屈（William Kilpatrick）等。两年后，作为美国教育研究会（NSSE）的主席，拉格带领一批学者出版了《课程编制的基础和技术》（*The Foundations and Technique of Curricu-*

lum Construction），这个书名带有浓厚的"技艺之学"的色彩。通过探讨，拉格认为学校课程应致力于帮助儿童解决与其生活相关的问题，课程编制必须适合儿童的社会需要和个人兴趣。拉格还阐述了教师参与课程编写的必要性，认为根据既定的原则和方法可以将课程编写变成教师的教学行为。"更直率地说，课程应该事先由教师作出规划。"①

总体而言，这个时期的学者长于课程编制的方法和技术，而短于对课程知识进行学理探讨；课程研究彰显了课程的职业准备功能，而相对削弱了课程的人文发展功能。这说明那个时期的课程研究带有明显的时代烙印，这是襁褓时期的现代课程论所不能逾越的。同时，这种缺陷启发了后来学者的理论探讨。例如，泰勒致力于构建课程原理，一方面反映了当时对课程编制技术的研究日趋成熟，另一方面泰勒应该看到了作为"技艺之学"的课程论需要承担更为宽厚的学术使命。于是"泰勒原理"（Tyler Kationale）才横空出世。

二、课程研究追求"原理建构"（1949—1969 年） >>>>>>>

这个时期是现代课程论发展的重要理论建构期，大约从 1949 年持续到 1969 年。1949 年，泰勒出版《课程与教学的基本原理》，详细阐述了学校如何根据既定的程序开发课程。它包括四个简洁明了的环节：确定课程目标、选择教育经验、组织教育经验、评价教育结果，被称为"泰勒原理"；由于它强调课程开发要以确定课程目标为前提，因此又被称为课程开发的"目标模式"。应该说，"泰勒原理"继承了早期课程开发的科学主义传统，并且对既有的课程编制技术进行提炼和集成，最终成为课程开发的经典模式。在随后的 20 多年里，"泰勒原理"的地位如此显赫，以至于随后的课程研究几乎沦为其注脚。例如，塔巴·H.（Taba H.）继承了"泰勒原理"的精神旨趣，她对课程开发的目标模式进行了阐释和拓展。1962 年，她出版了《课程开发：理论与实践》（*Curriculum Development：Theory and Practice*）一书，阐述了课程开发的七个步骤：①诊断需要；②形成目标；③选择内容；④组织内容；⑤选择学习经验；

① Rugg，H.，et al.，"The Foundations of Curriculum-making"，转引自 Tanner，D. & Tanner，L.，*Curriculum Development：Theory into Practice*，Macmillan Publishing Co. Inc.，1975，p. 250.

⑥组织学习经验；⑦决定评价什么以及评价的方式和手段。① 该时期的学者以提出普遍性的课程原理为己任，完成了现代课程论创立以来的原理建构。

在该时期，以"泰勒原理"为代表的课程研究致力于对课程开发的普遍模式进行描述，提出理性化的、合乎逻辑的课程研究和开发的方法，折射出那个时代对普遍性课程原理的追求。我们可以称这种精神是一种理论自觉，它对于确立一个学科的专业知识体系和理论框架至关重要，因此也代表了现代课程论发展的一个新的高度。当然，"泰勒原理"所体现的程式化、线性化的思维模式，以及对效率和工具理性的追求，同样是那个时代特有的价值观在课程领域的反映。在 20 世纪 50 年代末，美国掀起结构主义课程改革运动，"泰勒原理"所揭示的课程原理成为这次课程改革的重要指导原则。但这场课程革新的运动并没有达到预期的目的，1969 年新课程被废止。结构主义课程改革的落幕在很大程度上预示着"泰勒原理"已经难以承担起曾经的学术使命，追求"原理建构"的时代步入穷途末路。当然，一个主导的课程范式走向衰落也为其他课程话语的勃兴开辟了空间，理论创新总是生生不息的。

三、课程研究回归"实践取向"（1970—1990 年）　≫≫≫≫≫≫≫

这个时期的课程研究开始回归实践，大约从 1970 年持续到 1990 年。1970 年，施瓦布发表《实践：课程的语言》，向自己曾经积极拥护的课程原理提出了挑战，揭开了课程研究领域解构"泰勒原理"这一宏大叙事的新篇章。施瓦布认为主导的课程开发模式是一种对抽象的理论的迷恋，它缺少对具体教育情境的关注，需要用一种新的课程观来取代之，这就是"实践的课程观"。这种课程观体现为三种操作模式，即"实践""准实践"和"折中"，而"审议"是实践的课程观的方法论。他说："一方面，原有的课程研究采用了来自教育领域之外的关于道德、知识、政治和社会结构、学习、个性等理论，并错误地运用这些借用过来的各种理论，例如作为原理推导出适用于学校和班级的正确的目的和程序；另一方面，

---

① Taba, H., *Curriculum Development：Theory and Practice*, San Diego, Harcourt Brace Jovanovich，Inc.，1962，pp. 11-12.

它试图建构各种教育理论，这些理论最终导致课程陷入严重困境。只有课程事业在总体上从理论追求转向其他的三种操作模式后，课程领域才将有一次新的复兴。"①

施瓦布的实践课程是对课程原理建构的一次逆反，也是一种扬弃。课程必须与具体的教育情境相联系。而课程原理的建构追求普遍性，则弱化了对教育实际问题的关照，也就背离了课程编制的初衷。在施瓦布的号召和启发下，随后的课程研究越来越关注实践，一些新的主张和课程形态开始出现，如课程开发的"情境模式"、校本课程开发、课程行动研究等。今天，课程研究和实践的繁荣在很大程度上仰赖于这种"实践取向"，它是"草根式"创新的重要驱动力。

四、课程研究走向"社会批判"（1991 年至今） >>>>>>>

这个时期大约从 1991 年持续到今天。"泰勒原理"走下神坛，除了施瓦布的责难外，还有更多的学者从社会批判的视角对既有的课程原理提出挑战，派纳就是其中的代表。当然，派纳自称为课程研究的概念重建主义者。这是一个相当宽泛的学术阵营，最初有关批判课程的观点就在其中孕育起来。在派纳宣布课程研究已经完成了概念重建并走向理解范式之后，批判课程思想则进一步发展，主要表现为再生产理论和抵制理论。

其实，阿普尔的课程思想没有超出再生产理论的范畴，也就是从"文化再生产"和"社会关系再生产"的视角分析学校课程的社会功能，在一定程度上能够解释当代资本主义国家课程运作的内在规律。但毕竟现实社会中学校课程功能的发挥并不一定遵循这一线性的过程而平稳地运行下去，它有着复杂的机制和调节机理，特别是存在一些冲突和抵制的现象。而研究这些现象的学术观点被称为抵制理论。应该说，抵制理论是以德国法兰克福学派的批判理论为基石而对学校课程问题进行批判性分析，揭示学校课程对主流文化的阻抗和挑战，深入阐述了课程作为不同群体进行利益角逐的知识场域这一属性。美国学者吉鲁·H.（Giroux H.）是

---

① Schwab, J. J., "The Practical: A Language for Curriculum," In *Science*, *Curriculum*, *and Liberal Education*(*Selected Essays*), eds. Ian Westbury & Neil J. Wilkof, Chicago, University of Chicago Press, 1978, pp. 287-288.

抵制理论的主要代表人物。他对再生产理论持批判态度，认为："再生产理论家过于强调'社会控制'的思想，并没有提出教师、学生和其他人如何在特定历史和社会情境中为其自身存在条件进行再生产。而且，人具有能动性，人创造了历史和社会(尽管也有其局限)，这一点被忽视了。"①抵制理论致力于挑战和改变再生产理论所假定的一些规则，通过关注冲突、斗争和抵制问题而降低"霸权"的固化作用，从而实现社会公正和人的自我解放。具体而言，学校课程要致力于形塑学生的日常生活经验和社会角色，从而体现学校教育和人的能动性，进而为更美好的社会愿景而努力。

当前，批判取向的课程研究已经成为一股重要的课程话语。它关注学校课程实践与既有的社会秩序之间的联系，强调对主流的社会意识和主导的课程实践进行批判性分析，为理解社会结构提供了一种新颖的视角和解释。但目前来看，走向批判的课程研究尽管在学术和理论层面带来了很大震撼，但对实践的影响则显得相对弱小。一种课程理论如果不能给改进实践和重建学校秩序带来指导，那么其社会功能和学术意义就会被削弱。正如马什所言："这些理论带来了令人兴奋的观念，但没有产生用于实践的想法，因为直到今天仍然没有学校实施一种所谓'概念被重建了'的课程……在 21 世纪，我们期待这些理论为学校实践带来变化。"②

① Giroux，H.，"Theories and Reproduction and Resistance in the New Sociology of Education：A Critical Analysis，"*Harvard Education Review*，1983(3)，pp. 257-293.

② Marsh，C. J. & Willis，G.，*Curriculum：Alternative Approaches，Ongoing Issues*，New Jersey，Pearson Education，Inc.，2007，p. 135.

第四节

中国参与下的世界课程研究展望

正如在世界经济文化各个领域中国的作用越来越重要一样，在课程研究和课程改革领域，中国也越来越发出自己的声音。课程研究服务于中国面向未来的教育改革与发展，这在一定程度上为世界课程研究提供了中国方案和来自中国的启发，推动世界课程研究不断发展。

一、中国参与现代课程研究的得与失 >>>>>>>

中国的现代课程研究始于什么时期？对这个问题学术界有不同的看法。笔者赞同张廷凯的观点，他认为课程作为一个正式研究领域，在我国始于 20 世纪 20 年代初期。[①] 我国的现代课程研究基本上与欧美国家同步，这得益于民国期间众多学界前辈的努力，如程湘帆、王克仁、徐雉、朱智贤、熊子容等。鉴于 20 世纪 50 年代初我国全面学习甚至移植苏联教育模式，以教学论涵盖课程论，课程论的学科建制基本不复存在，学科发展基本停滞。直到 1989 年，钟启泉先生和陈侠先生分别出版了有关课程论的著作《现代课程论》和《课程论》，课程论学科在我国才得以重建。

进入 21 世纪之后，随着我国新一轮基础教育课程改革的推进，我国的课程研究及其学科建设发展迅速，取得了巨大的成就：学科建制不断完善、水平不断提高，一些高水平的著作和学术论文面世，课程领域的

---

① 张廷凯：《我国课程论研究的历史回顾：1922—1997（上）》，载《课程·教材·教法》，1998(1)。

学术人才队伍日趋壮大。特别需要指出的是，近 20 年来我国的课程研究注重对国外课程理论的介绍，相关的成果尤为凸显，极大地丰富了教育科学研究的话语，拓展了学术研究的视域。

遗憾的是，我国的课程研究并没有形成自己的知识谱系，较多采用对西方课程理论和实践经验进行译介这一基本理路。这种理路必然导致两种结果：一是课程研究的西方视角，二是课程话语的模仿与移植。前者意味着我国的课程研究在选题范围和问题取向上明显带有西方学术的影子；后者意味着我们在理论建树上较难提出自己的课程思想并进行理论创新。无论哪种结果，都意味着我们更多的是对西方课程话语的转述与阐释，并没有走出"输入"这一模式。

二、中国对课程国际化的回应与引领 >>>>>>>>

今天的教育越来越体现出国际化的新特征，这是当代世界教育发展的重要趋势，也是各国推动教育改革的重要主题。2016 年，我国颁布了《关于做好新时期教育对外开放工作的若干意见》，明确了进一步扩大教育领域的对外开放的指导原则。中国的课程研究和课程改革是世界课程实践的重要构成部分。在这一背景之下，中国的课程研究也必须回应这一挑战，参与甚至引领世界课程研究的未来发展。

首先，中国的课程研究需要超越译介国外课程理论的传统，在基于本土化课程实践的基础上提出原创性的理论。这方面仍然需要了解国外课程研究和话语主张，但研究视角和驱动力需要转向，也就是以本土的课程研究和实践为出发点，努力超越西方视角，走出西方话语的藩篱。

其次，立足中国课程改革的实践，在关注理论建构的同时突出课程研究对实践创新的引领。课程改革是我们这个新时代最鲜明的特征。21 世纪以来，中国课程改革对传统课程观念的颠覆影响了整个教育实践，由此也暴露出学校课程的诸多问题。这为课程研究提供了选题素材和现实依据。

最后，在面向世界的课程研究中讲好中国故事，凸显"中国元素"。21 世纪世界舞台上的重要事件就是中国的发展，与此相匹配，中国的课程研究也必然要走向世界。因此，让世界了解我们就需要我们讲好"中国的课程故事"。在这方面，我们需要强化对传统古典课程的研究，梳理优秀传统文化对我国课程的影响；需要探讨改革开放以来我国的课程实践，以及这些实践产出了怎样的课程话语。

三、通过学术共享走向课程研究的"世界大同" >>>>>>>

100 年前，现代课程论的先驱人物顺应时代发展的需求，通过科学化的价值取向而谋求学科自立，最终确立了课程论这一分支学科。进入 21 世纪，随着信息化社会的来临，人类知识的发展进入一个新的爆发期，各领域的学术研究进一步繁荣。在这一背景下，全球课程研究出现了一些新特征，如内涵与外延不断拓展，研究对象趋于多元，研究界限也日益模糊。对这一发展趋势，笔者称为"学术共享"。

一是课程研究的视野更加开阔。现代课程论起源于欧美的学校改革运动，因此在整个 20 世纪西方国家是开展课程研究的主要国家。在 20 世纪末期，西方学者开始反思这种西方中心主义的研究传统，开始更加宽泛地关注不同文化情境中的课程问题，从而使当代课程研究日趋展现出国际化的特征。例如，派纳就是课程研究国际化的重要倡导者。他离开美国路易斯安那州立大学后就职于加拿大的英属哥伦比亚大学，担任课程研究国际化中心主任，创办国际课程研究促进协会，承担南非等国家的课程研究项目，推动课程研究的国际化发展。2014 年，他还主编了《中国的课程研究：历史智慧与当代环境》(*Curriculum Studies in China：Intellectual Histories，Present Circumstance*)一书，介绍了中国当代课程研究的基本状况。派纳是西方学者的一个代表，他在这方面的努力说明，未来的课程研究必将超越西方中心主义的研究传统，面向多元的文化情境并关注不同国家和民族的课程的差异性，体现出"跨境"研究的特征。

二是课程研究体现出更广博的学术基础。作为人类知识的一部分，课程论的专业知识已经越来越与其他人文社会科学的理论和思潮交叉融合。借用诸如哲学、社会学、文化学等学科的概念和理论来解释课程问题，已经成为未来发展的重要趋势。例如，派纳主编的《课程：走向新的身份》(*Curriculum：Toward New Identities*)这一学术研究论文集，涵盖了北美课程学者的一些研究成果。其内容涉及的领域非常宽泛，包括课程中的性别、种族、政治、叙事和生态学等问题。派纳说：美国课程研究的前沿是什么？其中的一个主题当然是身份。在这部论文集中，大师们从多种引起争议的和革新的观点出发对这一主题进行了研究。[1] 有些作者还探讨了课程中的自传、现象学以及后结构主义等理论问题，充分体现了课程研究的多学科视角。

三是课程研究越来越关注文化问题。学校课程的内容来自社会文化知识，它是文化的载体，也是文化选择的结果。笔者认为文化是课程知识的符号标示，任何课程知识都有其特定的文化身份。[2] 对文化问题的关注这一趋势说明，课程研究是文化比较与文化认同的重要手段，它服务于提升人们对"世界大同"的认识，通过文化理解而实现打造人类命运共同体这一宏伟理想。这一趋势也导致课程研究的方法论转向文化范式，语言学、叙事学、人类学等方法被引入，丰富了课程研究的话语，也必将带来课程理论的进一步繁荣。

总之，在回顾课程研究发展的历史时，美国课程论专家罗伯特·S.蔡斯（Robert S. Zais）曾总结说："20 世纪 20 年代是现代课程研究领域不断形成和成长的时期。"[3]时光荏苒，那个年代已作为现代课程论的初创期而载入学科发展的史册。21 世纪的 20 年代已经到来，我们如何接过先辈们手中的旗帜、续写课程研究的新篇章，成为新时代课程学者必须回答的课题。在面向未来的课程研究中，我们必须立足本土的课程实践，紧扣发展素质教育、实现学校教育现代化发展这一宏大的时代背景，回应学校教育发展的重大社会需求。只有这样才能在课程研究领域创造新的业绩。

学校课程建设与综合化实施——基于北京市中小学的实践与探索

---

① ［美］威廉·F. 派纳：《课程：走向新的身份》，陈时见、潘康明等译，导言 1～25 页，北京，教育科学出版社，2008。

② 杨明全：《论课程知识的文化本质——基于东西方文化的诠释与比较》，载《全球教育展望》，2013(12)。

③ Robert S. Zais, *Curriculum: Principles and Foundations*, New York, Thomas Y. Crowell Company, Inc., 1976, p. 5.

第三章
中小学课程建设的原理

　　中小学的课程建设与创新是素质教育改革的必然要求，也是学校创建自己的学校文化和获得特色发展的必由之路。在当今时代，学校层面的课程建设与创新包括很多方面：一是对学校课程设置的分析，研究学校的课程结构并对国家课程、地方课程和校本课程进行整合和协调安排；二是课程的研发与设计，也就是根据学校办学理念和学生发展需求，由学校自主研发与设计，包括开发校本课程、拓展学科课程等。学校推动课程建设与创新的根本目的在于丰富和革新既有的学校课程文化、形成独具特色的学校课程体系，为满足学生的个性化学习需求并促进教师专业发展奠定基础。

学校课程建设的内涵与基本环节

学校课程建设是我国在 21 世纪推进新一轮基础教育课程改革的过程中逐渐出现的新事物，它是课程改革不断深化的产物。学校课程建设的提出改变了过去对课程概念的理解，进一步丰富和拓展了课程的内涵。学校课程建设可以根据一定的环节来逐步推进，这说明学校课程建设是有规律可循的。

一、课程的内涵 >>>>>>>

（一）课程的定义

课程本身就是一个不断变化的术语，它很复杂、难以下定义。界定课程的基本原则，是要基于当代的学校教育情境，结合学术界对课程理论的探讨，描述课程的本质含义。根据这一要求，我们可以将"课程"界定为：课程是在学校教育的情境中，为实现既定的教育理念和育人目标而为学生提供的学习机会及其展开的过程，主要体现为各种教学科目、活动方案和其他教育要素，以促进学生的社会化发展和个性化发展。

这一课程定义的一个基本出发点，是将课程看作学校教育链条中的一个关键因素，并立足于课程的功能而进行定义。从最抽象的层面来讲，学校教育无非就是教师影响学生的过程，但这种影响不是在真空中进行的，而是需要一定的中介和载体，这就是课程。而且随着知识的发展和教育手段的多样化，这一过程越来越复杂，课程要承载的功能越来越丰富。它包含了两个基本的维度：一是种族经验的发展，包括知识、技能和伦理道德等；二是个体经验的发展，包括兴趣爱好、情感态度和个性化心理特征等，如图 3-1 所示。

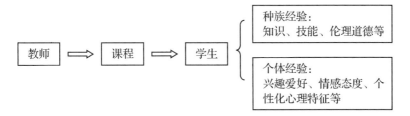

图 3-1　课程的定义

(二)理解课程定义的几个维度

1. 课程是学校中的教学科目和活动

在现代意义上的学校出现之后，课程的定义群中就增加了一种非常重要的定义形式，即把课程界定为学校中的教学科目和活动。在古代教育中，中国的"六艺"和古希腊的"七艺"就已经具有了学科课程的雏形；近现代以来，随着科学的发展和知识的积累，人类在知识领域划分出越来越多的学科，这些学科成为学校课程的主要形式。为了便于人们学习和掌握，学科被提炼为不同的教学科目，并进入学校的课程体系，构成了学校教育的主要内容。因此，把课程看作教学科目和活动是一个最容易被人接受的定义。人们习惯上把课程看作学校中的教学科目的总和(广义的课程)，或者指代具体学科(狭义的课程)。

把课程看作学校中的教学科目，这种观点是从学校教育内容的角度来界定课程的。特别是在我国，长期以来课程被看作为实现学校教育目标而选择的教育内容的总和，包括学校所教各门学科和有目的、有计划、有组织的课外活动。这种观点把课程看作为了实现既定的教育目标而选择出来的教育内容，在学校教育中主要体现为教学科目。还有很多定义更直接地将课程指向教学科目。在这一谱系中，课程被看作教学科目，可以指一个教学科目，也可以指学校的一个专业的全部教学科目或一组教学科目。

把课程看作教学科目，这种理解在历史上由来已久。我国古代的课程有"六艺"之说；从古希腊甚至直到欧洲中世纪，西方的课程有"七艺"之说。近现代以来学科课程体系的完善和最终确立，其实就是建立在这样一种课程的定义基础上的。因此，"课程是学校中的教学科目和活动"这一定义有着悠久的传统，也是目前人们定义课程的最传统的一种方式。人们一般往往把学校制订的课程表或功课表上列出的科目视为"课程"，甚至认为"课程"指的就是某一门科目，或某一种教科书，如语文课程、数学课程等。这种定义方式很符合人们的日常表达，最容易被人们理解和接受。

2. 课程是学习者的经验和活动体验

课程的源头在于人的生产和生活，因此在课程的族谱中，这一界定有着悠久的历史。而且，这种定义是从人(学习者)的角度来界定课程的，因此又有着人本主义的传统。在文字和正规学校出现之前，早期人类的教育无疑是借助具体活动来进行的，这些活动就代表了早期课程的形式。近代以来，受到美国19世纪末到20世纪初的进步主义教育运动的影响，尤其是受美国教育家杜威的影响，人们把课程看作儿童经验的观点广为流传。杜威从"教育就是经验的改造或改组"这一基本的命题出发，提出学校的课程应该是活动性、经验性的"主动作业"，即着眼于儿童经验的发展对社会生活中的典型职业进行分析、归纳和提炼而获得的各种活动方式，如金工、木工、烹饪等。这些"主动作业"就是杜威所理解的课程。

把课程设想为有计划的学习经验，是今天的课程专家比较普遍持有的概念。尤其是国外学者，更习惯于从儿童所获得的经验的角度去界定课程。例如，美国学者舒伯特就直截了当地指出，"课程即经验"。[1]近年来，这种界定有回归原初本义的趋势。例如，美国课程论专家派纳认为，"1970年以来，在课程研究领域发生一次重大的转变：从关注社会工学和商业模式转向课程理解，这其中包括了课程即会话这一概念。"[2]他把学生之间和师生之间在学校情境中的会话也看作"课程"，可见学生经验的重要意义。

3. 课程是教育活动的计划与学习者的学习结果

在课程的定义群中，这一理解是制度化教育的一种反映。制度化教

① Schubert, W. H., *Curriculum: Perspective, Paradigm, and Possibility*, Prentice-Hall, 1997, p. 26.

② Pinar, W. F., *What is Curriculum Theory?* Lawrence Erlbaum Associates, Inc., 2004, p. 19.

育要求课程服从教育体制的安排,具有明确的规范性和计划性。从20世纪50年代美国课程论专家泰勒提出课程开发的"目标模式"之后,这种界定便广为流传。例如,不少人认为"课程是一种学习计划",是为受教育者提供一系列学习机会的计划。在他们看来,课程总可以被定义为一个行动计划,这个计划包含目标、内容、活动和评价等。我国不少中小学教师就把课程理解为"教学计划""教学大纲",这种理解也属于该定义的范畴。

"课程即计划"这一定义影响甚广,很多学者在论及课程时都往往用"蓝图""规划"等术语比喻课程,或辅之以构成要素借以说明课程的本质。课程被看作预期要实现的目标,或者一系列传递给学生的价值。实现这些目标或传递这些价值是课程开发的直接功能。从计划的角度去理解课程,人们更关心的不是学习经验的积累问题,而是学校中的课程如何为学生未来的生活做准备。这种观点强调对学生的学习进行事先规划,包括学习目标、学习的内容以及如何评价学习的结果等。

同样是从学校教育的进程来考察课程的定义,有的学者则将课程视为预期学习结果或目标。美国早期课程论专家博比特等人认为,课程是教育者试图达到的一组教学目标或希望学生达到的学习结果。课程不应该是经验,而是预期的学习结果和目标。这些结果和目标直接指向学生未来生活的各个领域的经验和活动。博比特将人生经验划分为十个领域:语言活动、健康活动、公民活动、社交活动、心智活动、休闲活动、宗教活动、家庭活动、非职业性的实用活动和职业活动。

4. 课程是各种文本和复杂的会话

在课程的定义群中,这一定义折射出20世纪中后期哲学社会科学的"后现代转向"。20世纪末,在后现代主义、现象学、诠释学等哲学社会学思潮的冲击之下,课程论的研究进入了一个理论繁荣、话语多元的格局。人们对传统的课程思想进行批判、反思甚至重建,尤其是北美的一些课程学者,试图对课程研究领域进行概念重建,代表人物是派纳。派纳所倡导的概念重建主义课程理论以传统的"泰勒原理"为批判对象,认为传统课程代表的是课程开发范式。在他看来,这种传统的范式已经终结,课程研究应该从"开发范式"转向"理解范式"。在课程理解的范式中,课程既超越了学科和教学计划的含义,也不再仅指学习者的经验。它越来越成为一种符号表征,越来越成为一种文本,通过这种文本可以解读和构建出多元的意义：政治意义、种族意义、性别意义、审美意义、个性意义，等等。既然课程是一种文本，那么通过对文本的解读就可以获得多元的课程话语，围绕这些话语就可以展开复杂的会话，在这种会话中达到对课程的一致性理解。

在派纳的课程理论中，把课程作为复杂的会话是理解课程的前提。"会话"一词代表着一种"际遇"，以及"际遇"之后发生的事件。在学校和课堂情境中，教师、学生、知识处于一种复杂的互动之中，在这种"际遇"中会产生一定的教育意义。因此，"复杂的会话"既是过程，又是结果。把课程作为文本和会话，这一定义有利于改变传统课程的高度制度化与科层化现象，尊重具体的教育情境以及各种教育要素的互动，为学校课程注入新的活力。

二、学校课程建设的含义与基本环节 >>>>>>>

（一）学校课程建设的含义

学校课程建设指的是中小学为了丰富和完善学校课程体系而对既有课程进行调整、补充和开发的过程，主要包括国家课程校本化实施和校本课程开发两种主要途径。国家课程校本化实施指的是在国家课程框架之下，根据学校的办学理念和育人目标，对具体课程的内容进行调整、改编和补充，从而使国家课程更好地适应具体学校的教育情境，最大限度地实现国家课程的教育功能；校本课程开发指的是学校根据自身的办学理念、育人目标和实际条件，创造性地独立开发出国家课程体系之外的课程形式，从而增加学校课程的门类和可选择性，更好地促进学生的个性发展。

这两条基本途径是辩证统一的：国家课程校本化实施仍然属于国家课程的范畴，其本质还是国家课程；校本课程开发对应的是特色化的校本课程；国家课程与校本课程在性质上都服务于人才培养的目标，都是为学生的发展提供机会，因此二者又是可以互动、联系的。学校课程建设的两条基本途径如图 3-2 所示。

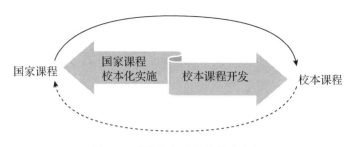

图 3-2   学校课程建设的基本途径

在学校课程建设这一特定行为中,两条基本途径体现出课程建设的两种取向。国家课程校本化实施的意图在于对国家课程进行调整,使其更好地适应学校的需求。它主要体现为对既有国家课程的补充和拓展,因为国家课程具有普遍性,它关注的是课程设置的共性问题,即服务于在全国范围内普遍提升未来公民的基本科学文化素养。它要落实到具体课程上,在中小学主要是不同的教学科目,根据教学科目的具体情况而开展,不同科目有不同的做法。它在总体上没有改变国家课程的教育功能,事实上也不会弱化国家课程,更不会冲淡国家课程的权威性,但部分地体现了学校的办学理念和个性化的教育追求。而校本课程开发则是由学校根据自己的办学理念和育人目标而进行开发,它可以彰显自己的特色,是对国家课程的有益补充。校本课程具有个体性,它更能适应具体学校的实际情况,一般都是学校的特色课程,体现出较强的综合性和个性化色彩。它丰富了学校的课程形式,提升了课程的可选择性,有利于发展学生的兴趣和爱好,可以更好地服务于学生的个性化发展。

(二)学校课程建设的基本环节

学校课程建设在本质上是对各种课程进行规划、设计和实施的过程。课程实施主要发生在课堂教学领域,因此在先期进行的课程的规划与设计就显得非常关键。在美国学者亨德森·J. G. (Henderson J. G.)等人看来,课程的规划与设计有四个层次:课程平台的设计(platform designing)、课程方案规划(program planning)、课程科目规划(course planning)和课程单元(课)的规划(unit/lesson planning)。[①]上述这四个层次也

---

① Henderson,J. G. & Gornik,R.,*Transformative Curriculum Leadership*(3rd Edition),New Jersey,Pearson Education,Inc.,2007,pp. 96-97.

体现了由外到内、由大到小的关系。根据亨德森的理论，结合我国课程规划和设计的实际情况，我们认为学校课程建设主要发生在这四个层面上。而在这四个层面上开展的工作就构成了学校课程建设的基本环节。学校课程建设主要有四个环节：课程的顶层规划、课程结构的规划、具体课程的设计、课程单元(课)的设计，具体如图 3-3 所示。

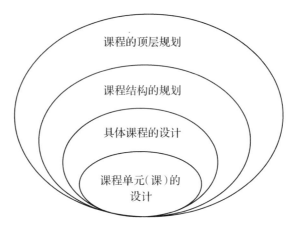

图 3-3　学校课程建设的四个环节

1. 课程的顶层规划

课程的顶层规划其实更多地需要在国家课程管理的层面上来进行。譬如，教育部组织课程专家，研发各科课程标准并提出实施和评价的建议；确立课程理念和宏观课程目标，提出培养的人才标准；研发各科教科书和其他辅助材料；确立课程结构、合理安排课时等。这些属于宏观的顶层设计，它确立了课程的总体价值追求，设定了学校课程实施的基本框架，对所有的课程事务进行了规范和统一的限定，有利于发挥国家课程管理的指导作用。

在学校层面，课程的顶层规划意味着明确本校课程建设的基本理念、原则和方式，其实是在国家课程管理的框架之下搭建自己的课程发展平台。在顶层规划中，最重要的工作就是确定学校的办学理念和育人目标，也就是基于学校办学理念开展学校课程建设。学校的办学理念体现了一所学校的教育哲学、学校文化和发展远景，是学校群体成员共同认可的教育价值观的投射。当然，学校的办学理念并不是由校长或少数几个人决定的。提炼并确定办学理念应该整合教师、家长、学生的观点，通过真诚的沟通而达成共识。学校的顶层规划需要一个课程委员会，包括校长、教师、家长和学生代表等。学校课程委员会需要通过讨论进行顶层规划，由此奠定课程规划的基础。顶层规划必须符合国家课程标准的要求，并体现课程改革的导向与学校的办学理念。它体现了课程委员会成员对学校教育、课程和改革理念的理解，体现了大家共同的价值观与教育追求，并以书面的方式将这种理解规定下来，从而指导后面的课程规划活动。顶层规划包含了课程规划的总体目的、指导课程规划的基本原则、相关课程政策的基本要求以及如何将这些要求在国家课程、地方课程和学校课程中体现出来等。顶层规划是课程规划的灵魂，体现了基本的教育观与课程观，影响着学生的学习与经验的获得。

2. 课程结构的规划

所谓"课程结构"，是指课程体系各部分的配合、组织和比例关系。它是针对学校课程的体系而言的，是课程体系的"骨架"。凡是学校课程存在的地方，就有课程结构的问题。课程结构涵盖了课程的总体框架，决定着整体的学校课程方案，由此影响了课程的教育价值、课程理念、培养目标、内容结构以及实施和评价方式等。因此，尽管课程结构并不是课程本身，但它对于指导具体课程的设计具有重要的意义。可以说，它是一张"施工的蓝图"，从总体上对具体课程做出了基本的限定，是指导课程设计的基本课程材料。

校长领导下的学校课程委员会需要对课程结构的规划负责。在规划课程结构的过程中，需要讨论的主要是一些宏观的问题，比如学校的毕业要求、课程的理念和价值追求、对学科科目的理解，以及其他一些有关课程本质的问题。课程委员会需要讨论基础教育阶段的学生经验、每年级的最低能力要求、课程评价的要求、教师的专业发展、课程的内容、组织结构、课时安排等。他们的任务主要包括如下。

①阅读和分析国家课程标准等课程文件，形成对课程目标的整体性的理解。

②理解教师和学生的真实情况和教与学的需求，收集相关的课程材料。

③结合学校的办学理念，阐述课程的教育价值和育人目标。

④在学校层面进行课程规划与引领。

在我国"三级课程管理"的制度框架之下，国家课程已经由国家统一规划和开发，地方课程由地方教育行政部门组织规划和开发，对这两种课程中小学只要实施即可。需要中小学规划和开发的课程一般都是校本化的课程，也包括对国家课程和地方课程的校本化实施。在学校层面，课程结构的规划一般需要先期的调查研究以及试验阶段，因此一般需要较长的时间，最终呈现一所学校的课程结构图，以此指导学校课程方案的编写和开发。

3. 具体课程的设计

具体课程的设计指的是设计某一门既定的课程，主要包括确定课程目标、选择课程内容、组织课程内容、形成课程方案等环节。确定课程目标是根据本门课程的学科定位和育人价值而提出课程目标；选择课程内容就是根据既定的课程目标，从相关学科、社会生活和学生经验中选择相关的课程要素组成课程内容；组织课程内容就是将课程内容和学生经验根据一定的规则和要求组织起来，最终形成具体的课程方案。由于中小学的课程一般都与一些学科具体相关，因此在确定课程目标和选择课程内容时并不复杂，只要根据设计的理念和意图开展相应的工作即可。最复杂的就是对课程内容进行组织，因为课程组织要权衡很多方面的因素，如课程内容的性质、学科的性质、学生的认知水平和接受能力、教师教学的特征以及具体的教育教学环境等。

在经过有效的组织之前，既定的课程内容和学习经验是无序的，这对学生来说很难产生积极的教育意义。课程内容的组织过程凝聚了设计者的教育理念和设计智慧，它能够将看似杂乱无章的内容进行重新组织，从而使其产生新的意义，成为促进学生发展的素材。

4. 课程单元(课)的设计

为方便学生有计划地学习，一般而言某一门完整的课程都是由多个课程单元构成的。课程单元是一个相对独立的课程组成部分，类似于课程的"组件"，在总体上体现了课程的理念和教育价值。我国中小学师生往往习惯于将课程单元称为"课"。在课程设计的过程中，为了探索经验、更合理地开展课程设计，一般都在完成课程大纲之后先设计一个单元作为样本，在设计单元课程的过程中积累经验。课程单元的设计要符合整个课程的整体设计，但要更具体，而且往往要更多地体现学生的日常经验。

课程单元的设计比较灵活，而且可以主题化。也就是围绕特定主题选择相关课程内容和课程要素，开发出一个相对独立的课程单元。考虑到课程综合化、跨学科教学等的新要求，在中小学推进课程建设的过程中，课程单元的设计具有非常大的优势和应用前景。围绕某一特定的主题，教师可以将临近和相关的课程内容选择并组织起来，使其成为一个具有相对独立育人功能的学习单元，体现出跨学科的优势。而且，对于一些专题教育的内容，也可以用课程单元的方式渗透到学科教学中去，比如优秀传统文化教育、国际理解教育、革命传统教育等。根据发展学生核心素养的要求，这些内容是国家要求进入中小学课程与教学的，但它们不可能以独立设置的课程形式存在，而通过课程单元的设计就可以灵活地渗透到相关课程中去，从而实现专题教育的目的。

对学校课程设置的分析与调整

分析学校中的课程设置是全面把握学校课程体系所必需的，其中很重要的工作是对学校中既有的三级课程进行分析与整合，目的在于梳理学校中既有的课程类型、课程设置、课程结构和门类等，充分发挥各种形态的课程的教育功能和价值，使各种课程产生聚合效应，从而实现"1+1＞2"的效果，更好地为学生发展服务。

一、三级课程的内涵及课程的功能 >>>>>>>>

严格来说，对国家课程、地方课程和校本课程的划分应该属于课程管理这一范畴，是同我国三级课程管理体制分不开的。2001 年，教育部《基础教育课程改革纲要(试行)》规定："改变课程管理过于集中的状况，实行国家、地方、学校三级课程管理，增强课程对地方、学校及学生的适应性。"这是 1949 年以来我国在课程管理领域的一次重大变革。这三级课程管理所对应的课程形态为国家课程、地方课程和校本课程。因此，三种课程形态的划分主要还是从课程管理和开发主体的角度来进行的。三者在课程权力的归属上不同，国家课程属于国家教育行政部门开发和管理，地方课程由地方教育行政部门开发和管理，而校本课程则由学校自主开发和管理。

(一)国家课程

国家课程指的是由国家统一开发和管理、通过国家行政力量在全国范围内推行的课程。它体现了国家的意志，是专门为未来公民接受基础教育之后能够达到基本素质要求而开发的课程。国家课程体现在官方课程文件中，如课程标准、教学大纲、教科书等。国家课程由政府组织专家学者统一开发，在全国范围内实施，对一个国家的基础教育质量起着举足轻重的作用。

国家课程是基础教育阶段学校课程体系的主体部分，其基本功能在于使学习者获得基本的学校教育，培养具有一定文化素养的国民，是实现教育公平的重要手段。其最显著的功能在于确保所有学习者学习的权利。国家课程是全国范围内都要实施的课程，它要保证所有学龄儿童都享有学习课程的权利，通过获得知识、发展能力和道德情感，成长为一个积极的有责任感的社会成员。由于国家课程关注共性和普及性，其要求不宜过高，通常是中等水平。这样就可以保证绝大多数学习者都能达到国家课程标准的要求，从而避免因要求过高而将那些处境不利的人排除在外。

(二)地方课程

地方课程指的是由地方教育行政部门依据当地的政治、经济、文化、民族等发展需要而开发和管理、在地方范围内推行的课程。它由地方教育行政部门(在我国一般指省一级的教育行政部门)主持开发和管理，体现地方的风土人情和教育特色，是传承地方文化、传播地方知识的重要手段，可以满足地方对学生发展的区域性要求。地方课程在充分利用地方教育资源、反映基础教育的地域特点、增强课程的地方适应性方面，有着重要价值。

我国在课程管理领域长期实行高度统一的课程制度，这与各地社会发展的差异性与多样性之间存在一定的矛盾。地方课程的主要功能就在于弥补国家课程不能反映地方教育情境这一缺陷，有助于实现地方的教育意图和教育目的。国家课程强调的是"普遍性"，但实际上国家课程是很难满足全国不同地区、不同学校、不同学生的需要的。国家课程只是规定了基本的标准和要求，对于国家课程所不能涵盖的内容，地方课程可以弥补。

(三)校本课程

"校本课程"的概念是一个"舶来品"，在西方指的是学校自主开发的课程。在我国有两种不同的课程形式都被视为校本课程：一是指为满足具体学校的发展需求和学习者的学习需求，充分利用当地和学校的课程资源而开发的多样性的、可供学生选择的课程，是在国家课程之外的、由学校自主研制和实施的课程；二是指国家课程、地方课程的校本化实施，即学校和教师通过选择、改编、整合、补充、拓展等方式，对国家课程和地方课程进行再加工，使之更符合本校和学习者的需要。无论哪种形式，校本课程都是由校长和学校教师根据学生的需求而在具体教育情境中开发或改编的课程。校本课程的本质体现在：在课程权力方面，学校拥有课程自主权；在课程开发主体方面，教师是课程开发的主体；在课程开发场所方面，具体学校是课程开发的场所。

校本课程开发是 20 世纪 70 年代以来英国、澳大利亚等国家流行的一种与国家课程开发相对应的课程开发策略，90 年代以来逐渐被引入我国。我国的校本课程开发是在中小学多年来实施的活动课、选修课和兴趣小组活动的基础上继承和发展而来的。校本课程是在学校本土生成的，既能体现各校的办学宗旨、学生的特别需要和本校的资源优势，又与国家课程、地方课程紧密结合，具有多样性和可选择性。校本课程的主要功能在于，关照学习者的个别差异，满足他们多样化的学习需求。国家课程和地方课程都面向数量庞大的学习者群体，不可能关注每一个学习者个体。校本课程恰恰是基于学校满足学习者个性化的学习需求而开发的。

二、学校的课程结构分析 >>>>>>>

任何一所学校都会根据特定的教育目的和育人目标，对学校中开设的课程进行类型、学科以及课时等方面的安排，这种安排的结果就是形成了一定的课程结构。分析学校的课程结构，有利于从整体上对学校课程体系和状况有一个明确的把握，从而在课程建设的过程中有的放矢、提升学校课程的质量。

（一）课程结构的内涵

一般而言，"结构"是指事物的各个组成部分之间的有序搭配和排列，用来描述事物各部分之间的构成关系，如"桌子的结构""知识的结构"等。所谓"课程结构"，是指课程体系各部分的组织搭配和比例关系。

这个概念里有三个关键词，即"体系""组织搭配""比例关系"。"体系"指的是课程结构，涉及的是学校的课程体系，也就是所有的课程门类。这意味着课程结构是针对学校课程的整体而言的，不是某一门具体课程。"组织搭配"意味着学校中全部的课程之间不是杂乱无章的、随便排列在一起的，而是根据一定的规则进行组织化、结构化的处理，从而体现各种课程门类之间的配合关系。"比例关系"意味着各门具体课程在"量"上(表现为课时)存在差别。所以，课程结构起码要涵盖三个方面：①课程要传递什么样的知识，即课程的知识构成；②这些知识以什么样的方式来传递，即课程的形态结构(必修课或选修课、学科课程或活动课程等)；③不同类型的课程形态在整个课程结构中的时间分配，即课程的课时比例。

从这一分析来看，要理解"课程结构"，需要注意三个方面：①课程结构是针对学校课程的整个体系而言的，是课程体系的"骨架"；②具体某一门课程不存在课程结构，但存在科学知识的结构；③凡是有学校课程存在的地方，就有课程结构的问题，也就要处理各种搭配关系。

确立合理的课程结构具有重要的意义。首先，就特定的人才培养而言，课程结构意味着为学生提供相应的知识框架和能力结构。课程的知识结构能够转化为学生的素质结构和能力结构。例如，数学课程能够转化为学生的数学思维和数学知识，语文课程能够转化为学生的语文素养和相应的语言能力，等等。其次，课程结构使各种门类的课程得以体系化和系统化，有助于安排教学。课程结构在很大程度上是为了课程实施和教学的便利而进行组织和搭配的。如果要根据学校教育的规律、学生的发展阶段和水平以及学生的个性化学习需求而安排教育活动，那么课程的结构化也是要符合这些要求的。最后，课程结构体现了教育活动的组织性和计划性。科学、合理的课程结构是学校教育活动的基础。课程体系在落实到课堂教学层面之前，必须经过合理的规划与安排，体现教学活动的组织性和计划性。这样才能更好地有利于教师的教与学生的学，提高教育教学的效果，从而更好地实现课程的教育价值。

(二)对课程结构的分析

对课程结构的分析，需要从三个层面进行：国家宏观决策层面、学校课程体系层面和具体课程的学科结构层面。

在国家宏观决策层面分析课程结构，就是要考察国家宏观的课程规划。例如，教育部 2001 年颁布了《基础教育课程改革纲要(试行)》，由此启动了新一轮基础教育课程改革。在这次改革中，课程结构的调整是重要的一个方面。该纲要规定，整体设置九年一贯的义务教育课程：小学阶段以综合课程为主(语文、数学、体育、艺术等)；初中阶段设置分科与综合相结合的课程(语文、数学、外语、科学、综合实践活动等)；高中以分科课程为主；从小学至高中设置综合实践活动并作为必修课程。这是对中小学课程结构的宏观要求。再如，我国在 2003 年启动了高中课程改革，对高中阶段的课程设置进行了调整，在课程结构上提出了"学习领域""科目""模块"这三个层次的结构方式，具体如表 3-1 所示。[①]

表 3-1　我国普通高中课程计划

学习领域	科目	必修学分 (共计 116 学分)	选修学分 I	选修学分 II
语言与文学	语文	10	根据社会对人才多样化的需求，适应学生不同潜能和发展的需要，在共同必修的基础上，各科课程标准分类别、分层次设置若干选修模块，供学生选择	学校根据当地社会、经济、科技、文化发展的需要和学生的兴趣，开设若干选修模块，供学生选择
语言与文学	外语	10		
数学	数学	10		
人文与社会科学	思想政治	8		
人文与社会科学	历史	6		
人文与社会科学	地理	6		
人文与社会科学	物理	6		
人文与社会科学	化学	6		
人文与社会科学	生物	6		
技术	技术(含信息技术和通用技术)	8		
艺术	艺术或音乐、美术	6		
体育与健康	体育与健康	11		
综合实践活动	研究性学习活动	15		
综合实践活动	社区服务	2		
综合实践活动	社会实践	6		

在学校课程体系层面分析课程结构，就是要考察学校开设的课程总量、类型和课时比例关系。最直观的体现就是课程表，我们可以从课程表中分析学校在特定学段的课程结构。表 3-2 就是某小学二年级的课程表。

---

① 中华人民共和国教育部：《普通高中课程方案(实验)》，4 页，北京，人民教育出版社，2003。

学校课程建设与综合化实施——基于北京市中小学的实践与探索

表 3-2　某小学二年级课程表

星期一	星期二	星期三	星期四	星期五
数学	语文	语文	语文	语文
语文	数学	数学	数学	语文
音乐	体育	音乐	健康教育	体育
信息技术	班会	班会	班会	道德与法治
体育	诵读	美术	形体	班队品德课
美术	英语	道德与法治	英语	

从这张课表中我们可以看到有关课程结构的一些具体信息。例如，该校开设了语文、数学、体育、音乐、美术、信息技术和英语等学科科目，还开设了诵读、道德与法治、班队品德课等综合类和活动类课程；在学科科目的课时安排上，各科目之间存在差异，如每周语文 6 课时、数学 4 课时、体育 3 课时，音乐、美术、英语各 2 课时；等等。

在具体课程的学科结构层面分析课程结构，就是要考察某门具体课程的学科内容结构等。

具体课程的学科结构反映了某一门课程的内容要素及其搭配。任何一门课程都是有着特定内容的，尤其是学科课程。因为学科课程是根据特定学科的知识发展逻辑进行编排和设计的，其内容体现出鲜明的系统性和学科特征。我们以普通高中语文课程为例说明学科课程的结构。我国 2020 年修订的普通高中语文课程标准以学习任务群为基本内容元素，对课程内容的构成进行了明确的说明。它规定：普通高中语文课程由必修、选择性必修、选修三类课程构成，每类课程分别安排 7～9 个学习任务群。其中必修的有 7 个，选择性必修的有 9 个，选修的有 9 个。[1]这一规定就体现了语文课程的学科结构。

再以普通高中数学课程为例，高中数学课程分为必修课程、选择性必修课程和选修课程。高中数学课程内容突出函数、几何与代数、概率与统计、数学建模活动与数学探究活动四条主线，它们贯穿必修、选择性必修和选修课程。同时高中数学课程内容还融入数学文化。数学文化是指数学的思想、精神、语言、方法、观点，以及它们的形成和发展；还包括数学在人类生活、科学技术、社会发展中的贡献和意义，以及与数学相关的人文活动。[2]

---

[1]　中华人民共和国教育部：《普通高中语文课程标准（2017 年版 2020 年修订）》，9 页，北京，人民教育出版社，2020。

[2]　中华人民共和国教育部：《普通高中数学课程标准（2017 年版 2020 年修订）》，9～10 页，北京，人民教育出版社，2020。

学校中课程的设计与组织

随着新一轮基础教育课程改革的推进,特别是三级课程的提出与新的课程管理体制的运行,由中小学研发与设计课程已经成为教育实践的一种新要求。由于课程主题、知识体系和课程目的存在差异,具体的课程研发与设计工作也存在很大不同。然而课程设计的一个重要环节——课程组织,则是学校中课程设计都会面临的问题。

一、课程组织的基本范畴 >>>>>>>

每一种或每一门课程的设计都是独特的,在课程组织方面也不可能完全一致。美国课程学者波斯纳·G. J. (Posner G. J.)指出,"组织"的重要功能是使"许多部分"形成相互依赖和彼此协调的整体一致性。就课程组织而言,这"许多部分"就是课程要素。对课程要素的理解极大地受到对课程概念理解的影响,因而在不同的课程概念的影响下,对课程组织的理解也不可避免地会因对课程要素理解的不同而不同。[①]波斯纳还提出,要根据预期的学习目标来组织课程内容,也就是先有对上位的学习目标的系统分析,然后才具体根据学习目标的分类来组织课程内容,从而有利于学生的学习。[②]但在设计过程中,课程组织领域往往又面临一些基本的问题,我们用"基本范畴"来表征这些问题。所谓课程组织的基本范畴,也就是在组织课程内容时设计者需要处理的一些最基本的关键概

[①] Posner, G. J., *Analyzing the Curriculum*, McGraw-Hill, Inc., 1995, p. 122.

[②] Posner, G. J. & Rudnitsky, A. N., *Course Design: A Guide to Curriculum Development for Teachers*, Boston, Pearson Education, Inc., 2006, p. 120.

念和问题。这些基本范畴表明了组织课程内容时应该考虑的重要维度和基本问题,恰当处理好这些基本范畴是组织课程内容的关键。我们认为,课程组织涉及的基本范畴有:范围、层次、连续性和平衡性。

(一)范　围

顾名思义,课程的"范围"(scope)指的是课程内容所涵盖的领域。直观来说,也就是课程内容的"宽度",或者"覆盖面"。由此可见,课程的范围划定了某一特定课程的内容界限,明确"范围"问题是设计课程的重要工作。

课程范围的确定要服从于课程目标和课程教育功能的预先设定。也就是说,要根据既定的课程目标和该门课程的教育功能而选定课程的内容范围。课程范围决定了哪些知识、技能等课程要素进入课程,从而影响到学生学习了什么,对于实现人才培养目标至关重要。

划定学科界限和课程内容的界限,要思考的问题是"这门课程属于哪个学科,如果涵盖了多个学科,那么各自的边界在哪里?"这是一个需要思考的基本问题,影响到课程设计的基本方向。例如,我们要设计一门小学"中国历史"课程,在范围问题上我们就需要考虑将这门课程从其他众多的课程中圈定出来。也就是小学"中国历史"在范围上涵盖了中国历史上发生的一些基本历史事件、人物和影响等,它明显不能等同于其他学科(语文、数学、科学等)。如果课程的内容涵盖了多个学科,那么就需要确定各个学科的哪些内容范围进入该课程,要做的工作相同,只不过更加复杂。

由于课程的范围决定了课程在水平方向上的覆盖面,因此又被称为课程组织的"横向维度"。

(二)层　次

划定了学科的内容界限之后,就要考虑在这个范围界限之内哪些具体的知识、技能等内容要素进入课程。这就涉及课程组织的另一基本范畴,即"层次"(level)。所谓课程内容的层次,也就是课程内容的水平,通俗来说,就是课程内容的难易程度。

任何一个学科的内容都是庞杂的,要穷尽任何一个学科的所有知识和问题都是不可能的。而且,学校课程的一个重要特征就是要根据学生的身心发展需求确定课程内容。因此,结合学生的发展需求确定课程内容的层次和水平就成为一个重要问题。例如，还是小学"中国历史"这门课程，在明确了基本的历史事件、人物等内容之后，就要思考另一个问题："什么层次的知识可以进入本门课程？"由于是小学阶段的历史课程，因此在浩如烟海的中国历史事件和人物等方面，我们只能选择一些最基本的历史史实、历史人物和思想等，让小学生知道中国历史的朝代更迭和最基本的发展规律即可："夏商与西周，东周分两段。春秋和战国，一统秦两汉。三分魏蜀吴，二晋前后延。南北朝并立，隋唐五代传。宋元明清后，皇朝至此完。"至于这些朝代和最基本的历史史实背后的思想渊源等深层次的问题，可以留到中学阶段再编写进去。

如果说范围决定了课程内容的宽度，那么层次则决定了课程内容的深度。因此，层次问题涉及课程组织的另一重要维度，即纵向维度。

课程组织并不是把内容选定出来然后堆到一起即可，而是必须把既定的内容根据一定的序列予以安排，这样呈现出来的课程才能有助于教师的讲授和学生的学习。在课程组织的纵向维度中，还有一个问题就是课程内容中各概念、技能等知识点的序列问题。特别在自然科学的学科中，这个问题比较突出，这就是国外学者经常强调的"顺序"（sequence）问题。课程的顺序在本质上体现了学科内容发展的逻辑性，一般而言都体现了由小到大、由少到多、由易到难的原则。例如，在设计"生物"这一门课程时，我们在选定了基本的课程内容之后，就必须考虑："根据怎样的序列安排这些内容？"总体而言，这个顺序就是细胞—组织—器官—系统。这些内容是前后相继的：前面的内容是后面内容的基础，后面内容是前面内容的拓展和加深，由此课程内容体现出学科发展的逻辑性。

（三）连续性

课程内容的"连续性"（continuity）指的是各知识、技能等知识要素之间的衔接、连贯性和平稳过渡。连续性意味着在组织课程内容时不能出现一些明显的"间隔"和"停顿"。也就是说，在内容上不能有明显的跨度而使课程的内容不连续。

连续性体现的是课程内容主题之间的顺畅过渡，它要求课程设计者对选择出的知识点等内容主题进行合理编排，从而使课程内容体现出流畅性而不是杂乱无章。例如，在"中国历史"这门课程中，唐朝（618—907年）和宋朝（960—1279年）是中国历史上两个重要的朝代，在经济、政治、文化等领域都颇有建树。从唐朝灭亡到北宋建立也不过半个多世纪，对中国历史来说可谓"弹指一挥间"，似乎可以忽略。然而，如果在组织课程内容时直接从唐朝过渡到宋朝，那么学生有关中国古代史的知识链条就会不完整，也不利于学生对宋朝这个上承"五代十国"、下启元朝的重要朝代进行深入理解。尽管从 907 年到 960 年只有短短的 50 多年，中国大地上却相继出现后梁、后唐、后晋、后汉、后周这"五代"，以及除此之外的前蜀、后蜀、吴、南唐、吴越、闽、楚、南汉、南平和北汉十个割据政权这所谓"十国"。这对于小学生的学习来说确实很复杂，但可以简述之，从而弥补唐朝和宋朝之间的间隔。这样就体现了组织课程内容的连续性。

连续性与层次(顺序)是相关的。一般而言，很好地体现了连续性的课程内容组织往往又能很好地体现层次性；没有体现层次性的课程内容组织一般也就不可能体现连续性。例如，在"中国历史"这门课程中，有 A，B，C 三个版本，其组织课程内容的方式如表 3-3 所示。

表 3-3 三个版本的小学"中国历史"

"中国历史"A	"中国历史"B	"中国历史"C
夏	夏	商
商	商	夏
西周	西周	东周
东周(春秋、战国)		西周
秦	秦	秦
西汉	西汉	东汉
东汉	东汉	西汉
三国	三国	两晋
两晋		三国
南北朝	南北朝	隋
隋	隋	南北朝
唐	唐	唐
五代十国		宋
宋	宋	五代十国
元	元	明
明	明	元
清	清	清
中华民国	中华民国	中华民国
中华人民共和国	中华人民共和国	中华人民共和国

在这三个版本中，A 有着很好的层次性，也很好地体现了连续性；B 的层次性很强，但连续性方面有欠缺；C 的层次性和连续性都很差。显然，A 最有利于学生的学习，而 C 则不能有效促进学生的学习。

(四)平衡性

课程设计是一个系统工程，除了要考虑具体科目的课程设计之外，还要考虑整体的学校课程的组织和架构。国外学者所说的课程组织的"平衡性"(balance)其实就是从这个整体架构出发对课程组织提出的要求。所谓平衡，意味着很多方面的协调统一：科学与艺术的平衡、知识与技能的平衡、智育与体育的平衡、学术与职业的平衡……整个学校课程体系的设计确实需要考虑平衡性问题，因为学校课程应该致力于引导学生在各个领域获得均衡的发展。

对于一门课程的具体设计来说，平衡性的要求意味着课程设计者不但要考虑本门课程的设计问题，还要考虑本门课程与其他学校课程的联系与协调，从而实现课程的教育功能最大化。要做到平衡性，课程设计者需要跳出"学科本位"的思维方式，从学校课程的全局和学生均衡发展的需求的角度设计具体课程，从而体现出课程的综合教育价值。

二、课程组织的基本取向 >>>>>>>

所谓"基本取向"，也就是在组织课程内容的过程中体现出来的价值追求和基本做法。总体而言，课程组织主要有三种取向：以学科为中心的课程组织、以学生为中心的课程组织和以社会问题为中心的课程组织。

(一)以学科为中心的课程组织

以学科为中心的课程组织是一种主要的课程组织方式，也是一种古老的课程组织方式。其萌芽最早可以追溯到我国春秋时期孔子提出的"六艺"，即礼、乐、射、御、书、数这六门课程。几乎在同时代，古希腊的"七艺"课程也是一种古老的学科课程，即文法、修辞、辩证法、算数、几何、天文、音乐这七门课程。随着现代学校教育制度的确立，学校课程根据学科设置对应的教学科目，每门科目有目的、有意识地陈述专门的知识体系，这就是现代意义上的学科课程。以学科为中心的课程组织强调围绕学科知识而组织课程，突出人类知识及其发展的逻辑性和系统性，注重学科知识的累积。

进入 20 世纪以来，以学科为中心组织课程内容得到了一些教育哲学流派的支持，如永恒主义、要素主义和结构主义等。永恒主义认为真理具有普遍性和永恒性，主张以"永恒科目"为课程组织的基础；这些"永恒科目"包括语法规则、阅读、修辞、逻辑和数学，以及人类文明史上的各类名著。要素主义认为人类文化遗产中永恒不变的、共同的"要素"即人类文化遗产的精华是课程组织的基础，主张学校课程要以读、写、算为主，开设语文、数学、物理、化学、历史、地理、外国语和古代语等基础学科。结构主义主张以"学科结构"为课程组织的基础，也就是学校课程要围绕学科的基本概念、原理和方法来组织。

以学科为中心组织课程内容有利于学习者系统地学习人类文化遗产，有效地掌握学科知识并促进智力的发展。但这种做法在一定程度上限制了知识的范围，不具备包容性的特质，因而妨碍多种目标的追求。它对学习者也不够重视，忽视了学生的需求、兴趣和经验，而且过于强调学科逻辑，难以促进学生在社会、心理、身体等方面的全面发展。

（二）以学生为中心的课程组织

以学生为中心的课程组织就是围绕学生的兴趣、需要、心理需求等组织课程内容，从而促进学生的和谐发展。在教育发展史上，一些主张"儿童中心"和"自然教育"的教育家对以学生为中心组织课程内容情有独钟。例如，美国教育家杜威把儿童的本能作为他们获得"经验"的基础，认为教育的重心是儿童，提出"学校科目相互联系的真正中心，不是科学，不是文学，不是历史，不是地理，而是儿童本身的社会活动"。[①]杜威认为，"教育的目的就是生长，除此之外别无目的""教育即经验的改造和改组"。因此在他的实验学校中，所有课程的组织方式都是以儿童为中心的；学校中的课程都是经验课程，其目的是促进学生与生俱来的能力得以生长，并发展和改造学生的经验。

以学生为中心组织课程内容把知识作为教育的手段，而非目的。这

---

① 华东师范大学教育系、杭州大学教育系：《现代西方资产阶级教育思想流派论著选》，8页，北京，人民教育出版社，1980。

种课程组织适应了学生的个性差异，鼓励学生主动学习，建立自己独特的知识结构。但它在重视学生经验的同时，也忽视了对教育具有关键意义的社会目标。过分偏重学生中心的课程组织也不利于学生建立逻辑严密的知识体系和掌握各种必备的技能，从而有弱化学术标准的嫌疑。

（三）以社会问题为中心的课程组织

在这种取向中，社会问题成为组织课程的核心线索。其潜在的假设是，课程要为学生适应或改进社会生活而做准备，学生应能够将书本知识转化为解决社会问题的能力和方法。以社会问题为中心组织课程内容特别注意课程与社会生活的联系，强调学生在学习中的主动性。例如，1988 年美国化学学会编写出版的《社会中的化学》(*Chemistry in the Community*)就是这种取向的典范。它是一套中学化学教材，面向将来不打算以化学为专业的学生，力图通过向学生介绍化学对于社会的作用来展示化学的迷人之处。该课程打破了以学科知识为中心编排内容的传统，而是以社会问题为中心来组织内容。在我国，新的高中化学选修模块中的"化学与生活""化学与技术"也明显具有以社会问题为中心组织课程的性质。

这种取向的课程组织突出了学校课程的社会发展功能，看到了学校教育对社会的改进和改造的价值，突出了课程促进社会发展、改善社会秩序的功能。但如何选择社会问题、哪些问题适合进入课程内容、如何通过课程的设置而促进社会的公平和正义，这些问题恰恰是难以回答的。因此，这种取向的课程组织并没有成为组织课程内容的主流，只能作为学校课程组织方式的辅助形式。

以上这三种课程组织取向是理论上的归纳和提炼。需要注意的是，在课程设计的实践中，这三种取向并不是界限分明的。也就是说，实际上人们不是完全根据某一种取向去组织课程内容，哪怕是纯粹的学科课程(数学、物理、化学等)，而是根据课程内容的性质和课程目标的具体要求而对特定的局部内容进行另类的安排。例如，在我国现行的小学学科课程中，大部分并不是完全根据"以学科为中心"的做法去组织课程内容。其基本做法就是，设计者在总体上尊重学科知识发展的逻辑，但在局部为了调动学生学习的兴趣、增加书本知识与实际生活的联系，他们会以学生的经验为中心，或以某些特定的问题为中心调整和组织课程内容。

第四节

不同形态的课程组织与实例分析

由学校开发的课程主要有两种形态，即学科课程和综合课程。不同的课程形态的组织方式存在一定的差异。本节中我们结合具体实例对这两种形态的课程组织问题进行详细阐述。

一、学科课程的组织 >>>>>>>>

学科课程以学科知识为中心选择课程内容，怎样将众多的学科知识组织起来是课程设计的一个重要问题。一般而言，在完成了课程内容的选择之后，接下来就要根据课程组织的一些原则对这些内容进行组织。其基本的环节包括：划分课程单元、编排课程单元、将课程内容教材化。

（一）划分课程单元

所谓"单元"（unit），指的是由一系列知识、技能等课程要素组成并具有内在一致性的、相对完整的一个学习单位。也就是说，一个单元的课程内容具有相对独立的教育价值，对学生会产生一定的意义。不同的课程设计者对课程单元的称呼可能不同，譬如"单元""章"或"部分"等，这方面并没有固定的要求。每一个单元要有一个标题用以说明该部分的课程内容，如小学"中国历史"可以有这样的一些单元："第一单元 夏朝""第二单元 商朝"等。

每个单元涉及的课程内容在范围上要大体一致，也就是在知识、技能等课程内容的"量"上要大体相等。这样有利于根据学时进行安排，有助于课程的实施。那么，每个单元的"量"有多大算是合适的呢？这取决于具体学科知识的性质以及学生是否有能力来把握。例如，在小学"中国历史"课程中，如果将"奴隶制社会"设计为一个单元，那么在范围上就过于宽广。因为它涵盖了夏朝、商朝和周朝三个朝代，学生把握不住，不如设计为三个单元即"第一单元 夏朝""第二单元 商朝""第三单元 周朝"。

课程单元的编排顺序要符合课程内容的既有顺序，体现课程组织的连续性的相关要求。也就是说，不同单元的排列要根据知识发展的逻辑进行，前后相继、相互联系。各单元之间一般不会相互涵盖，也就是不存在交叉的地方。但在特殊情况下，为了巩固学生所学、进一步强化不同单元的知识点之间的联系，也可以设计为下一个单元部分在内容上与前一单元重合。所谓的"螺旋式课程"在很大程度上就是这种设计的结果。

(二)编排课程单元

课程内容被划分为单元后，接下来的工作就是将这些单元按照一定的规则进行编排。最直接的做法就是根据学科知识发展的逻辑将各个单元依次罗列下去。这种做法体现了课程内容的层次，也体现了课程组织的连续性。例如，"普通数学"这门课程涉及整数、小数、加减法、乘除法、测量、集合等内容。根据这些内容的性质，大概可以划分为如下对应的单元。[①]

- 整数
- 测量
- 小数
- 公制
- 整数的减法与除法
- 有限小数运算
- 整数的加法与乘法
- 集合
- 10 以上的整数
- 数轴
- 实数

① Posner, G. J. & Rudnitsky, A. N. , *Course Design: A Guide to Curriculum Development for Teachers*, Boston, Pearson Education, Inc. , 2006, pp. 147-148.

显然，这些单元是杂乱无章的，没有体现数学知识的发展逻辑，需要对其进行编排。根据数学知识的发展逻辑，我们大致可以对这些单元进行如下编排。

- 第一单元：整数
- 第二单元：整数的加法和乘法
- 第三单元：整数的减法和除法
- 第四单元：集合的理论
- 第五单元：10以上的整数
- 第六单元：数轴
- 第七单元：小数
- 第八单元：有限小数运算
- 第九单元：实数
- 第十单元：测量
- 第十一单元：公制

为了更好地帮助学生合理有效地搭建知识结构，课程设计者可以进一步对既有的课程单元进行分析和研究，提炼出更上位的、包摄性更强的概念框架。根据这个框架对单元进行分组，这样就能更好地体现各单元之间的联系，从而形成"知识树"，帮助学生对所学的知识进行融会贯通。同样是"普通数学"这门课，这些单元大致可以分为这样几组：测量、整数、小数和集合。其各自包含的单元有如下内容。

- 测量：公制、测量
- 整数：整数集合、整数的减法与除法、整数的加法与乘法
- 小数：有限小数、实数、小数的运算
- 集合：集合、数轴、10以上的整数

对各分组进行安排的序列是整数、集合、小数、测量。所以，最终的单元安排如下。

整数

- 第一单元：整数
- 第二单元：整数的加法和乘法
- 第三单元：整数的减法和除法

集合

- 第四单元：集合的理论

- 第五单元：10以上的整数
- 第六单元：数轴

小数

- 第七单元：小数
- 第八单元：有限小数运算
- 第九单元：实数

测量

- 第十单元：测量
- 第十一单元：公制

显然，上述的这一最终组织编排方式体现了对既有课程内容的分析，既尊重了学科知识发展的逻辑，又体现了各知识单元与上位知识的关系，有助于促进学生的学习。

（三）将课程内容教材化

所谓"将课程内容教材化"，也就是根据有利于学生有序学习的基本原则，根据教材的体例对课程内容的编排和呈现方式进行改造，从而有利于教师的教学与学生的学习。在这里，"教材化"是一个关键词。为什么要进行教材化的处理呢？因为教材是学生学习的基本素材，教材是根据学生的心理发展逻辑和知识水平而编写出来的，其体例和编写风格适合学生学习。一般而言，中小学生所使用的教材都是图文并茂、语言活泼、可读性强，容易得到学生的认可。因此，将课程内容教材化是对学校课程设计的一个特殊要求，这也体现了课程设计与学术著作的不同：学校课程的设计可以不追求知识的系统性和专业性，但必须有利于教与学；而学术著作则必须突出知识的系统性与理论创新，而不必追求可读性。

教材的体例很鲜活，一般包括单元知识点、例题（案例）、练习题和思考题等。根据学科性质的不同，学科课程在呈现方式上不完全一样，但在课程组织的过程中都必须考虑教师教学与学生学习的便利性；除了要突出的基本概念、基本原理之外，必须增加一些有利于学生巩固知识、拓宽眼界、进一步自学的内容。对于中小学生来说，这些辅助性的课程内容对他们的学习发挥了重要的促进作用。

二、综合课程的组织 >>>>>>>

学科课程的设计相对简单直接，因为涉及的课程内容只在特定的学科范围之内。但综合课程的设计要复杂一些，因为课程内容是跨学科的，甚至是经验化的。因此，在设计的环节上，综合课程的设计与学科课程的设计也有差别。

（一）确定课程综合化的水平

确定课程综合化的水平意味着课程设计者先要明确设计的综合课程在多大程度上是综合的。它要回答的问题是，这门课程跨了哪些学科？涉及学生的哪些经验？有关学科的联系程度有多大？美国学者雅各布斯·H. H. (Jacobs H. H.)认为，综合课程的内容从低到高有 6 种层次：基于学科(discipline based)、学科并列(parallel disciplines)、多学科(multi-disciplinary)、跨学科(inter-disciplinary)、综合日(integrated day)和完全融合方案(complete program)。[①] 根据这一理解，结合课程设计的实际，我们认为实践中的综合课程主要有如下类型。

1. 基于学科的综合课程

这类综合课程以某一学科的概念和原理等内容为基础。为了更好地解释说明这些概念原理而将相关的其他学科的内容纳入，从而形成了基于该学科的一门综合化的课程。这种课程的综合化水平比较低，因为它基本上还是基于某一特定学科、以该学科的知识体系为课程内容而架构起来的。在我国，随着基础教育课程改革的不断推进，传统的学校科目在表现形式上都增加了一些经验化的内容，目的是加强学科知识与学生经验的联系、促进书本知识在社会生活中的应用。这些改造了的学校科目其实就是这种基于学科的综合课程，如小学阶段的"数学"。其主要内容是初步的一些数学知识和原理(整数、小数、分数、四则运算等)，但除了数学知识外，课程中明显增加了很多经验和活动设计，这符合综合课程对综合化的最低要求。

---

① Jacobs，H. H.，*Interdisciplinary Curriculum：Design and Implementation*，Alexandria，Edwards Brothers，Inc.，1989，p. 14.

2. 学科拼合的综合课程

这类综合课程将相关学科建立一种简单的联结，学科之间的关系是平行的、并列的，不存在主要学科和辅助学科之分。这种综合课程的设计是为了强化相关学科在某一主题上的联系，以促进学生更加整体性地学习知识和认知世界。目前我国中小学似乎尚未出现这种综合课程的形式，美国的"社会科"（social studies）可以算是一个例子。"社会科"主要涉及的学科包括历史、地理、公民教育等。这几个学科在某一个主题上是可以结合在一起的，如谈到美国独立战争的某一场战役，从历史学科的角度可以分析该战役的时间、地点、人物、影响等；从地理学科的角度可以分析该战役的地理环境、双方阵地布局、天气的影响等；从公民教育的角度可以分析该战役对美国独立的意义、英雄人物的爱国情怀等。

3. 学科互补的综合课程

这类综合课程的关键点在于"学科互补"，通常是由两门主要的学科构成的。这两门学科在教育功能上可以产生互补的效果，从而提升对学生的教育价值。例如，美国化学学会设计出版的中学课程"社会中的化学"就是一个例子。该课程打破了以系统的化学为中心而编排课程的传统做法，在课程内容上将社会学的一些问题整合进来，除了化学的一些基本概念和原理之外，社会问题成为该课程的另一重要维度。这样，两个学科就产生了"互补"的效应：整合社会问题是为了阐述化学原理的社会应用并提高学生学习的兴趣；而化学的知识和原理则是解决社会问题的一种重要途径和手段，二者相辅相成，使教育价值得到了提升。

4. 学科融合的综合课程

这类综合课程围绕学习的主题将相关的学科真正整合起来，打乱学科知识的体系，再将课程内容重新组织起来。尽管还能分清具体知识属于哪个学科，但学科的体系和知识逻辑则消失了，在课程内容上展现出来的就是一种"融合"的状态。例如，美国中小学普遍开设的 STEM 课程，即科学（science）、技术（technology）、工程（engineering）和数学（mathematics）课程。这种课程融合了物理、化学、生物，以及技术应用、材料革新和数学这些学科和领域的基本知识，并将工程学的内容整合进来，增加了学生动手做、科学实验等内容，其目的是培养理工科人才。STEM 课程已经成为美国 21 世纪之后推进理工科教育改革的一个重要方向。

5. 综合经验课程

综合经验课程也就是我们常说的经验课程。这种课程是综合化水平最高的课程形态，它在内容上已经没有学科痕迹，完全根据学生的学习经验予以组织，往往表现为一系列的学习活动方案。在课程实施上，该类综合课程非常灵活，完全服务于既定的设计理念和课程目标：它可以在课堂内实施，也可以在课堂外实施；可以在校内实施，也可以在校外实施；可以由教师主讲，也可以放手让学生去活动。在美国，每年中小学都有几次"田野调查课"（field trip），这是一门列入课程计划的课。其实就是拿出一天的时间来专门安排学生外出活动。教师提交的活动计划要阐述活动目的、意义等，也就是要论证活动的价值，然后学校就可以统一安排活动了。在奥兰多，有的学校安排学生到游乐园去玩一天，这也算完成这门课了。在我国，综合实践活动课程其实就是一种经验课程，尤其是社区服务、社会实践等活动，跟具体学科没有太大关系，只是为了发展学生的某些经验而设计的，体现了很高的综合化水平。

总之，不同类型的综合课程体现了不同的学科性和综合化水平。如果根据"学科性"和"综合性"两个维度建立一个矩阵图，那么这几种综合课程的大致位置如图 3-4 所示。

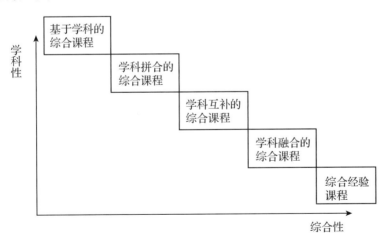

图 3-4　不同类型的综合课程

明确这几种类型的综合课程的学科性和综合化水平有助于课程设计者分析要设计的综合课程的内容结构并合理组织其内容。显然，不同的综合课程对设计者的要求是不一样的。课程设计者必须思考一系列的问题，诸如这门课程涉及哪些基本学科？其综合化程度有多高？不同学科之间的联系是怎样的？在多大程度上体现知识的体系和学生的经验？如何有效整合相关学科？等等。在明确了该门课程的综合化水平之后，课程设计者就可以准备具体开展下一步的组织工作了。

（二）分析课程内容的结构，形成课程单元

由于综合课程涉及多个学科，其内容要比分科课程更为庞杂，因此需要对课程内容的基本结构进行分析，然后形成课程单元。这一环节在实质上与组织学科课程的内容是相同的，只不过要复杂一些而已。所谓课程内容的结构，其实就是建立一个可以分析的框架、将所有的课程内容体系化和规范化，从而可以放到一个框架中进行分析，这就形成了一定的结构。

我们结合具体例子来阐述如何分析课程内容的结构并形成课程单元。以美国"社会中的化学"课程为例，该课程将社会问题整合到化学的学习中来，从而达到了"学科互补"的效果，体现了综合课程的教育价值。该课程经历了多次修订，我们将第二版和第四版的内容进行对比，从中可以发现设计者的组织思路，如表 3-4 所示。

表 3-4 "社会中的化学"第二版和第四版内容结构比较①

第二版	第四版
第一章　满足用水的需求	第一章　水：探究溶液
第二章　化学资源的保护	第二章　材料：结构和使用
第三章　石油：用于建筑还是燃烧	第三章　石油：键的破坏和形成
第四章　了解食物	第四章　空气：化学和大气
第五章　世界中的核化学	第五章　工业：利用化学反应
第六章　化学、大气与气候	第六章　原子：核的相互作用
第七章　健康：危害与选择	第七章　食物：生命所需的物质和能量
第八章　化学工业：承诺与挑战	

① 江栋：《美国中学化学教材 Chemcom 的分析研究》，硕士学位论文，山东师范大学，2005。

从表 3-4 中可以看出，为了阐述社会中的化学问题以及化学原理在解决社会问题中的应用，课程设计者抽取了几个关键领域：水、材料、石油、空气、工业、原子、食物等。这些领域确立之后，课程组织的"骨架"就有了，课程内容的结构自然也就初步建立了：将既定的具体课程内容根据这些领域进行分类处理并对应放置，这样课程内容的组织结构就完成了。每一章其实就是一个相对独立的课程单元，探究和学习的主题相对独立和完整，能够独立发挥教育功能。这样，课程单元的分析和设计也就完成了。

这个例子有两点值得注意：①综合课程的内容组织要回应设计理念和课程目标，体现时代性和经验性。"社会中的化学"第四版的改进更符合美国科学教育的新要求，用更大的篇幅介绍了核化学、有机化学、化学工业以及生物化学等内容，突出了"绿色化学"的价值导向，更符合新时代社会发展的理念。这些内容在结构和组织上得到了突出和强调。②综合课程的内容组织要充分考虑学生的经验特征和可接受性。在学科课程中，课程内容的结构要根据学科知识的发展逻辑进行组织编排，体现出层次性和连续性。但在综合课程中，由于已经没有了明显的学科知识逻辑，因此在课程单元的安排上就很难再找到一个合理的逻辑关系。这时需要考虑的就是一个基本的出发点：如何便于学生学习和掌握。"社会中的化学"第四版的内容组织从日常化的"水"开始，然后是材料、石油、空气、工业、原子、食物逐次展开，有助于学生的接受。

(三)对课程单元的内容进行精细化组织

由于学科课程以具体学科的知识体系为内容，因此在划分并编排完课程单元之后，课程的雏形已经形成并具有"课程"的意味了。但综合课程没有明显的学科知识体系，在完成课程单元的结构化分析与组织之后，还要对具体课程单元的内容进行精细化组织，这样看起来才更像一门课程。

我们还是以"社会中的化学"第二版的第一章"满足用水的需求"为例，来说明课程设计者是如何对课程单元进一步进行精细化组织的，如表 3-5 所示。

表 3-5　"社会中的化学"第一单元课程内容的精细化组织①

标题	故事情节	内容选编
水的质量	三天的时间如何有效地利用有限配给的水	深化对水的重要性的认识。具体包括：污水处理实验、调查家庭用品用水情况、做出节水的决策
水及其污染物一览	开始怀疑水溶物影响了水质	水的性质、溶解度、基本的化学用语、基本粒子及物质的电性、水中常见的阴阳离子介绍及检验
鱼类死因的调查	悬浮物这一可能导致鱼类死亡的原因已经去除	气体在水中的溶解及与温度的关系，可能的污染物：酸类、离子化合物、重金属离子、分子物质的简单介绍
水的净化和处理	鱼类死亡依然是谜，但已排除农药、化肥和工业废水等因素	自然界的水净化、水的净化和软化处理、硬水软化的实验活动、污水处理厂的典型流程以及氯气作为消毒剂的利与弊
综合考虑：鱼类死亡，由谁负责	揭开了鱼类死亡的谜底：河水中涌入过量空气	模拟会议，通过角色扮演讨论谁应该对此事件负责，谁应该承担费用。指出生活中的化学问题仍然存在，对化学的探究刚刚开始

表 3-5 中的内容呈现方式体现了课程设计者对课程单元内容的分析和组织思路。显然这种处理已经使现实生活中杂乱无章的社会问题得以清晰化，是对具体问题的提炼，由此具有了现实的教育价值，可以放置到学校教育的情境之中让学生去学习了。如果不经过这种组织和分析，那么尽管社会问题很生动，但不能产生直接的教育价值。这也就是课程设计的意义所在。

（四）将课程内容教材化

这一步骤与学科课程的组织是一样的，同样是为了更好地让学生接受和学习，把课程方案更鲜活、更生动地呈现在学生的面前。但考虑到综合课程的跨学科和经验性，在教材化处理的过程中会有一些更加灵活

---

① 江栋：《美国中学化学教材 Chemcom 的分析研究》，硕士学位论文，山东师范大学，2005。

的调整，从而使得课程方案更能体现课程目标、更适合学生的学习。

在"社会中的化学"中，课程设计者设想了一些具有情境性的故事情节，通过这些故事情节而将相应的社会问题和化学知识导入进来。例如，在第一章"满足用水的需求"中，课程设计者编写了这样的一个故事（当然这个故事来源于社会生活）。[①]

两名中学生发现某社区的河中有大量梭子鱼死亡，引起了当地居民对水安全的忧虑。当地政府采取了相应措施。比如，暂停从河中抽水，饮用水将从别地运来；取消社区"秋季钓鱼计划"；学校停课三天，并发布了水危机期间的水配备方案和用水指导；等等。与此同时，一些水利工程师和化学家对事件展开调查。接着，教材谈到居民对这一事件的反应，由此引出本章的两个主题：我们能够得到足够的水满足需求吗？我们能够得到足够纯净的水吗？教材以寻找鱼类的死因为主线展开本章内容。

上述这种对内容的处理就能够调动学生的兴趣，帮助学生更快地进入问题情境，并将相关的化学知识运用到对具体问题的解决中去。教材化处理是一个复杂的过程，不同学科、不同年龄阶段的学生所需要的教材化设计是不同的。对综合课程内容的教材化组织要根据课程的性质、设计理念、课程目标和学生的认知水平及发展状况来做出调整，它没有固定的模式，因此也挑战了课程设计者的智慧和设计艺术。

---

① 江栋：《美国中学化学教材 Chemcom 的分析研究》，硕士学位论文，山东师范大学，2005。

第四章
课程综合化实施的意义与路径

　　课程实施是落实课程计划、实现课程的育人价值的过程；而课程综合化实施的提出从根本上没有脱离课程实施的范畴，只不过更多地从儿童经验发展的视角强化了"综合"这一基本的取向。儿童经验与学科知识之间的关系是现代课程研究的基本主题，二者的对立与整合构成了课程理论发展演变和课程实践探索的主线。从 20 世纪初的经验主义课程理论与要素主义课程理论之争，到 20 世纪中后期的结构主义课程理论与实践取向课程理论之争，再到 21 世纪各国在推进课程改革过程中出现的分科与综合之争、直接经验与间接经验之争，课程理论的焦点总是在"儿童经验"与"教学科目"之间游移，如同钟摆的两极，其不停摆动折射出人们对待相关问题的矛盾心态和具体实践中难以突破的困境。显然，如何通过优化课程开发、寻求二者之间恰当的平衡，从而超越这一困境就成为当代课程研究的重要课题。为平衡、消解二者之间的对立，我们从课程实施的视角对这一问题进行了深入思考和系统研究，并带领一批中小学进行了多年的实践和实验，提出了课程综合化实施的理论假设及其对应的实践模式，取得了积极的效果。

第一节

课程综合化实施的内涵

课程实施是课程论研究的重要内容，是学校课程实现育人价值的关键环节。它决定着课程目标达成的程度，对于人的培养至关重要。课程综合化实施是我国基础教育课程改革和实践创新的产物。它总体上属于课程实施的范畴，但又因"综合化"而彰显出独特的价值，是一个值得我们认真阐释的概念。

一、课程实施的学理探源 >>>>>>>

"课程实施"（curriculum implementation）这一术语来自国外话语体系，原意是对课程改革计划或课程方案的贯彻、执行和落实。具有代表性的是加拿大学者迈克尔·富兰（Michael Fullan）的观点："课程实施是把某项改革付诸实践的过程……实施的焦点是实践中发生改革的程度和影响改革程度的那些因素。"[1]以该定义为蓝本，我国有的学者对其予以阐发——课程实施可视作课程发展的其中一个重要环节，这个名词具有下列特征：它是一个过程，涉及课程变革或创新；它也可以理解为新的实践（或课程/课程纲要）的实际使用情况；它是"课程设计和教学"周期的重要阶段。[2]

可以看出，我国学者对"课程实施"这一概念进行了微妙的改造，即把"教学"这一教育要素悄悄地纳入课程实施的范畴，从而使得"课程与教学"这两个相对独立的教育要素产生了联系。由此就带来了如下定义：

---

[1] 江山野：《简明国际教育百科全书：课程》，156 页，北京，教育科学出版社，1991。

[2] 李子建、黄显华：《课程：范式、取向和设计》，311 页，香港，香港中文大学出版社，1994。

"课程实施是课程论和教学论研究领域的重要课题。从课程论角度，可以将课程实施视为课程开发过程中的一个重要的环节，而在教学论意义上的课程实施，至少包括教学设计和教学过程。"[①]

这种理解完全符合我国既有的教育生态，也折射出我们注重教学论研究的学术传统。因为在中文语境下，"课程实施"指的就是"实施课程"，显然课堂教学是实施学校课程的主要渠道，所以课程实施与教学必然有着紧密的联系，从教学的视角理解课程实施也就水到渠成了。鉴于教师在课堂教学中发挥主导的作用，因此在这一视角下，教师的作用就凸显出来。正如笔者指出的："教师的课程实施是一种转化的行为，即将预先设计的课程计划转化为学生所接受的现实的课程形态、进而转化为学生的学习结果。在这个转化过程中，教师不可避免地介入个人的观念和意志，这样，课程实施也是教师重建课程的过程。"[②]

至此，我们将"课程实施"的关键因素定位于教师，教师工作的能动性和创造性直接决定着课程实施的结果，这一点也为我们的实践所证实。从这个视角来看，结合我国的教育传统，我们将"课程实施"界定为教师的一种特定的课程行为：它以实现既定的课程目标为追求，通过课堂教学、实验演示、设计开发等方式和方法落实课程计划，最终将课程要素转化为学生的学习经验。

二、课程综合化实施的提出及其界定　>>>>>>>

（一）课程综合化实施的提出

如果说"课程实施"是一个"舶来品"，那么"课程综合化实施"则是我国教育工作者在课程改革的实践中创造性地提出的一个概念。它表达了我国在推动基础教育课程改革中的一些新的价值取向，折射出发展素质教育、推动教育现代化发展的一些新理念。例如，2014 年，《教育部关于全面深化课程改革 落实立德树人根本任务的意见》指出了推进课程改革的基本思路，即"坚持系统设计，整体规划育人各个环节的改革，整合

---

① 李臣之：《课程实施：意义与本质》，载《课程·教材·教法》，2001(9)。
② 杨明全：《课程实施的学理分析：内涵、本质与取向》，载《全球教育展望》，2004(1)。

利用各种资源，统筹协调各方力量"，明确提出了"全科育人、全程育人、全员育人"这三个基本的原则。这"三全原则"是针对我国学校课程现状和存在的问题而提出的，旨在解决中小学课程体系分科性的科目过多，课程内容缺乏整合，课堂教学注重学科知识讲授而忽视不同学科之间知识的联系等问题，在一定程度上为课程综合化实施提供了政策依据和理念导向。

这一理念对各地课程改革的实践产生了重要影响。地方教育行政部门积极回应，提出了具体的落实意见和改革举措。例如，2015年《北京市实施教育部〈义务教育课程设置实验方案〉的课程计划（修订）》，提出"要关注课程的整体育人功能以及学科内、学科间的联系与整合，加强综合实践活动课程的开发与实施"，"逐级制定相应的义务教育三级课程整体建设一体化课程方案"。不仅如此，该文件还进一步提出了明确的实施策略，要求"各学科平均应有不低于10％的学时用于开设学科实践活动课程，在内容上可以某一学科内容为主，开设学科实践活动，也可综合多个学科内容，开设跨学科综合实践活动"。这些举措进一步回应了"课程综合化实施"的理念诉求，并将这一理念予以具体化，提出了"整合三级课程一张课表实施""开发跨学科实践活动课程"等方式和方法，说明这一理念在我国的课程改革中有着切实的实践土壤。

此外，大批中小学在推进课程改革的过程中也在积极探索课程综合化实施的途径和方式。例如，重庆市巴蜀小学根据课程改革的需要对学校的课程进行了整体设计和综合化实施，在落实教学科目的基础上开展了课程综合化实施。该学校"以国家学科课程标准为依据，以教材为素材，以'综合'理念为指导，通过单学科和跨学科并行推进课程改革，旨在在夯实单学科能力的基础上培养学生的核心素养"①。应该说这种探索是课程实践创新的必由之路，其获得的经验是对课程发展规律的新认识，对于提升我国课程实践的水平弥足珍贵。

（二）课程综合化实施的界定

从以上分析可以看出，课程综合化实施并不是具体的某一种实施课程的方式或方法，而是中小学为落实国家课程改革的理念和要求而在学

---

① 张超：《基于学科的课程综合化实施》，载《教学与管理》，2017(29)。

校层面上推进课程建设的行为方式的总称。它指的是学校根据办学理念和育人目标，在调整课程结构的基础上，整体设计课程体系，对教学科目进行跨学科的整合与落实，并将综合化的课程要素转化为学生的学习经验，从而丰富其学习经验并发展其对世界的整体性认知。总之，课程综合化实施是课程改革和实践创新的产物，体现了我国教育工作者在课程实践形式和课程实施方式领域的新探索。它创造性地将国家课程改革的理念和政策导向运用于学校课程建设，丰富了课程实施的形式，也为未来的课程改革提供了新的思路和启发。

从这个定义来看，课程综合化实施除了意味着实施课程的一些方式和策略之外，还内在地蕴含了"课程综合化"这一课程设计的过程以及课堂层面的课程实践过程。课程综合化是优化学科内容结构、减少不同教学科目之间重复的内容，从而引导学生开展综合性学习的一种课程实践方式。如何通过课程设计而丰富学生的学习经验是贯穿课程研究史的主线。为实现该目的一般有两条途径：一是增加更多的学科课程，譬如18世纪末科学类课程进入学校课程体系，丰富了学生对科学知识的学习；二是整合零散的学科科目和学习主题，从而开发出综合课程，如STS(科学—技术—社会)课程。显然，课程综合化走的是第二条路径，通过对课程设置做"减法"，同样也能丰富学生的学习经验。

我们以重庆市巴蜀小学的实践为例，说明课程综合化实施在实践中的一些做法，以帮助读者理解什么是课程综合化实施。[①]

自从2001年启动新一轮基础教育课程改革以来，重庆市巴蜀小学就积极探索、大胆尝试，逐渐在课程综合化实施领域走出一条特色发展之路。在学科课程方面，重庆市巴蜀小学一方面立足学科的特殊性，在学科中遵循综合化的原则与要求，充分体现学科的综合性；另一方面以整体性的项目、主题、任务等形式，引导学生从不同的角度入手，自主分解子任务，并展开完成任务所需要的各种知识和技能的跨学科学习，探索解决问题的办法并最终解决问题。对于单学科课程，该学校聚焦学科素养，落实学科育人目标。

首先，转变学习方式，促进直接经验向间接经验过渡。基于学生认知规律和小学教育"全面性"的基本特征，兼顾共性与个性，设置弹性课

① 张超：《基于学科的课程综合化实施》，载《教学与管理》，2017(29)。

程，关注教与学，开展课程目标、课程内容、学习方式、课程评价等研究。该学校通过综合化实施，面向全体学生，进行最基本的知识、技能教育，帮助学生学会如何做人，奠定学习、生活和发展的基础。其次，重构教程，注重本学科不同学习领域、不同版本教材的重组。教师要注重本学科学习领域和目标之间的相互渗透和融合，避免教师的教和学生的学拘泥于教材。根据学生的兴趣、需要及个性心理特征，该学校解构与重组国家、地方教材，创编更加符合学生身心发展规律的校本化教程。最后，加强纵横联系，强调不同学习阶段之间的综合。学生发展是一个持续、渐进的过程，同时也表现出一定的阶段性特征。因此，要充分尊重学生发展的个体差异，注重学科知识之间的纵横联系，避免造成学科本位知识纵向上偏深、偏难，横向上偏窄、偏细，避免把学生局限在某一个偏窄的专业知识范围内或固化在某一个粗浅的认识理解层次上；不拘泥于年龄、班级的限制，根据学生的知识学习和思维发展水平，适时、适当地改变课程形态，进行跨班、跨年级的个性化学习，让学生的学习内容与水平匹配。

对于跨学科课程，该学校以基于项目的学习为抓手，探索跨学科校本课程建设与实践。跨学科的课程综合化实施有三条路径：①相关综合。本学科与其他相关学科通过目标、内容、实施、评价等相关综合，避免相关学科知识间相互割裂、缺乏横向联系造成的内容脱节、交叉重复、影响教学效益等问题。②主题融合。以问题为中心，建立相关学科知识及经验的联系，以项目、主题、任务为驱动，有效融合各学科内容，减少小学课程分门别类编排造成的人为割裂课程、学生认知结构支离破碎等问题。③跨学科实施。基于项目的学习，强调学习的真实性，主张学生通过解决真实世界中的问题进行学习；强调任务的驱动性、情境性和开放性；强调依托某一学科理论，并在活动中体现多学科交叉的思想。基于项目的学习，是跨学科实施的重要抓手。

当然，在课程综合化实施的概念范畴中，课程综合化的行为主体不是外部专家，而是学校的校长和教师。也就是说，课程综合化是在学校的具体情境中进行的，它依赖于校长和学校教师对既有课程的调整和运作，而不是事先在学校外部由专家学者去完成课程综合化，然后再交给学校教师去实施。

课程综合化实施的理论旨趣与价值追求

马克思主义关于人的全面发展学说揭示了人需要在社会劳动和改造自然的实践中不断完善自身经验，从而为实现全面发展创造条件。近代以来形成的整体主义的哲学观和方法论同样关注人的发展的整体性以及各种经验的关联性。可以说，这些理论和主张为课程综合化实施确立了一定的理论依据，同时也折射出其价值诉求。

一、人的全面发展学说为课程综合化实施提供了理论基石 >>>>>>>>

人类从远古的洪荒中走来，在很长的历史时期内发展水平一直较低，其根本原因在于生产力水平低下、对自然和自身的认识都非常局限，不能提出超越于社会条件的发展目标。近代以来，随着工业革命的完成和科学技术的迅速发展，大机器生产提升了社会的生产力，人类改造自然的能力急剧提高。在这种情况下，人类对自身的发展诉求开始出现质的飞跃，其标志就是马克思和恩格斯提出的人的全面发展学说。

马克思从历史唯物主义的视角出发，提出："人的本质不是单个人所固有的抽象物，在其现实性上，它是一切社会关系的总和。"[①]可见，马克思把人的发展问题放在人与社会的关系这一大背景下来考察，认为人的发展离不开社会现实。19世纪中叶，欧洲发达国家已经实现了机器大生产，社会生产力相对发达，大量的物质财富被创造出来。但在资本主

---

① 《马克思恩格斯文集》第 1 卷，501 页，中共中央马克思恩格斯列宁斯大林著作编译局译，北京，人民出版社，2009。

义制度下，社会关系却陷入阶级对立，工人阶级不占有生产资料，劳动被异化，由此带来人的异化。"劳动所生产的对象，即劳动产品，作为一种异己的存在物，作为不依赖于生产者的力量，同劳动相对立……异化劳动把自我活动、自由活动贬低为手段，这样一来，异化劳动造成如下的结果：人类的本质变成了人的异己的本质……其直接结果就是人同人相异化。"①显然，在这种人的本质都已经被异化的社会制度下，人不可能实现自由全面的发展。

在《共产党宣言》中，马克思和恩格斯把人的全面发展阐述为："代替那存在着阶级和阶级对立的资产阶级旧社会的，将是这样一个联合体，在那里，每个人的自由发展是一切人的自由发展的条件。"②这一判断反映了社会关系对人的发展的制约作用，在旧的社会体制下人不可能实现全面发展。在旧的社会体制下，人的发展只能是片面的、被异化了的。而人的全面的发展有着深刻的内涵，它主要包括三个方面：①它指人的体力劳动与脑力劳动相结合、体力和智力的统一发展；②它指人的思想觉悟、道德面貌以及精神情趣方面的自由全面的发展；③人的全面发展不仅是单个人的全面发展，而且是全体社会成员的全面发展，这是人的全面发展的最终目标。③

那么，如何实现人的全面发展呢？从马克思主义的观点来看，人的全面发展依赖于社会的全面进步。马克思说："避免重新把社会当作抽象的东西同个人对立起来。个人是社会存在物。"④这意味着，个人的发展不是空想家的一厢情愿，它是与社会的发展相一致的，人的全面发展是需要在社会劳动和社会实践中获得的。正如顾明远先生所言："个人的全面发展这一命题只有在大工业生产的基础上，也即现代社会才能提出来。同时，也只有在现代大工业生产条件下，才能为个人的全面发展提供条

---

① 《马克思恩格斯全集》第 3 卷，267～274 页，中共中央马克思恩格斯列宁斯大林著作编译局译，北京，人民出版社，2002。

② 《马克思恩格斯文集》第 2 卷，53 页，中共中央马克思恩格斯列宁斯大林著作编译局译，北京，人民出版社，2009。

③ 王兆生：《马克思恩格斯关于人的全面发展学说的理论体系》，载《河南大学学报（哲学社会科学版）》，1987(6)。

④ 《马克思恩格斯全集》第 42 卷，121 页，中共中央马克思恩格斯列宁斯大林著作编译局译，北京，人民出版社，1974。

件。"①人的全面发展要仰赖于一定的社会条件和物质基础，应该说，今天的信息化时代和知识经济时代要比过去任何一个时期更有助于实现人的全面发展。我们也需要用动态的眼光看待人的发展问题，"任何个人的全面发展，都一定是时代发展的产物。而且，人的全面发展是一个不断完善的渐进过程"。②

今天的社会发展水平和学校教育条件已非 100 多年前的社会状况所能比，这是我们追求人的全面发展的现实基础。对于我国来说，我们确立了"教育必须为社会主义现代化建设服务，必须与生产劳动相结合，培养德、智、体等方面全面发展的社会主义事业的建设者和接班人"这一基本的教育方针，这为青少年学生得到充分而自由的发展奠定了制度基础。尤其是进入 21 世纪之后，我国不断深化教育改革，发展以创新精神和实践能力为核心的素质教育，努力消除"应试教育"为学生带来的片面发展的弊端，全面改革基础教育课程，为人的自由而全面的发展创造了越来越好的条件。

应该说，课程综合化实施是我国课程改革的内在构成部分，它突出了"综合化"这一特质，与人的全面发展学说的追求高度一致。因为课程综合化实施聚合了更多的学科内容、教育手段和教学方法，跟单一的学科教学相比，这种实施方式更有利于发展学生多方面的能力和素养。再者，课程综合化实施体现了校长和教师对学校课程的创造性加工，内在地蕴含了创新的因子。这种创造性有助于拓展课程与教学的教育功能，有利于调动学校教育的育人潜能，促进学生综合素养的发展。

二、课程综合化实施体现了整体主义的价值追求 >>>>>>>

整体主义的哲学观是人们在思考个体与群体、个人与社会之间关系的时候逐步形成的一系列观点。从思想发展的角度来看，认识个体与群体、个人与社会之间的关系既包括价值论上的不同观点，也包括方法论上的不同选择。前者涉及对规范性问题的探讨，包括一些价值判断；后者则涉及思考问题的视角和思维方式，主要表现为社会学上的整体主义

①　顾明远：《马克思个人全面发展理论的现实意义》，载《光明日报》，2017-07-25。
②　吴德刚：《关于马克思主义人的全面发展学说的再认识》，载《教育研究》，2008(4)。

方法和个人主义方法。整体主义的思想可以追溯到古希腊。例如，柏拉图对理想国的描述就带有明显的整体主义的色彩，他强调正义存在于这样一种原则之中：整体的所有部分各居其位并为整体的善服务。① 进入近代之后，德国的古典哲学(尤其是黑格尔哲学)为整体主义提供了重要的思想支撑，社会学家孔德、涂尔干、帕森斯(Parsons)等人在考察社会秩序和社会结构时也坚持整体主义的观点，在很大程度上促进了整体主义的发展。

从哲学观的视角来看，整体主义反对那种认为一切事物皆可细分和整体可以从部分中求得的"原子论假说"，认为整体大于部分之和并对其部分产生直接的影响和制约作用。它强调事物内部要素及其与外部环境之间的联系，借助其他事物才能界定自身。正如柏拉图所认为的，"理念的世界"是一个整体的世界，人们感知到的"现象的世界"则是支离破碎的，我们需要从理念的世界中才能找到理性的存在。在这种哲学观的影响下，强调关联性和交互性的认识论取向得以确立，为人们理解复杂的事物奠定了方法论的基础。

需要指出的是，我国传统哲学和传统文化中有着丰富的整体主义思想，从文化源头上说中华民族崇尚的恰恰是整体主义的价值观。例如，古代道家提出了"混沌"的概念，用以说明世界是一个整体性的存在："有物混成，先天地生。寂兮寥兮，独立而不改，周行而不殆，可以为天下母。吾不知其名，字之曰道……人法地，地法天，天法道，道法自然。"针对事物的这种整体性和关联性，儒家提出"天人合一"的思想，认为事物之间是相生相克的，人和自然在本质上是相通的，人与自然应和谐共处，这同样体现了整体主义的价值观。可以说，这种整体主义的价值观直接决定了整体思维是中国人最显著的思维方式。"整体思维方式将整个世界视为一个有机的整体，认为构成整个世界的一切事物是相互联系、相互制约的，并且每一个事物又是一个小的整体，除了它与其他事物之间具有相互联系、相互制约的关系之外，其内部也呈现出多种因素、多种部件的普遍联系。"②

课程综合化实施在课程设计、实施和评价等各方面都体现了整体主

---

① 刘晓虹：《整体主义与个人主义之争：西方哲学的一条重要线索》，载《学术界》，1999(6)。

② 彭华：《中国传统思维的三个特征：整体思维、辩证思维、直觉思维》，载《社会科学研究》，2017(3)。

义的价值追求。在课程设计方面，综合化实施强调学校课程体系的整合，打通国家课程、地方课程和校本课程之间的隔阂，整体设置相互联系的课程体系；对部分教育价值相近的教学科目进行整合，以发挥其整体育人功能；开发跨学科的主题课程，加强学科之间的横向联系。在课程实施方面，主张多种实施方式相结合，包括教学与实践相结合、实验与体验相结合、动脑与动手相结合，发挥多种实施方式的优势。在课程评价方面，主张发挥多元评价的功能，在纸笔测验的基础上，开展表现性评价和过程性评价，改变"一把尺子衡量所有人"的做法，为学生发展提供多元的评价渠道。

课程综合化实施的最终追求，是促进学生的核心素养发展，而核心素养体系也恰恰体现了整体主义的价值观。学生发展的核心素养体系是围绕人的全面发展而提出的，它包括文化基础、社会参与和自主发展这三个基本的维度。每个维度又分解为两个方面，每个方面再分为三种具体素养，这样就形成了由 18 种具体素养构成的素养体系。这些素养都是相互联系、相互影响的，共同构成了全面发展的人应该具备的整体素养。从这个视角来看，课程综合化实施有助于从整体上发展学生的各方面的知识和能力，最终有利于发展学生的核心素养。

第三节

课程综合化实施的实践路径

　　课程综合化实施是我国在推进基础教育课程改革中出现的一个新课题，也是中小学落实国家课程改革的理念和要求、创造性开展课程实践的一个重要领域。为对相关的问题进行系统研究，我们承担了北京市教育科学规划优先关注项目"北京市中小学课程改革与综合化实施的理论与实践研究"，并将课题研究的目标定位于：对综合化课程实施的原理、机制和方法进行深入探讨；提出在学校层面上整合各种课程的模式和策略，揭示新时期学校课程的新特征，探讨新的课程评价方式方法。除了理论层面的研究之外，我们积极推进课程实践和实验，在北京市西城区、海淀区、朝阳区、昌平区、丰台区和房山区等地抽样选择了 10 余所学校作为项目学校。我们与项目学校一起探索综合化实施的途径和策略，研究发现课程综合化实施主要有三条路径：三级课程整合、跨学科教学设计与整合、主题性课程单元设计与实施。下面分述之。

一、三级课程整合 >>>>>>>

　　2001 年，教育部颁布的《基础教育课程改革纲要（试行）》提出："改变课程管理过于集中的状况，实行国家、地方和学校三级课程管理，增强课程对地方、学校及学生的适应性。"为落实这一改革举措，中小学的教育实践中就出现了国家课程、地方课程和校本课程这三种课程形式，丰富了学校课程的类型，拓展了学生选择的空间。但是，三种课程形态并存的现状给学校的课程管理带来了挑战，尤其是在有限的课时中既要保证开齐开足国家课程，又要真正开设地方课程和校本课程供学生选择，这的确成为中小学办学的一大困境。为破解这一难题，整合三级课程，从而实现综合化实施就显得具有重要的现实意义。

三级课程之所以能够整合，就在于从本质上说三种课程形态的功能是互补的。国家课程指的是由国家统一开发和管理、通过国家教育行政力量在全国范围内推行的课程。它的功能在于体现国家教育意志、使所有学生能够达到共同的素质要求，是实现教育公平的重要手段。因此，国家课程关注的是共性和普及性，在课程标准上对学习的难度要求适中，能够确保每一位儿童的学习权利。地方课程是由地方教育行政部门根据地方教育发展特色和愿景而开发的课程，是传承地方文化、传播地方知识的重要手段。因此，地方课程体现了一定的地域性和差异性，对国家课程不能关照的一些地方性教育元素可以在一定程度发挥弥补作用。校本课程是中小学的教师根据具体学校的办学理念和培养目标，结合学生的兴趣爱好而开发的课程。其功能在于关照学生的个别差异，满足他们多样化的学习需求，对国家课程来说是一个重要的补充。

三级课程整合的要义在于：系统梳理学校的办学理念和育人目标，提炼学生应该具备的核心素养和能力结构；将学校层面上所有的课程打通、整合并进行分类，使其与学生的核心素养和能力结构相匹配，最后形成结构清晰、相互联系的一体化课程方案。良好的一体化课程方案要具有如下特征：①思路清晰、合乎逻辑，也就是说这个方案必须鲜明地体现学校的办学理念及其对学校课程功能的思考；各种课程之间的搭配和结构是合理的，能够自圆其说。②涵盖中小学生发展的必备的知识领域和其他素养领域，如数学与科学、语言与人文、艺术与体育、信息与技术、道德与法治等，以学生发展的核心素养体系引领三级课程的整合。③在学校层面上对课程类型的划分要兼顾国家课程、地方课程和校本课程的不同育人价值与课程功能，尤其是要体现出国家课程关注基础性和校本课程关注可选择性这一点。

需要注意的是，三级课程的整合不能挑战国家课程的权威，要在切实落实国家课程的基础上将地方课程与校本课程进行整合。也就是说，三级课程的整合并不是"平均用力"，其中国家课程的落实是主线，将地方课程与校本课程纳入进来是为了体现地方教育特色和学校办学理念。"一张课表进行综合化实施"的做法的实质在于创造性地实施国家课程，这是三级课程整合的合法性基础。从这个角度来说，中小学在提炼办学理念和育人目标时一定要以"立德树人"的国家教育根本任务、德智体美劳全面发展的教育目的和学生发展核心素养体系为立足点和出发点，不能背离和歪曲国家教育发展的这些导向，不能为追求所谓的"新颖"而去标新立异，提出一些过于主观性和片面化的所谓"理念和目标"。一言以蔽之，三级课程的整合是有规范性要求的，不能任意为之。

二、跨学科教学设计与整合 >>>>>>>>

目前我国中小学的课程形态以分科课程为主，在课程实施上基本根据学科来进行，具有"科目主义"的鲜明特征。这种"科目主义"的实施方式有利于学科知识的系统传授，但不利于知识之间的联系以及学生对知识的综合运用，因此分科课程的整合与跨学科的教学设计就成为课程综合化实施的重要途径。这种实施方式在历史上早有先例，如在19世纪中后期，赫尔巴特基于"统觉"的心理学概念而在课程编制方面倡导"中心统合法"。其学生则进一步将该方法发展为"学科统合法"，也就是以历史、宗教和文学为中心统合自然科学科目、数学、艺术与体育等，从而打通人文知识和自然知识。进入20世纪初，德国推动"合科教学"运动；美国推动"核心课程"运动；等等。可见，与分科实施相对应的跨学科综合实施本来就是学校课程的重要实施方式。

从课程设计来看，分科课程的综合化设计最终体现为相关课程、融合课程和经验课程。这三种课程形式在综合化水平上是不同的：相关课程只是把两门以上的知识领域相近的学科建立联系，但仍然保留了各自学科的形式；融合课程则打破了学科界限，将两个以上学科整合起来形成一门新的综合性课程；经验课程的整合程度最高，因为它是以学生的经验为中心选择和组织相关的课程内容，关注学生经验的综合发展而不是学科知识的系统性和逻辑性，要求学生去体验和探究而不是由教师去讲授。尽管综合化水平不同，但要落实它们就必须改变分科教学的做法，在关注相关知识整合的基础上进行综合化实施。所以这三种课程形式均体现了课程综合化实施的理念。

从中小学的具体实践来看，学校层面的跨学科教学设计与整合在具体操作上比较灵活，我们将其提炼为"学科＋"模式。所谓"学科＋"模式，指的是以某一具体学科为基点，根据课程目标和教学目的将相关学科和学生经验进行整合，从而拓展课程的育人价值和实施方式，丰富课程的内涵。"学科＋"的内容可以根据不同的设计和需求而进行选择，主要表现为三个方面，即"学科＋学科""学科＋活动"和"学科＋信息技术"。

"学科＋学科"的设计可以根据学科的知识点灵活进行组合，建立不同学科的知识点之间的横向联系，从而提升学生的理解力、发展学生综合运用知识的能力。例如，初中地理有一个知识点，讲的是同一纬度的温度线并不是平直的而是弯曲的；所处同一维度的海洋区域和陆地区域，其温度不同。要解释这一地理现象，学生就需要理解物体的吸热或散热能力是不同的这一物理学原理，因此就可以引入初中物理中的"比热容"的概念。这样，地理和物理这两个学科就可以"加"在一起，在实施中可以用物理学的原理去解释地理学的现象，实现了"学科＋学科"的整合目的。

"学科＋活动"的设计因学科而不同，但主要做法是给学科知识匹配上活动内容，从而提升课程的经验化和实践性，通过在学科知识中嵌入活动内容而拓展学科课程的实施效果和育人功能。增加活动内容的目的主要是为学生运用学科知识解决具体问题或进行体验而提供机会。因此任何一个学科都可以进行"学科＋活动"的综合化设计，将"学科知识"和"学科实践活动"有机整合，从而丰富了课程实施的形式，增强了课程实施的效果。

"学科＋信息技术"的设计指的是通过多样化的信息技术手段而丰富学科教学的形式和方法，从而使学科课程在育人价值上实现"增值"。这种实施方式并没有改变学科课程的内容，但因为信息技术的引入和应用，放大了学科课程的功能，使学科课程有了更多的"附加值"。在这方面，中小学已经进行了大量的实践，创造性地将互联网、移动数字终端、多媒体视频等各种平台和软件运用到课程实施中，实现了课内与课外相结合、线上与线下相结合，增强了师生的互动和学科教学的趣味性，回应了信息化时代学生学习的特征。例如，翻转课堂和微课等就是中小学教师运用信息技术对学科教学的创新，体现了"学科＋信息技术"这一综合化实施的理念。

三、主题性课程单元设计与实施 >>>>>>>

主题性课程单元设计与实施是当前中小学课程综合化实施的具体形式。所谓"主题性",指的是课程单元设计的内容反映的是特定的某一个教育主题,而不是完整的一门课程;所谓"课程单元"指的就是具有相对独立的育人价值的课程模块或学习单位,它能够比较完整地容纳某一主题的知识点的内容。这种综合化实施的方式是为了解决一个特定的实践问题,即单一的学科课程注重的是分科知识和技能的发展。而为了发展学生综合运用知识解决特定实际问题或发展某一方面的素养,需要围绕某一具体问题进行主题性的课程设计与实施,从而突出课程的针对性和灵活性。

从课程综合化的编制来看,主题性课程单元设计属于"主题融合"的范畴。也就是围绕某一学习主题,从相关的学科领域选择具体内容组成一个课程单元,从而使这个单元涵盖了多个学科的知识点,由此体现出综合化实施这一取向。当然,课程单元尽管只能容纳个别知识点和学习主题,但它并不是将课程内容进行碎片化处理,因为在课程单元之内相关的内容是有内在联系的,而且各单元之间也是有机地联系在一起的。总体上看,通过"主题融合"而形成单元课程主要遵循两条路径:一是基于学科知识的融合而形成的"知识型课程单元",二是基于学生经验的统整而形成的"经验型课程单元"。在实践中,这两种课程单元的开发和实施方式也略有不同。

对于知识型课程单元来说,其设计和实施需要围绕特定的知识点来展开。尽管组织方式上体现出跨学科的特征,但涉及的内容都是知识性和理论性的,因此仍然需要遵循知识发展的逻辑来设计和实施。其开发步骤主要包括"确立知识目标—整合知识体系—选择实施方式—评价学习效果"四个基本的环节。中小学教师可以根据这一基本的操作模式进行协同开发,同时配合各自的学科教学,也容易形成学科教学的特色,从而推动教学创新。

对于经验型课程单元来说,其设计和实施则围绕学生发展的经验来展开。这里的"经验"指的是学生需要通过活动和体验才能发展的一些特定的方面,如探究、手工、参观、研学旅行等,在具体操作中需要有明确的指向和针对性，也就是突出某一特定的经验而不是笼统的经验。这类课程单元的开发主要包括"梳理经验要素—设计活动方案—指导学生参与—开展活动评估"四个基本的环节。当然，经验型课程单元的实施一定要体现实质性的学习内容和经验增长的要求，不能流于浅层的活动而失去了促进学生发展的价值。因此最后的评价和评估至关重要，它是该类课程单元实现教育价值的重要保障。

总之，以综合化实施的方式将各种课程要素在学校层面上进行整合，根本目的在于协调儿童经验与教学科目之间的关系，实现课程育人价值的最大化，从而落实课程改革的理想。这种方式可以跟传统的课堂教学相配合，实现学生培养方式的多样化和多元化，促进学生核心素养的发展。

案例："国际理解教育"主题的大单元设计与实施策略研究
——以初中历史为例①

国际理解教育是联合国教科文组织和其他国际组织所倡导的一个重要议题，其目的是增进不同文化背景、不同种族、不同宗教信仰和不同区域、国家、地区的人们之间相互了解和相互宽容；加强人们之间的相互合作，以便共同认识和处理全球社会存在的重大共同问题；促使每个人都能够通过对世界的进一步认识来了解自己和了解他人。《义务教育历史课程标准(2011年版)》指出："以人类优秀的历史文化陶冶学生的心灵，帮助学生客观地认识历史，正确理解人与社会、人与自然的关系，提高人文素养，逐步形成正确的价值取向和积极向上的人生态度，适应社会发展的需要。""注重人类历史不同领域发展的关联性，注重历史与现实的联系，使学生逐步学会综合运用所知识和方法对历史和社会进行全面的认识。"该标准彰显了初中历史学科以其独特的学科优势，在践行"国际理解教育"、提升中学生"国际理解"素养过程中有着无可替代的学科育人价值。

一、什么是大单元教学设计

大单元教学设计不是单纯知识点传输与技能训练的安排，而是教师基于对学生素养的培养，思考怎样基于一定目标与主题而展开探究、叙事，目的是创造更优质的教学。大单元教学的核心应该是整合教学内容，

---

① 本案例作者为四川省成都市新源学校胡敏。

由零散走向联系，由浅表走向深入，由远离生活需要走向实际问题的解决。

用一道题来举个例子：在"明清抗击外国侵略的英勇斗争"中，戚继光抗倭（东边，抗击日本），郑成功收复台湾（南边，抗击荷兰），康熙组织雅克萨之战（北边，抗击沙俄）。三次斗争取得了伟大的胜利。但是查看地图，请再想一想当时中国社会隐含着哪些危机。假如你是一个头脑清醒的统治者，你会如何调整政策"救民族于危难之际"？

分析以上事件，假如具有国际视野，我们会发现：这不是"国内少数民族矛盾，也不是邻国与我国发生摩擦或利益之争"，而是"亚洲、欧洲的国家已开始侵略我国，说明新的重大民族危机即将到来"。

康乾时期，中国已逐步被卷入世界潮流，四面楚歌，清朝统治者应该清楚世局之变，尽早进行经济制度和政治制度的重大变革，顺应世界发展潮流，富国强兵。

读史使人明智。解决实际问题使人学会学习。这个问题的答案，在课本上是找不到的，它需要基于事实的提炼，上升为一个"主题观念"才能找到正确的思路。这一案例说明，不论是从核心素养培育来说，还是从教学成绩提高来说，教学都不能止步于碎片化的事实性知识，应该从学科核心素养和学生发展出发，强调知识点从理解到应用，重视知识点之间的联结及其运用，实施基于大观念、大项目、大任务或大问题理念的单元教学。教学设计也要从设计一个知识点或课时转变为设计一个大单元。

二、为什么国际理解教育课程要用大单元教学设计

国际理解教育的总目标是培养未来将走向世界舞台的学生，能够正确理解自我与他者的关系，了解和认识世界文化的多样性，把握国际社会的动态与变化，培养学生解决国际关系问题的能力，为和平、可持续发展世界的构建而努力。

要达到这样的目标，我们需要为学生设计有联系、系列化的、重视知识点联结及运用的学习内容，这样更易于学生从"知识点"到"理解"再到"应用"。

国际理解教育的总目标与大单元教学设计的理念不谋而合，所以我便开始了基于大单元教学设计的国际理解教育课程在初中历史领域开发的探索。

三、国际理解教育课程的大单元设计与实施策略

大单元教学设计是基于学生立场、对学生围绕某一单元开展的完整学习过程所做的专业设计。从期望学生"学会什么"出发，逆向设计"学生何以学会"的过程，为国际理解教育目标的落地指明了清晰的路径。

（一）单元主题的设计

确定单元主题，第一步是找到方向。对于国际理解教育来说，可以从以下五个主题进行选择。

①文化多样性主题：通过对他国文化的了解，理解文化的多样性，探索理解他国文化的方法，培养为本国文化和人类文化发展做贡献的意识。

②经济全球化问题主题：认识经济全球化的有利和不利一面，培养作为公民的素养和担当，以促进不同群体之间的相互交流与合作。

③人权尊重主题：认识到人与人之间的平等地位及其享有的基本权利和自由不因性别、种族等方面的差异而不同；消除自身的偏见性认识和歧视，培养致力于构建共生世界的能力与态度。

④和平世界主题：理解因暴力、贫困、压制、歧视等造成的冲突与纷争及其危害性，认识当前世界中的非和平现实，探索非暴力解决冲突的方法，培养致力于构建人类和平的态度。

⑤可持续发展主题：从全球角度理解环境和人类的环境资源保护的重要性，培养可持续发展的态度。

根据历史学科课程的内容，基于学生的身心发展和认知成长阶段，需要选择有具体操作性、有问题意识的主题作为单元主题。我们从经济全球化主题和和平世界主题出发，结合国际理解教育的核心价值和宗旨，致力于全人类的和平与共生，倡导尊重、理解、宽容的态度。设计的主题是中国古代史中的对外交流。主要探讨的是汉、唐、宋、元、明、清几个时代我国的对外交流情况。基于课程单元核心的设计思想——开放，以兑现国际理解的宗旨为目的，以贯彻国际理解的核心内容"和平、平等、相互尊重，多元文化包容"为抓手，以培养既有民族情怀、民族精神，又具国际视野、全球眼光以及国际竞争力的社会主义接班人为目标，确保国际理解教育课程具有一定的张力。

（二）单元目标的设计

单元目标：确定主题后，我们需要进一步明确单元目标。即以学生

为主体，从学生成长的需求出发，围绕国际理解教育目标，思考本单元学习需要解决什么问题，期望学生通过本单元的学习学会什么。同时需要站在大单元的高度来统筹，制定不同阶段每一个课时的具体目标，使各阶段的目标之间建立一种内在联系，成为一条螺旋上升的学习链。本单元目标设计，希望通过中国古代的对外交往事例，使学生认识到文明因交流而多彩，因互鉴而丰富。文明交流互鉴，是推动人类文明进步的重要动力。我们通过了解中国古代汉、唐、宋、元、明、清的对外交流，以理解"和平合作、开放包容、互学互鉴、互利共赢"为总目标，在每一课中设置本课的分目标，层层深入，以期达到单元教学效果。

例如，在"沟通中外文明的丝绸之路"部分，目标为：①学生通过角色扮演，体会不同国家的文化；②学生联系当今的"一带一路"倡议，思考经济全球化潮流下我们该怎么做，如何拓展国际视野。在"唐代的中外文化交流"部分，目标为：①学生通过唐朝与日本、天竺、新罗的交流，感受文明互鉴；②学生通过对他国文化的理解，体会文化的包容性；③学生通过对唐代文化的理解，提升民族自豪感与文化自信心。

（三）单元情境的设计

单元情境的重要性就在于创设一种情境，让学生在情境中完成学习任务，实现单元目标。我们可以借助实物、图像、动作活动、背景、语言、问题创设情境。在国际理解教育的大单元课程情境设计中，我们主要创设了生活情境，将学生带入历史场景，通过故事的体会来深入理解和学习。例如，讲解"沟通中外文明的丝绸之路"时，我们通过设计学生分组——西域商队和中原商队，来落实货物文化交流的目标。我们通过让学生探讨两边交流的物品不一样的性质（西域传入多属于大自然馈赠物品，而中国输出的则是技术类物品），体现中原文明的先进性，增强学生对于中华文明的自豪感。我们再通过学生对丝绸之路的重命名的活动，让学生更加深入地了解丝绸之路的意义：它可以是文明之路、货物交流之路、东西之路、秦汉之路等。最后总结：丝绸之路就是中原文明走向多元开放文明的强盛之路。

（四）单元内容的设计

单元内容的设计主要解决选择什么样的课程内容进入该单元，这部分是单元设计的重点。单元内容的设计要体现出结构性和层次性，体现课程设计的思路和逻辑。

在选择单元内容的时候，结合国际理解教育的目标，我们有两种处理方式：一种方式是可以依照教材，按照现行的教材编排体系，确定单元内容，并对内容进行二次重构和组织。另一种方式就是针对国际理解教育课程的单元主题和目标，可以根据教材内容在结构上的联系或内容上的一致性，对多本教材中的内容进行筛选和组织，确定内容后，对教学内容进行编排，突出单元内容的层次性、结构性。本单元教学就是结合七年级历史上下两册和中国古代史的内容进行筛选，在古代史中找到对外交流的部分，对教材内容进行梳理，从而确定单元内容。

涉及的课题包括"沟通中外文明的丝绸之路""唐朝的中外文化交流""宋元时期的科技与中外交流""明朝的对外关系""清朝君主专制的强化"。选择这五个课题的主要原因如下。

一是在当今经济全球化的时代潮流下，任何国家都不能故步自封。而我国在几千年前就以开放的姿态面向世界，给了我们当今一个很好的借鉴。之所以会将闭关锁国这一部分选择进来，主要是当时的这一政策对我国后期的发展影响非常大。

二是从中国古代的对外交流来看，我国当时不管是政治、经济还是文化，都遥遥领先于其他国家。汉朝的强盛、唐朝的繁荣、宋元时期的科技发展、明朝时的大国胸怀都能够体现我国的大国地位，可以增强学生对于国家和民族的自豪感，也有利于弘扬中华民族优秀传统文化。

三是中国一直是以和平的态度对待他国，这也正好是国际理解中一个非常重要的因素。虽然当今大环境是和平，但是部分地区的战争和不稳定依然存在。而中国古代的对外关系可以给当今的社会提供借鉴。

(五)单元评价的设计

我们根据单元目标设计评价量规，为学生的学习提供可视的标准与努力的方向。某一学科中的国际理解教育课程评价，更多地要关注评价的导向性功能，启发学生思考，实现单元目标。但是我们在实践中很容易忽略这一点，教学中的评价更多地发挥评价的诊断性功能。我的第一次磨课就出现了这样的问题，我就是侧重于学科的知识性内容。在磨课中，专家也对我设计的评价方式提出了建议，希望我更多地发挥评价的导向性功能。

（六）单元反思

单元反思是整个单元教学实践结束后，教师对单元设计和实施过程进行反思。通过反思，我们为下一步改进和完善单元教学提供借鉴，以不断优化单元教学效果。

通过国际理解教育课程的大单元教学设计与实施，我希望让自己跳出学科，以一种"大视野"来认识、利用、整合学科课程资源。我想，这对我来说也是很大的启发和受益，也是我不断探索和努力的方向。

第五章
课程综合化实施取向下的几种探索

在第四章，我们讨论了在学校层面课程综合化实施的几种具体路径，包括三级课程整合、跨学科教学设计与整合、主题性课程单元设计与实施等。在课程综合化实施的取向下，其实还有很多的实践方式和做法，其追求的目的不同，具体的操作和效果也不同。在本章，我们继续探讨几种可行的做法，包括非正式环境下的学习与学校课程整合、综合课程的开发、综合实践活动课程的变革与实施等。

第一节

非正式环境下学习与学校课程的有效整合

信息化、经济全球化使我们的生活环境变得日益多样，社会的快速发展和变迁要求人们不断适应新的工作和生活环境。在这种变革趋势下，非正式环境下的学习逐渐引起人们的关注，被视为是当前应对各种变化的有效途径。2016 年 11 月，教育部等 11 个部门联合发布了《关于推进中小学生研学旅行的意见》，进一步贯彻落实立德树人的教育目标。作为一种有目的、有计划、有组织的教育活动，研学旅行通过集体旅行、集中食宿的方式将研究性学习和旅行体验有机结合起来，是当前学校教育和校外教育有效衔接的一种创新形式。研学旅行是一种典型的非正式环境下的学习活动，而非正式学习环境作为传统学校教育环境的有效补充，以其独特的环境优势、丰富的学习资源及灵活的学习方式，成为近几年来世界各国教育领域关注的热点问题。

一、非正式环境下的学习的内涵 >>>>>>>>

伴随着终身学习的诉求不断加强，学习的内涵得到不断丰富和拓展。"过去，学习的要义在于掌握既有的知识体系和文化要素；但在今天，学习活动不仅要让学生拥有新知识，还必须让学生参与知识建构和创造的过程，这样他们才能在未来应对知识社会的挑战。"[1]学生要参与知识的建构和创造过程，需要建立在体验和探究的基础之上，这就需要更为广阔的教育环境作为支撑。可以说，传统的学校教育环境已经不能满足现代学生的学习需求。

---

① 杨明全、吴娟：《论基于证据的学习的内涵与意义》，载《教育科学研究》，2017(11)。

教育的"生态环境"所包含的范围非常广泛,包括学校、家庭、娱乐场所、自然生态环境、各种场馆等一切可以发生积极学习行为的场所。除去学校等正式环境下的学习外,我们的大部分学习时间都发生在非正式环境中。詹姆斯·A. 班克斯(James A. Banks)等学者通过估算学习者花费在学校和非正式学习环境中的时间,发现从婴儿时期到退休后的整个人生阶段中,人们将大部分时间都花费在了非正式学习环境中。[1] 虽然在非正式环境中不一定总有积极学习行为的发生,但是非正式环境对于个体学习结果的影响仍然是不容忽视的。

一般而言,非正式环境下的学习没有固定的学习场所、学习形式和授课教师。它既可以是一种在不经意间发生的学习行为,也可以是一种有学习目的与学习意图的预设活动。由于不经意间发生的学习所涵盖的范围比较宽泛,因此我们这里所讨论的主要是在经过设计的非正式环境下开展的一种有目的、有计划、有组织的学习活动。与传统的学校教育环境相比,非正式学习环境凭借其自身的资源优势,能够展示或再现真实世界中的丰富景象。学习者也可以通过亲身体验和实践探究来认识事物、发现问题,培养学习兴趣,并且通过有意义的对话反思他们的学习经历。

将非正式环境下的学习融入现代学校课程,能够有效弥补传统学校教育环境单一化、模式化的不足。具体来说,非正式环境下的学习融入学校课程需要经历两个阶段:筛选与充实的过程。"筛选"是从学生的需求出发,重新审视学校现有的课程体系,从当前趋于饱和的课程门类中找出哪些是重合的,哪些是应该被剔除的,也就是为了不给学生原有的学习增添负担;"充实"是指非正式环境下的学习活动本身必须要融入新鲜的、朝气蓬勃的学习模式,从而为传统的学校教育环境注入新的生机与活力。从本质上看,这个"筛选"与"充实"的过程其实就是"课程整合"的过程。

二、非正式环境下的学习融入学校课程的原则 >>>>>>>>

(一)整合性原则

非正式环境下的学习所涉及的议题往往是复杂的、多维度的、持续

---

[1]　引自 James A. Banks,et al.,*Learning In and Out of School in Diverse Environments*.

变化的，它将"人、场所与活动"三个维度整合为彼此联系、相互融通的一个整体。[①] 从"人"的角度来看，非正式环境下的学习在于引导学习者亲身体验并且持续地参与学习活动，从而能够轻松适应不断变化的工作和生活环境。从"场所"的角度来看，非正式环境下的学习关注与传统正式学习环境之间的相互联系与融合，使非正式学习环境能够成为单一学校教育环境的有效补充。从"活动"的角度来看，非正式环境下的学习依托于更加灵活、多元的综合实践活动开展，在增强学生学习兴趣的同时也可以丰富现有的学习内容和形式。这三个角度分别从个体发展的时间维度、跨情境的空间维度和渗透其中的活动形式描述了非正式环境下的学习活动最本质的特点。因此，非正式环境下的学习并不仅限于将活动融入某些具体学科或特定科目，更应将学习者个体以及学习者当前所处的环境共同融入经过设计的正式与非正式的、显性与隐性的、校内与校外的一切活动和经验。

(二)情境性原则

非正式环境下的学习最显著的特点在于它所营造的环境不拘泥于传统的学校环境，它可以在广阔的空间范围内无限拓展，甚至深入无形的虚拟环境。现代信息技术的发展恰好为实现这一条件提供了可能，也可以最大限度地满足学习者的学习需求。与传统的教室相比，户外的、虚拟的整合课堂将给学生创设更加丰富多样的学习环境。而多维度、情境化的学习也能够带领学习者通过亲身体验和实践探究来追求科学真理、培养学习兴趣，共同发现问题并解决问题。需要注意的是，情境的建构需要一定的教学材料作为辅助，这就要求学习素材一定要与学生的现实生活、社会生活紧密相关。将学习与生活融为一体，有助于帮助学生建立更加广阔的思维空间，从而增强学生对于不同环境的感受、体验和领悟。

(三)实用性原则

非正式环境下的学习可以作为正式学习的有效补充，但一定不能完

---

① ［美］菲利普·贝尔、［美］布鲁斯·列文斯坦、［美］安德鲁·绍斯等：《非正式环境下的科学学习：人、场所与活动》，赵健、王茹译，1~5 页，北京，科学普及出版社，2015。

全取代正式学习，二者不是对立的而是相互融合、相互促进的；在具体实践中也应当逐渐淡化正式环境与非正式环境之间的界限。这意味着非正式环境下的学习活动必须紧密结合学习者的学习需要，并依托于学校原有的课程体系，即由教师团队根据学校和班级的情况、学生的学习需求和兴趣、设施与资源的条件、教师的能力和专长等设计出符合学生需要的课程方案。与此同时，学校也需要过滤原有课程体系，注意删减重合的课程内容，并找到突破口，将非正式环境下的学习活动有效融入当前课程，从而为传统的教育环境注入新的生机与活力。也就是说，学校在对课程的环境资源进行整合时，要遵循一定的实用性原则。我们倡导在非正式环境中开展学习活动，不是为了给学生带来额外的负担，而是希望将其真正融入学校课程体系，也使每一门学科、每一项活动都能通过有效的方式合力形成一种持续向前、协调发展的系统。

三、非正式环境下的学习融入学校课程的模式 >>>>>>>

（一）活动探究模式

从课程的组织形式来看，活动探究模式是一种比较易于操作的课程整合方式。活动探究模式可以是积极地、主动地将非正式环境下的学习安排在学校课程规划或班级教学计划中，也可以是随机地、临时地回应外界要求。比如，学校利用节假日或庆典开展非正式环境下的学习活动，包括开展植树活动、参观历史博物馆、重走长征路等。该模式的优点在于灵活且容易实施，基本不需要调整原有的课程方案或学习计划，但同时又容易受到资源和经费等客观条件的限制。而且活动的开展一般缺乏计划性，也有可能使已经趋于饱和的现有课程内容变得更加膨胀和超负荷，容易给学生的学习造成额外负担。因此如何把握尺度是实施过程中应当充分考虑的问题。

活动探究模式以体验、探究的方式为主，学习内容相对比较零散、片段化。学校在利用校内外环境设计各种学习活动时，先要明确活动课程与学校育人目标的直接逻辑，明确活动本身的育人功能，实现整体课程结构的价值平衡。此外，还要根据学校的师资力量、办学条件、社会资源、环境资源等因地制宜地开发学校课程，充分挖掘并整合课程资源，打造适合学校特色的课程方案。北京市大峪中学充分利用学校周边的自然环境，将自然环境引入学生的学习生活，以"山谷相生、自然天成"为核心理念，开发了一系列以"山谷教育"为主题的实践活动，大大丰富了传统单一的学校教育环境。

结合当前的时代背景，开展主题式的游学活动也是一种将非正式学习环境与学校课程有机融合的典型模式。游学活动不仅可以帮助学生拓宽视野，增强跨文化体验，也可以引领学生发现问题，探索世界。游学活动较之春游、秋游等一般学生活动的本质区别在于"学"的重要性。为了充分发挥非正式学习环境的作用，就要将"学"放在设计、组织活动的核心位置，而"游"则要适当弱化。要防止游学活动形式化、无目的化，防止活动变成"走马观花"式的游山玩水或景点参观，就要将其当作学校课程建设的一部分，在明确的目标指引下开展。以首都师范大学附属实验学校的"探秘印度文化"活动为例，该活动的目的是帮助学生摆脱"刻板印象"式的文化理解模式，培养学生以包容的态度认识其他文化。该活动的形式以探究性学习为主，引导学生用个性化的方法和视角探究独特、动态、发展中的印度文化。该活动的主要内容分为四部分：一是参观文化景点；二是访问印度教育部、地方教育行政部门等教育机构；三是在访问学校时与印度学生进行面对面交流；四是到当地学生家庭中体验印度学生的日常生活。[1] 可以说，开展探究式的游学活动已经成为当前将非正式环境下的学习有效融入学校课程的一种最简单、快捷、有效的方式。

（二）技术附加模式

从课程整合的手段来看，技术性整合逐渐成为一种新兴的课程整合方式。技术附加模式是指在不改变原有课程结构与组织框架的情况下，以现代信息技术为依托，将非正式学习环境的课程要素附加到学校现有课程之中。该模式通常是以原有学科为基础，有目的、有计划地在现有课程中融入现代信息技术要素，这也意味着学校开始在探索教育现代化的建设上有了真实需求。相对来说，技术附加模式实施起来比较容易，只需要授课教师具备一定的技术知识和操作能力，但这并不意味着教师

---

① 姜英敏、金春玉：《把游学活动开发成国际理解课程》，载《人民教育》，2016(21)。

只要将教学内容在多媒体课件上简单地呈现出来就可以了。信息技术视阈下的课程整合，不应仅仅把计算机等现代教学媒体设备作为一种纯粹的辅助性工具，更应该把信息技术的应用当作一种思维方式，在信息网络的多维情景中，多层次、多角度地探索、构建一种能够实现师生交互、"人机互动"的深度融合模式。

在具体实践中，技术附加模式主要利用虚拟环境作为辅助。虚拟环境对于学生的学习能够产生一定的积极作用，也更容易实现"人机互动"。伴随着现代信息技术的发展，当前已经涌现出了许多类型的虚拟学习环境并且在实际应用中取得了良好效果，例如虚拟校园、虚拟图书馆、虚拟博物馆、远程教学平台和虚拟学习社区等。在这种虚拟的非正式环境下，现代信息技术将会重新塑造教师、学生、课程内容以及学习环境四者之间的关系，丰富学习者认识和获取信息的来源及途径。这意味着，学生的学习活动不再以被动接受为主，体验、模拟、感知、探索等将会成为学生认识事物、理解问题的重要方式。

与此同时，伴随着手机、平板、笔记本电脑等移动设备的普及，以及二维码、手机应用、基于位置的服务等技术的发展，新兴技术开始致力于为每个学习者提供个性化的服务。在条件允许的情况下，学校可以通过购买技术服务及移动设备，把虚拟环境下的学习活动引入课堂。例如，成都市棕北中学在基础课程和普及型拓展课程中，尝试探索基于平板电脑的"五卡联动"(导学卡、课堂反馈卡、挑战卡、错题卡、减压卡)课堂教学模式。[①] 学校为学生集体采购平板设备，保证"人手一机"，同时开发了学习支持服务系统和云资源服务，通过智慧校园平台的运用实现了学生自主"网上选课、在线学习、课后反馈"等一系列环节的整合。在信息技术与课程整合的视野下，师生之间在教学过程中以一种交互的方式呈现信息；学生在网络虚拟环境中不仅可以接受知识，同时也乐于思考，敢于交流，能够在一定程度上弥补传统教育环境中的不足。

(三)学科整合模式

从课程内容维度来看，学科整合模式是一种比较理想化的课程整合

[①] 王鑫：《以学生核心素养为统领的学校课程体系建设——成都市棕北中学"三·三·六"课程体系探索》，载《教育研究》，2017(9)。

方式。学科整合模式就是要将非正式环境中的课程元素与原有学习领域的课程元素加以融合。即让非正式环境下的学习活动能够像其他教育理念一样，彻底融入学校课程并在其中保持正常运作与发展。当然，这种做法会在一定程度上改变学校原有的课程计划，对学校本身拥有的课程资源以及教师团队本身具备的专业素养也都提出了更高要求。但是总的来说，"学科整合"仍然是一种比较理想化的课程整合方式，它不仅不会增加新的课程内容，还可以改变传统单一的学习环境，帮助学生开阔眼界，增加学习的趣味性。

所谓"学科整合"，意味着整合的基础必然要建立在某一门或某几门学科之上，其中以科学课程的整合居多。非正式科学课程的开发是当前学校教育中比较受关注的问题。将非正式环境下的学习融入学校课程，本身就应该将二者之间内在的有机联系作为出发点，敢于进行突破学习环境边界的整合与融合。尤其在科学课程中，有很多素养是不同环境下的学习活动共同指向的对象，在课程整合过程中也应当有意识地关照不同学习环境之间的设计与安排，并在此基础上进行适度的深度整合、提炼挖掘和再创造。就学科整合模式而言，最关键的就是要把握好两种关系之间的张力。第一种是外显性与内隐性之间的张力。与正式课程的外显性相比，非正式环境下的学习主要是以一种潜在的课程形式存在的，这种内隐性表现为学习内容的潜在性、学习方式的非教学性以及教育者的主体多元性。第二种是预设性与生成性之间的张力。与正式课程的预设性相比，非正式环境下的学习行为往往是在活动中展开并生成的，存在很多不可预设的因素。学生发生的学习行为也主要是在教师的引导下，通过实践、体验和亲身参与，由学生自主发现问题、认识问题并解决问题。因此，如何处理好这两对矛盾之间的关系，是将非正式环境下的学习与学校正式课程有效融合的关键所在。

在具体实践中，学科整合模式多以主题为导向进行整合，国外目前已经有一些成功的实践经验。例如，美国蒙特利湾水族馆与沃森维尔地区三所高中建立的长期合作项目——"沃森维尔地区青少年保护栖息地"（Watsonville Area Teens Conserving Habitats，WATCH）。该项目将"栖息地保护"与科学课程相结合，致力于培养当地年轻人的栖息地保护意识与能力。WATCH项目持续一年，其中有两周的暑期课程在户外环境中完成，其余的课程将在学校中完成。[①] 作为一种整合性的科学课程，WATCH 项目以"学年"为时间单位，在正式学习环境与非正式学习环境之间建立起了紧密联系，是一种将课内学习与课外学习有效融合的典型范例。它将学生需要掌握的科学知识与栖息地生态保护的实际困难联系起来，有效地拓展了传统的学校教育环境，也将本地丰富的教育资源成功整合进了学科课程中。

从本质上看，上述三种整合模式都属于微观层面的课程整合，不涉及学校整体课程结构的变化。微观层面的课程整合的主要目的是实现不同课程内容的育人功能整合，进而实现整体育人的效果。从当前来看，非正式环境下的学习活动不会也不可能取代传统学校教育，它只能作为学校教育的一种补充形式存在。拓宽视野、增长见识，增加实际体验，加强与真实环境的交互联系，从而培养学生的社会责任感、创新精神和实践能力，是当前我们开发非正式环境课程的目的所在。作为对学校课程的有效补充和延伸，非正式环境下的学习提供了比传统教育环境更为灵活多样的学习途径和方式，能够帮助学习者获得适应社会不断变化发展的知识与技能，对于推动学习方式的变革具有重要意义。需要注意的是，以实践活动为主要形式的非正式学习如何从"走马观花"式的量的增长转向有原则、有计划的系统课程开发，将是当前世界各个国家和地区应当持续关注并努力解决的重要问题。

① 陈舒、裴新宁：《正式与非正式科学教育组织的协作——美国 K-12 科学教育的经验与启示》，载《全球教育展望》，2016(1)。

第二节

综合课程的形态与价值

∨
∨∨
∨∨∨
∨∨∨∨
∨∨∨∨
∨∨∨
∨∨

在我国教育界，综合课程受到关注可以追溯到 21 世纪之初。当时我国颁布《基础教育课程改革纲要(试行)》，提出小学阶段以综合课程为主，初中阶段设置分科与综合相结合的课程，由此综合课程成为新课程改革的一个亮点。在 2019 年 1 月启动的新一轮义务教育课程修订中，义务教育阶段的课程设置再次强调综合化，进一步落实综合课程的理念。可见，综合课程对于推进我国的课程创新、发展学生核心素养发挥着重要的作用。

一、综合课程的含义与意义 >>>>>>>>

综合课程是与分科课程相对立的一种课程形态。分科课程是学校课程的主要形态，我国的中小学课程体系主要是由分科课程构成的。分科课程是以学科为中心设计的课程，各门学科都有自己的内容、一定的学习时数以及学习期限，例如语文、数学等。我国古代的"六艺"和古希腊的"七艺"可以说是最早的分科课程。文艺复兴之前，欧洲各国的学校课程基本上就是"七艺"；后来，由于自然科学的逐步发展，知识领域分化出越来越多的学科门类，学校教学内容因而也在"七艺"的基础上逐步分化出众多的学科。到 18 世纪之后，学校中的科目已经很多；到 20 世纪现代教育制度确立之后，学校课程基本上就是以学科课程为主了。

分科课程的存在有其巨大的价值和合理性。分科课程注重知识的分类和逻辑体系，关注基本概念、基本原理的选择和知识结构的组织，具有系统性、层次性和全面深刻的特点。因此，分科课程有利于学生系统、深入地掌握某一门学科的基本知识和原理，发展学生的逻辑判断和抽象思维能力，促进学生思维向深层次发展。但是，分科课程也有显而易见的缺陷。它把原本综合在一起的知识经验分割为不同的学科门类，而这种分门别类的课程与教学必然导致这样的结果：学生难以在不同认知领域建立联系，知识和经验的整体性被割裂，因而影响到知识、技能、价值观念、情感态度的和谐发展。长期以来，学校教育刻意追求知识传递的效率，过于强调分科，崇尚学科独立，因而造成各学科之间缺乏联系和整合，并逐步发展为"科目主义"，成为阻碍学生知、情、意、行均衡发展的主要因素。强化综合课程的开设，也就是在科目林立的阵营中打破分科课程一统天下的局面，淡化学科界限，给学生发展整体性的认知提供机会。

实际上，在分科课程占据学校教育舞台的同时，也一直存在一些关于推动课程综合化的观点和潮流。早在 19 世纪，德国教育家赫尔巴特就认为，学校课程应该由自然知识和人文知识两个方面构成。他提出了"统觉"的概念，以此为基础在课程编制上倡导"中心统合法"。此后，赫尔巴特的学生进一步提出课程编制的"学科统合法"，以历史、宗教和文学为中心，统合第一系列的自然、第二系列的语言和数学以及第三系列的地理、体操、技能和唱歌。20 世纪初的进步主义教育运动明确提出课程的综合化。20 世纪下半叶出现了课程综合化的趋势。

综合课程超越分科主义的思维模式，从整体主义的视角出发，引导学生把学科知识的学习同学校外的社会生活、同个人发展和兴趣爱好结合起来，以发展其完满的人性，从而培养和谐发展的人。可见，综合课程与分科课程相对立而存在，是对分科课程的一种重要补充。

那么，什么是综合课程呢？我们应该先理解什么是"综合"。"综合"的英文是 integration，又被翻译为"统整""整合"等。"综合"就是合成一体或关联起来的意思，即通过把课程内容和各种学习活动整合起来，使学生学习的各种概念、原理关联起来，成为有意义的整体。可见，"综合"一词的核心，在于合为一体，在于凝聚与统摄。它是"整合"而不是简单的"拼合"，其结果就是通过"综合"这一过程而把相关的因素或成分合成一个新的统一的整体。根据对"综合"这一词语的理解，我们说，综合课程其实就是以整合或统整的方式把相关学科领域的知识组织在一起的课程形式。它倡导课程综合化的理念，以打破分科主义对具有整体性的知识和经验的肢解，为学生提供一种整体性的认知途径。与分科课程不同，综合课程将具有内在联系的分科课程内容及其他形式的课程内容统整在一起，通过传授给学生整体性的知识而使学生形成关于世界的整体性认知，并养成深刻理解和灵活运用各科知识解决现实问题的能力。

二、综合课程的设计类型 >>>>>>>

综合课程设计的基本方法有两种：一种是保留学科的划分，但扩大学科所包容的范围，加强学科之间的联系；另一种是取消学科的划分，以问题或活动为中心组织课程。显然，这两种方法在综合程度上是有所差别的：前者只是一些初步的整合，后者的整合程度则要高得多。随着理论上的探究和实践上的探索的推进，这两种方法也在逐渐趋于融合。目前，国内外学者探讨最多、最成熟的一些综合课程形态主要有：相关课程、融合课程、广域课程、核心课程以及活动课程（经验课程）等。

相关课程依据知识内容的联系性而把两门或两门以上的独立学科沟通起来。它强调联系性，在学科之间寻求联系，打破了学科之间彼此分割的状况，但仍保留了学科课程的形态。因此它的整合程度较低，如在地理、历史、公民等课程之间建立联系，这就形成了相关课程。

融合课程是指打破学科的框架，把两门或两门以上的独立学科融合在一起，从而形成一门新的综合性的课程。如把物理和化学融合为理科课程。

广域课程依据学科的属性将具有相同或相近属性的学科课程整合为一个大的学科领域。它更加注重课程内容与社会问题的融合，避免了学科课程的偏狭和经验课程的零散。如社会科就是一门广域课程。

核心课程以旨在解决社会生活问题的综合经验为课程内容的核心，围绕这一核心组织不同学科内容，使其成为一个具有内在一致性的、立体化的课程结构，使学生通过学习而形成对社会生活的一般理解。

活动课程又叫经验课程，它关注学生的经验和体验，完全取消学科，以学生的经验为中心组织课程，在学生经验的基础上发展情意和认知。这类课程的知识必须是高度综合的、以学生经验的增长为主线的知识；而且，这种知识的获得更多地要靠学生的自主探究，而不是靠传统的课堂授课方式去传授。

三、综合课程的价值 >>>>>>>

综合课程在价值导向上致力于打破分科课程"原子化"的、分科主义的思维模式，力图以多种形式把人为割裂的、以学科知识为中心的学科课程整合为具有综合性和整体性的课程，从而遵从学生经验和心理整体发展的逻辑，实现培养具有健全人格和均衡发展的新人的理想。可见，综合课程所体现的是一种整体主义的教育理念，它基于整体论的视野关照学生心理发展的逻辑，而不是以知识发展的逻辑为依据组织课程内容。综合课程能够同学生的心理发展和社会要求相适应，涵盖相关学科的内容领域，给学生提供整体性的知识经验而不是零散的知识。在教学上，综合课程实施合科教学而不是单科教学，能够关照学生的生活经验和体验，因而是一种更为人性化的课程。它充分体现出关注学生主体性和整体性发展的理想，能够关注学生的经验，因而能促进学生有意义地学习，对于弥补分科课程的弊端、优化学校课程结构具有重要意义。

但是，综合课程并不是最理想的课程形态，也不是说开设了综合课程就解决了一切课程问题。以经验课程为例，显然个体从经验中获得的知识并不持久，也不系统，甚至具有片面性；必须运用特定的思想和方法进行分析推理，才能明白个体经验的意义和价值。经验课程缺少连贯性和顺序性，不能充分考虑知识的逻辑和结构。分科课程和综合课程其实都是各执一端，二者有利有弊，需要通过多样化的课程设置而形成互补，这样才能实现课程价值的最大化。

第三节

综合实践活动课程的演变与未来走向

　　2001 年 6 月，为回应社会发展的挑战和素质教育改革的需求，我国启动了面向 21 世纪的基础教育课程改革。其中一个重要的改革举措就是在国家课程体系中设置综合实践活动课程，由此综合实践活动课程成为我国素质教育课程体系的重要组成部分，成为培养学生创新精神和实践能力的重要课程载体。在实践探索的过程中，其概念内涵和教育功能也在不断发生演变。如 2018 年 9 月，我国提出"德智体美劳"五育并举的教育方针。综合实践活动课程又站在了改革与发展的十字路口，何去何从面临新的制度安排。本书基于对新一轮基础教育课程修订的思路，对综合实践活动课程的内涵演变进行梳理，结合新的社会挑战和教育发展理念对其可能的走向做出研判。

一、综合实践活动课程的内涵演变　>>>>>>>

　　2001 年 6 月，教育部印发的《基础教育课程改革纲要(试行)》指出"从小学至高中设置综合实践活动并作为必修课程"，这是我国在基础教育阶段开设综合实践活动的开端。2017 年 9 月，教育部又印发《中小学综合实践活动课程指导纲要》，指出要坚持教育与生产劳动、社会实践相结合，充分发挥中小学综合实践活动课程在立德树人中的重要作用，对综合实践活动课程进行了新的调整。在这 10 多年的实践探索中，综合实践活动课程的内涵也在发生一些变化，这是不同时代的要求在学校课程上的折射。

(一)不同时期综合实践活动课程的内涵

2001年，我国启动基础教育课程改革，着力改变应试主义教育的传统积弊，倡导"为了每一位学生的发展"这一核心理念，确立与素质教育相适应的课程体系。在这一大的背景下，综合实践活动课程被引入中小学。为了体现课程的创新，综合实践活动课程被界定为基于学生经验、密切联系学生自身生活和社会实际、体现对知识的综合应用的实践性课程，其内容主要包括研究性学习、社区服务与社会实践、信息技术教育和劳动与技术教育。这一界定颠覆了传统学科课程的内容体系和组织方式，整合了课外活动、兴趣小组等学校中既有的一些优秀课程形式，在"科目主义"的传统课程生态中引入一股清风，倡导在学校中开展经验课程的设计和"做中学"的新理念，在很大程度上促进了教与学的方式转变。尤其是其中的研究性学习领域，凝结了新课程改革的理念精髓，被钟启泉先生认为是"课程文化的革命"："'研究性学习'是一种'问题解决学习'，是一种跨学科的综合实践活动，是一种基于学习资源的开放式学习。"①

2017年9月，教育部重新修订有关综合实践活动课程的规定，印发《中小学综合实践活动课程指导纲要》，指出综合实践活动是从学生的真实生活和发展需要出发，从生活情境中发现问题，转化为活动主题，通过探究、服务、制作、体验等方式，培养学生综合素质的跨学科实践性课程②，并提出了四种基本的活动方式，即考察探究、社会服务、设计制作、职业体验。该纲要对10多年前最初的课程内涵进行了调整，进一步凸显了课程的实践性和综合性，体现了新时期教育改革对课程发展的新需求。正如张华所言："综合实践活动作为我国学校课程的'另一半'，具有丰富的时代内涵。"他把综合实践活动课程的时代内涵提炼为四个方面：它是一门生活课程，是一门跨学科课程，是一门实践性课程，是一门发展性课程。③

---

① 钟启泉：《研究性学习："课程文化"的革命》，载《教育研究》，2003(5)。
② 中华人民共和国教育部：《中小学综合实践活动课程指导纲要》，1～2页，北京，北京师范大学出版社，2017。
③ 张华：《体现时代精神的综合实践活动课程：理念与实践》，载《人民教育》，2017(22)。

(二)综合实践活动课程的内涵所蕴含的理念变革

1998 年，教育部颁布《面向 21 世纪教育振兴行动计划》，明确提出实施"跨世纪素质教育工程"，要求 2000 年初步形成现代化基础教育课程框架和标准，改革教育内容和教学方法，推行新的评价制度，在全国推行 21 世纪基础教育课程教材体系。以此为指导，2001 年 6 月《基础教育课程改革纲要(试行)》提出："从小学至高中设置综合实践活动并作为必修课程，……强调学生通过实践，增强探究和创新意识，学习科学研究的方法，发展综合运用知识的能力。增进学校与社会的密切联系，培养学生的社会责任感。"这意味着在我国的中小学课程体系和话语体系中，首次出现了"综合实践活动"这一术语。由此开始，综合实践活动课程成为落实素质教育发展理念、推动课程与教学创新的重要形式和基本载体。

经过 10 多年的实践和探索，综合实践活动课程在培养学生的探究精神和实践能力、提升综合素养方面确实发挥了不少作用，但毋庸置疑也存在一些问题。主要是在实施过程中各学校对课程的性质、形态等缺乏准确的理解和把握，在实施过程中的盲目性和随意性较大，需要加强规范和指导。2017 年 9 月，《中小学综合实践活动课程指导纲要》对综合实践活动课程的性质进行了确认，并以此规范中小学的课程实施。其中主要的变化表现为：一是课程内容更加丰富，对既有的四个领域重新梳理，使其涵盖了部分国家需要在中小学开展的专题教育内容，增加了职业体验、班团队活动、专题教育、场馆教育、研学旅行等内容；二是分段表述课程目标，使得课程目标更加明确和细化；三是增设了附件内容，尤其是对考察探究、社会服务、设计制作和职业体验四个领域提出推荐性主题设计和说明，解决了不会开课、开设不规范这一实践问题。

二、综合实践活动课程发展面临的挑战 　>>>>>>>>

2010 年 7 月，我国颁布《国家中长期教育改革与发展规划纲要(2010—2020 年)》，明确提出："到 2020 年，基本实现教育现代化，基本形成学习型社会，进入人力资源强国行列。"这一目标的提出为我国学校教育在 10 年内的发展指明了方向。在 2012 年 11 月党的十八大之后，国家教育改革进入新的时期，一系列新的思想和指导方针对学校教育发展进一步提出了新的要求。这些要求折射出新的时代发展要求学校教育做出重大变革，由此对综合实践活动课程的改革也提出了新的挑战。

（一）立德树人成为学校教育的根本任务

学校教育的根本使命在于培养人，因此"培养什么人、怎样培养人"无疑就是教育改革必须回答的根本问题。对于这个问题，不同时代面临不同的社会需求和教育情境，也就有不同的回答。党的十八大以来，基于中华民族的伟大复兴这一战略愿景，我们国家根据时代发展的新特征和社会政治经济发展的新要求，提出"把立德树人作为教育的根本任务"这一命题。2013 年 11 月，党的十八届三中全会指出：全面贯彻党的教育方针，坚持立德树人，加强社会主义核心价值体系教育，完善中华优秀传统文化教育，形成爱学习、爱劳动、爱祖国活动的有效形式和长效机制，增强学生的社会责任感、创新精神、实践能力。2014 年 3 月，《教育部关于全面深化课程改革 落实立德树人根本任务的意见》发布，进一步明确了立德树人这一根本任务，提出了在课程改革领域落实立德树人这一根本任务的指导思想、基本原则、工作目标和主要任务，并对关键领域和主要环节的改革进程做了部署，包括研究制定学生发展核心素养体系和学业质量标准、修订课程方案和课程标准、修订和编写教材、改进学科教学的育人功能、加强考试招生和评价的育人导向、强化教师的育人能力培养等。

立德树人是发展中国特色社会主义教育事业的核心所在，也是与中华优秀传统文化一脉相承的。中国的优秀传统文化是注重人的，我国有着浓厚的人文主义的传统。《易经》记载："刚柔交错，天文也；文明以止，人文也。观乎天文，以察时变；观乎人文，以化成天下。"所以，"人者，天地之德……五行之秀气也"。人文主义的传统在一定程度上体现了儒家文化的精髓，正如孔子所言："仁者，人也。""重视'人'，从'人'的角度立论构成了传统儒学的基本议题，这也是传统儒学课程中一以贯之的基本主张。"[①]以立德树人为根本任务，也就意味着要全面落实"以学生

① 杨明全：《以人文促教化：我国传统儒学课程考辨》，载《课程·教材·教法》，2017(6)。

发展为本"的教育理念，改变重智育轻德育、重认知轻情感、重分数轻素质、重效率轻质量的弊端，关注学生的学习需求和个性培养，促进学生德智体美劳的全面发展。

立德树人这一根本任务的提出为我国基础教育课程改革提出了新的要求，现行的课程体制与立德树人的要求还存在一定差距。正如《教育部关于全面深化课程改革 落实立德树人根本任务的意见》这一文件所指出的，学生的社会责任感、创新精神和实践能力较为薄弱，课程教材的系统性、适宜性不强，与课程改革相适应的考试招生、评价制度不配套，制约着教学改革的全面推进，教师的育人意识和能力有待加强，支撑保障课程改革的机制不健全，等等。鉴于对这些问题的分析，教育部在2015 年 9 月启动了高中课程方案和各科课程标准的修订，2019 年 1 月启动了义务教育阶段课程方案和各科课程标准的修订，再次开启了课程改革持续推进的大幕。

在新一轮课程修订的背景下，将立德树人作为教育的根本任务对综合实践活动课程的改革也提出了新的挑战。主要表现为需要进一步强化综合实践活动课程的整体性，弥补分科课程自成体系、相互割裂的现状，推动立德树人这一根本任务的实现。综合实践活动课程体现的是一种整体主义的课程观，强调人的整体发展。一方面，人是活生生的有机体，是拥有复杂多样的丰富性的一个整体。学科课程从不同学科的角度切入培养人的这种整体性，但限于其分科的特点不能带来整体性的发展。另一方面，教育不仅意味着知识的传授和技能的培养，而且还要重视人的各个方面的发展，包括身体、情感、审美、伦理道德等。综合实践活动课程比分科课程具有整体育人的优势，在新的时代背景下需要进一步发挥这种整体性，促进学生形成健全的人格。

（二）学校教育致力于促进学生核心素养的发展

学生发展核心素养是近年来的热点话题。为什么要提出学生发展核心素养体系？学生发展核心素养又有怎样的内涵？如何以核心素养引领课程改革甚至基础教育改革的发展？这些问题已经成为当下我国教育改革的热点问题。

学生发展核心素养的提出有其时代背景。21 世纪的发展已经越来越体现出与过去不同的特征：随着经济领域的全球化，社会各层面的交往日趋频繁，教育领域的国际化趋势也日益明显，人才培养的规格与过去大不相同；科技发展日新月异，信息技术、人工智能等高端科技的发展对从业人员提出了更高的要求，人的综合素养和能力成为应对新的工作和社会生活的基本条件；数字化环境和创新驱动成为社会生产和生活的基本特征，这对人的知识、技能、伦理道德等提出了新的挑战和要求。人才培养必须因应这些变化做出调整，才能培养未来需要的人才。

在这一时代背景下，发达国家和主要国际组织在规划和推动教育改革时都在思考一个问题：21世纪的学生应该具备怎样的核心素养？例如，2002年美国一批教育家、企业家和政府工作人员等成立了"21世纪技能联盟"（Partnership for 21st Century Skills），进行了一系列相关研究，探索适合21世纪的学习范式，希望帮助每一位学习者成为21世纪杰出的公民和劳动者。2009年颁布了《21世纪学习框架》，提出了"21世纪核心技能"的基本框架：①学习与创新技能，包括批判性思维和问题解决能力、交流与合作能力、创造性和创新能力；②信息、媒体与技术技能，包括信息素养、媒体素养、信息交流和科技素养；③生活与职业技能，包括灵活性和适应性、主动性和自我指导、社交和跨文化交际、生产能力和绩效能力、领导能力和责任感。再如，早在1997年经济合作与发展组织（OECD）就开启了关于核心素养的研究，启动了"素养的界定与遴选：理论和概念基础"这一研究项目。2003年发布《核心素养促进成功的生活和健全的社会》，提出了三类核心素养：①交互地利用语言、技术等工具的素养；②在团队中进行有效互动的素养；③自主行动的素养。

为回应社会发展的需求、适应世界教育改革的发展趋势并提升我国教育的国际竞争力，我国在2013年也启动了对学生发展核心素养问题的研究。2016年9月，以北京师范大学林崇德教授领衔的项目团队发布了《中国学生发展核心素养》，成为统领我国基础教育课程改革的基本理论框架。这一框架建构了学生发展核心素养的体系，包括三大领域、六大素养和十八点具体素养。

那么，什么是学生发展核心素养呢？基于"全面发展的人"的内涵与本质，我国学生发展核心素养研究团队在立足中国国情、借鉴国际经验的基础上，提出从自主发展、社会参与、文化基础三个方面凝练中国学生发展核心素养。根据《中国学生发展核心素养》的观点，学生发展核心素养是指学生应必备的能够使学生终身发展和满足社会发展需要的品格和能力，它是关于学生知识、技能、情感、态度、价值观等多方面要求的综合表现。

从这一界定来看，学生发展核心素养的提出具有重要的意义。一方面，它是对党的教育方针、社会主义核心价值观、素质教育、立德树人等一系列教育政策和思想的具体化、明确化与深化。它强调跨学科的综合能力，强调知识、能力和态度的综合，具有综合性和整体性，是经过学生后天的学习可获得的素养，即可教、可学。核心素养体系的构建还综合考虑了适应社会、终身学习、成功生活、个人发展等多方面要求，较为全面地整合了人才的素养结构及其在社会生活中的体现。另一方面，学生发展核心素养的提出也是提高我国国际教育竞争力的必然需要。国际竞争的实质在于人才的竞争，随着世界多元化、经济全球化等方面的全面发展，人才强国战略是提升国际竞争力的有效可行的方法。培养高素质的人才和掌握尖端科技的创新型人才，这是国际教育竞争的核心。学生发展核心素养有助于提出人才培养的未来方向，从而提升我国的国际竞争力。

显然，学生发展核心素养重新界定了人才培养的目标和方向，这对综合实践活动课程的改革带来了新的挑战。核心素养涵盖了学生身心发展的各个方面，综合实践活动课程的综合育人功能必须得以凸显。但如何设计综合实践活动并强化综合育人功能，这仍需要在理论和实践上进行探索，对综合实践活动课程进行调整和改造，以适应发展学生核心素养的要求和未来人才的培养。

（三）弘扬劳动精神、开展劳动教育成为新时代的新课题

2018 年 9 月 10 日，全国教育大会在北京召开。习近平总书记在大会上做了重要讲话，指出：要在学生中弘扬劳动精神，教育引导学生崇尚劳动、尊重劳动，懂得劳动最光荣、劳动最高尚、劳动最伟大、劳动最美丽的道理，长大后能够辛勤劳动、诚实劳动、创造性劳动。这一表述反映了我们国家在教育改革和探索中对劳动教育问题有了新的认识，重新确认了劳动教育在整个学校教育中发挥的重要功能和作用，意味着我国教育方针的重要调整，推动我国全面发展教育进入新的阶段，即从"促进学生德智体美全面发展"到"促进学生德智体美劳全面发展"。

现阶段提倡劳动教育具有其必然性。一是当前社会上存在的一些不

重视劳动的社会风气亟待扭转。这些不良的社会风气对青少年学生带来消极影响，不利于其确立正确的劳动价值观和人生观。二是有些学校中的劳动教育被窄化和弱化。这些学校过于看重升学率和学生的考试成绩，劳动教育流于形式，在正式的教育教学活动中没有劳动教育的一席之地，无形之中使学生产生"劳动不重要"的错误思想。三是在有些家庭中孩子娇生惯养，学习压力大，家长将全部的家务等劳动内容全盘包揽。这样孩子在家庭中没有劳动的机会，导致孩子的动手能力弱、不珍惜劳动成果，容易滋生好逸恶劳的错误观念。

早在 2015 年 7 月，《教育部 共青团中央 全国少工委关于加强中小学劳动教育的意见》指出："总体上劳动教育存在诸多薄弱环节和问题，劳动教育在学校中被弱化，在家庭中被软化，在社会中被淡化，中小学生劳动机会减少、劳动意识缺乏，出现了一些学生轻视劳动、不会劳动、不珍惜劳动成果的现象"；要求明确劳动教育的目标，充分发挥劳动的综合育人功能，以劳树德、以劳增智、以劳强体、以劳育美、以劳创新，促进学生德智体美劳的全面发展，抓好劳动教育的关键环节，完善劳动教育的保障机制。

当然，劳动教育不同于职业教育，它不在于培养学生某一方面的职业能力和劳动技能，而是在于培养学生对劳动的尊重和服务社会的意识。例如，在印度，在甘地的政治理想中，劳动教育的宗旨最终是要改变尊贵的人不劳动和劳动的人不尊贵这种社会意识，从而实现人人平等、社会和谐的理想。对我们来说，劳动教育既区别于职业准备教育，也不等同于中小学生的实践活动和手工艺术活动。因为除了单纯的"动手"之外，它有着丰富的价值内涵：劳动是人区别于动物的基本特征，是人安身立命的前提条件。培养学生对劳动的尊重和劳动的意识是劳动教育的根本目标。

国家对劳动教育的重视必然要求课程改革中要体现劳动教育、落实劳动教育的要求和相关理念。开设劳动教育的课程也是世界上不少国家通行的做法。例如，在印度的中学，劳动教育被作为必修课列入课程方案，这意味着劳动教育是中学生必须学习的内容。在教师教育课程体系中，有关劳动和社会服务的内容也被作为重要的课程予以学习，这样能够培养师范生服务社会的意识。对于我们来说，目前中小学的课程体系尽管有一些课程中包含了类似于劳动教育的内容(综合实践活动中的"社会服务"和"职业体验",以及有些学校开发类似的校本课程等),但毕竟没有单独设立,劳动教育的内容隐藏在其他实践活动中。建议在未来的课程修订中调整中小学课程方案,增加单独设置的劳动教育课程,在课时量上参照道德与法治课程,或比之稍少,或根据不同的学段酌情予以安排。

在开展劳动教育的背景下,学校必须拓展综合实践活动的育人功能,充分发挥其实践育人的作用,实现更多的教育效果和人才培养目标。在这方面,综合实践活动课程不是仅包含一些"动手做"的内容即可,而是需要从深层次上思考"实践育人"这一基本的理念,培养学生的劳动意识和正确的社会价值观。不可回避的是,当前有些学生的劳动意识、劳动价值观和社会意识相对比较薄弱,这是社会竞争压力的增大和人们思想观念的转变所导致的必然结果。而且,优秀传统文化的道德观对这些学生的影响越来越小,社会生活中价值多元、思想不统一的现象也影响这些学生正确价值观念的养成。学校教育中过于强调知识的学习也导致这些学生社会意识较为薄弱,缺乏责任担当和奉献社会的精神。一些家长的包办代替导致他们对自身职业发展规划缺乏清晰的认识,在面对重大选择时手足无措;或者对自身能力没有清晰的认识,对职业期望过高,难以实现自我。这些问题的存在都需要整合相关课程资源,尤其是重新设计综合实践活动课程,充分发挥其实践育人的优势,使得学校课程能够回应当下学生发展中遇到的这些问题。

三、综合实践活动课程可能的发展走向 >>>>>>>>

2019 年 2 月,中共中央、国务院印发《中国教育现代化 2035》,提出了推进教育现代化的八大基本理念:更加注重以德为先,更加注重全面发展,更加注重面向人人,更加注重终身学习,更加注重因材施教,更加注重知行合一,更加注重融合发展,更加注重共建共享。其中,"注重知行合一"是改革开放以来首次明确提出的一个发展理念,它与综合实践活动的实践性特征和实践育人的功能定位相契合。由此这也进一步凸显了综合实践活动课程在中小学课程体系中的重要地位,预示着一些新的发展取向。

（一）在课程内容上，与劳动教育课程深度整合，使劳动教育成为综合实践活动课程的新的生长点

课程是教育思想、教育目标和教育内容的主要载体，集中体现国家意志和社会主义核心价值观，是学校教育教学活动的基本依据。既然国家已经提出在中小学开展劳动教育，那么最有效的途径就是将劳动教育课程化，在中小学开设劳动教育课程。在 2015 年的《教育部 共青团中央 全国少工委关于加强中小学劳动教育的意见》中，国家有关部门对如何开设相关课程做出了部署："将国家规定的综合实践活动课程、通用技术课程作为实施劳动教育的重要渠道，开足开好。要明确并保证劳动教育课时，义务教育阶段三到九年级切实开设综合实践活动中的劳动与技术教育课，普通高中阶段严格执行通用技术课程标准，课时可视情况相对集中。各地各校可结合实际在地方和学校课程中加强劳动教育，开设家政、烹饪、手工、园艺、非物质文化遗产等相关课程。在德育、语文、历史等学科教学中加大劳动观念和态度的培养，在物理、化学、生物等学科教学中加大动手操作和劳动技能、职业技能的培养，在其他学科教学和少先队活动课中也应有机融入劳动教育内容。"这一文件谈到了劳动教育在相关课程中的表现，在国家课程、地方课程与学校课程中都要落实劳动教育的要求，引导中小学生通过这些课程开展相关的劳动实践与活动。

在这些形式和渠道中，最重要的是在国家课程中体现劳动教育的要求，落实劳动教育的理念。国家课程是国家教育意志的体现，是所有学校都要开设的课程，具有强制性和普遍性；国家通过相关的行政力量保证实施。从这个角度来看，在国家课程体系中开辟一个领域用于落实劳动教育是至关重要的。目前来看最现实的途径就是与综合实践活动课程整合，充实综合实践活动课程中劳动教育的内容，对其他内容进行调整，从而将其改造为劳动与综合实践活动。这种改造具有现实的合理性，因为现行的综合实践活动在内容上包括四个活动领域：考察探究、社会服务、设计制作、职业体验。这四个领域中有两个领域是与劳动教育直接相关的(社会服务和职业体验)，还有一个领域很大程度上也体现了劳动教育的内容(设计制作)。这样看来劳动教育的内容已经占据其大部分，是综合实践活动课程的主体。如果以这种思路对综合实践活动课程进行

改造，会进一步突出劳动教育，将社会服务、设计制作和职业体验整合为"劳动实践"；将原有的考察探究调整为"综合探究"。这样，改造后的劳动与综合实践活动只包含两大领域：劳动实践和综合探究。这样，劳动教育就被凸显出来，成为综合实践活动课程的亮点。

劳动教育成为综合实践活动课程的新的生长点，可以进一步凸显综合实践活动课程的活动性、实践性和综合性，拓展了其内涵，也提升了其教育的功能和在学校课程中的育人地位。而且，调整后的综合实践活动课程可以更好地体现国家的教育政策，落实德智体美劳全面发展的教育方针，更适合未来学校教育发展的方向。在当前强调劳动教育的背景下，与劳动教育课程深度整合也是未来综合实践活动课程改革的一个重要选项。

（二）在课程功能上，综合实践活动课程实践育人的功能将进一步凸显

基础教育阶段开设综合实践活动课程，其最突出的功能就是实践育人。人的实践活动是改造自然、创造生活的基本形式，人的存在和发展离不开实践。同样，实践活动是学生积累经验的直接途径，是学生了解自然、体验社会和生活的基本手段。学生需要在活动中增长知识和经验。社会实践和探究活动是人认识世界的基本方式。正是通过社会实践和探究活动，人类才能走向今天的文化昌明。在今天，我们仍然需要在学校课程领域深入挖掘社会实践和探究活动的课程意义，让其成为推动学生全面发展的强大动力。为了实现社会实践和探究活动中的课程意义，需要在实施研究性学习过程中进一步拓宽课程资源，转变教与学的方式。

传统的学科课程强调系统知识的传授，使学生的学习偏重于机械记忆、浅层理解和简单应用，仅仅立足于被动地接受教师的知识传输，不能顾及学生的自主探究能力、实践能力和创造精神的培养。因此，研究性学习课程开设的初衷，就是在新的课程体系内开辟一个新的领域，为学生自主探究提供一个全新的空间，以培养学生的实践能力、动手操作能力、初步的科学研究意识和态度以及创新精神。为了更好地体现这种优势，研究性学习的实施需要关注两个方面。一是充分利用社会资源。社会是学校教育得以展开的大背景，也是研究性学习实施的大背景。这

个背景中蕴含着无穷无尽的教育素材，只要教育者能够善于利用这些素材，社会资源的教育价值就不会枯竭。全社会也要认识到，未来一代的发展需要从社会中吸取营养，社会资源应该积极向他们开放，为他们的发展提供机会。尤其在当今社会情境下，教育更应走出围墙，融入社会。杜威的"教育即社会"的理想指向的正是社会资源的育人功能。二是要认识到参与社会实践活动乃是教育的重要途径。马克思主义很早就有关于教育与生产劳动相结合的理论，要求在生产劳动中培养学生的工作能力和高尚情操。这说明，社会实践是人类各个方面发展的最基本的土壤，学校教育和课程实施也必须扎根于这一土壤。社会实践中蕴含着丰富的教育机会，这些教育机会是书本上和课堂中所不曾拥有的。在新课程改革过程中，研究性学习的实施为学生从社会实践中获得发展机会提供了可能，也使社会实践活动体现出了其中蕴含的课程意义。

（三）在课程形式上，综合实践活动课程与其他学科课程的整合与渗透将进一步加强

综合实践活动课程具有综合性，强调学生综合运用各学科知识，认识、分析和解决现实问题，提升综合素质，着力发展核心素养，特别是发展社会责任感、创新精神和实践能力，以适应快速变化的社会生活、职业世界和个人自主发展的需要，迎接信息时代和知识社会的挑战。因此，综合实践活动课程实施的关键在于，引导学生在实践中学习，在生活中实践。倡导学生主动学习、乐于探究、勤于动手，引导学生经历多样化实践学习活动的过程，经历问题探究、问题解决的基本过程。

综合实践活动课程具有实践性，强调学生亲身经历各项活动，在动手做、实验和探究、设计和反思的过程中进行体验和认知，在全身心参与的活动中发现、分析和解决问题，体验和感受生活，发展实践创新能力。在实施过程中，教师需要引导学生把自己成长的环境作为学习场所，在与家庭、学校、社区的持续互动中，不断拓展活动时空和活动内容，使自己的实践能力、服务精神和社会责任感不断获得提升。

综合实践活动的实施要切实转变单一的学习方式，引导学生开展调查研究与访问、实验研究与观察、社会参与与服务、信息收集与处理等多种实践学习活动，体现学习方式的多样性，使学生初步学会实践学习

的方法。我们可以采取三大类实践学习活动：一是以研究为主的实践学习活动，包括制定方案、调查、访问、观察、实验、统计、信息收集与处理等；二是以社会实践和社区服务活动为主的实践学习活动，包括参观、考察、服务、宣传、义务劳动、经济活动等；三是以项目设计和技术实践为主的实践学习活动，包括项目立项与研究、设计、制作、研制、种植、养殖、信息发布，以及科技小发明、小制作等技术实践，鼓励学生大胆创新。这三类实践学习活动可以相对独立，更多的是相互融合、相互贯通。实施中要统筹规划，综合管理。

当前，综合实践活动课程在实施上出现了一些新的特点，与其他学科课程的整合与渗透将进一步加强。地方和学校在推进综合实践活动课程时更加注重课程实施的综合效果和实践育人的功能。例如，北京市教育委员会在 2015 年 7 月颁发《北京市实施教育部〈义务教育课程设置实验方案〉的课程计划(修订)》，明确要求：关注课程的整体育人功能以及学科内、学科间的联系与整合，加强综合实践活动课程的开发与实施，大力培育和践行社会主义核心价值观。为了保证实施的效果，义务教育阶段的中小学在落实这一课程计划时要把各学科平均应不低于 10％的学时用于开设学科实践活动课程，在内容上可以某一学科内容为主开设学科实践活动，也可综合多个学科内容开设跨学科综合实践活动课程。显然，这种做法将综合实践活动课程与学科课程打通，通过整合其他课程形式而更好地发挥综合实践活动课程的育人功能，从而体现该课程的优势。

综合实践活动课程与其他学科课程的整合与渗透在学理上属于课程整合的范畴，也就是在不同课程形式或学科之间形成一种融合关系，产生出新的课程形式。在理论上，课程整合主要有四种类型，包括相关课程、融合课程、核心课程和经验课程。在实践中，课程整合主要有两种形式：跨学科整合和主题整合。前者是指一门学科的知识里渗透了另一门学科的知识，如物理中渗透化学的知识，语文中渗透历史的知识等；后者是指围绕一个主题，运用多学科知识去开展这一主题活动，使学生的知识文化、思想道德、实践创新等素养得到全面提升。无论以哪种方式，综合实践活动课程与其他学科课程的渗透与融合将是未来课程实施的重要趋势，体现出更加灵活和开放的实施策略。

总之，综合实践活动课程本身就是新一轮基础教育课程改革的产物。随着时代的发展和社会的进步，它必然需要回应上述这些新形式和新任务。教育研究者和实践工作者也要与时俱进、不断探索，完善综合实践活动课程的形式、丰富其内容，更好地使其服务于未来人才培养的需要。

下　编　学校课程建设的实践探索

第六章

基于主题性综合实践活动开发的课程综合化——
北京市西城区厂桥小学的探索

在 2015 年一次北京市中小学关于学校课程开发的培训会上，我们第一次感到课程开发离学校的发展建设如此之近，课程建设对学校的发展和学生的培养是如此重要。为了能够让学校领导和一线教师对学校课程建设产生足够的认知和重视，学校请到了北京师范大学杨明全教授分别为行政干部和全体教师做了培训讲座。这让厂桥小学的教师与学校课程建设有了首次的触碰。

正是认识到课程对于一所学校发展的价值、意义和作用，学校于 2016 年以"构建'和·悦'文化校本课程体系，推进课程改革的校本实施"课题为引领，开展了学校文化、育人目标与课程文化、课堂文化、表现性评价指标的初步研究与探索。学校制订出台了《学校课程计划》，初步尝试实行大小课相结合；对国家课程的内容、形式进行梳理、整合、再加工，进而孵化出"主题性综合实践活动课程"和"特色学科校本课程"的研究项目；初步制定了非纸笔测试学科学业评价方案和"培养崇和、尚智、健体、悦心的厂桥小学好少年"的四级争章评价指标体系。

2017 年，学校参与了中国教育学会"十三五"教育规划课题

"社会教育机构促进中小学特色实践课程建设的研究"子课题——"借社会教育资源之力,促主题性综合实践活动课程建设的研究"的申报并得到立项。此课题的研究价值在于:学校借助课程的建设与推进探讨"培养什么样的人、怎样培养人"的育人途径和方法;以课程观指导校本课程的开发建设,全面提升学生的核心素养、树立正确价值观、落实立德树人的根本任务;借助社会教育资源,探索社会、家庭、学校三位一体协同发展的教育途径与方法,建立社会教育资源网络,为学校教育提供支持与帮助;依托"主题性综合实践活动课程"推动学校"和致学,悦至心"办学理念的落实,以及学校"崇和、尚智、健体、悦心"育人目标的达成。此课题的研究是学校借助社会教育资源开发与建设课程的一次重要改革与探索。

在以上课题研究的基础上,2018 年初学校作为课题项目学校参与到杨明全教授主持的北京市教育科学"十三五"规划 2017 年度优先关注课题"北京市中小学课程改革与综合化实施的理论与实践研究"中,开启了学校课程建设和探索的新篇章。作为子课题的"主题性综合实践活动课程"学校课题经过近三年的实践研究已经形成了基本框架体系和主题内容。基于主题性综合实践活动开发而研究和探索课程综合化的实践策略和路径正是为了能够进一步全面落实立德树人的根本任务;发挥课程在人才培养中的核心作用,进一步提升综合育人水平;建立以学生核心素养为统领的课程体系和评价标准。在课题的引领下,学校调整了国家课程、地方课程与校本课程的布局,在学校层面形成相对科学合理的课程结构,为课程综合化实施创造了条件;关注了三级课程整合的实践策略,着重发挥主题性综合实践活动课程的整体育人功能,实现了课程综合化的目标;依托主题性综合实践活动课程而建立了广泛的社会教育资源网络,并形成长效机制,为各级各类课程的综合化建设及其实施提供了有效的基础和保障。

第一节

研究背景

一、国外基础教育课程设置及改革带来的启示 >>>>>>>

英国基础教育阶段的国家课程为 12 门。在 12 门必修课之外，学校还有义务对学生进行人格培养、社会性养成教育，开展健康教育、升学就业指导等。

日本的课程改革突出设立"综合学习时间"。在这门课程中，国家不规定其具体内容，而由学校创造性地组织跨学科的学习活动，例如自然体验、社会参观、制作与生产活动等。除此之外，日本的小学以综合课程为主，初中压缩必修课内容和课时，扩大选修学科，鼓励创造有特色的课程。

美国是一个典型的教育地方分权国家。各州都有自己的课程标准及相应的课程设置，但各州的课程标准都包括 4 门核心学术性科目：英语、数学、科学和社会科。美国中学课程设置相当广泛，主要包括：语言艺术、公民与政府、数学、科学、音乐与艺术、外国语、实践技能等。其综合中学一般分为三科：学术科、职业科和普通科。每门课程在教学时都分解成讲座、课堂实践、实验室或工厂实践三部分。

通过上述几个国家的课程设置，我们不难发现这些国家的课程设置具有人文性、综合性，突出实践性、灵活性，关注人的培养与发展，关注多角度思维与创新意识的培养。而我国现行课程在这些方面有一定的缺失，需要通过校本课程开发来弥补。

二、小学课程改革的发展趋势体现出综合性与人文性 >>>>>>>

　　小学课程改革问题已被多次提及，课程设置作为小学课程领域的关键部分，对学生的成长和发展影响巨大。我国目前提出的小学课程改革，就是为了改变小学课程科目过多且不具综合性的现状；改变课程内容重认知、轻实践，忽视学生实际动手能力和生产劳动技能培养的现状；改变课程之间相互独立、缺乏横向渗透，不利于多角度思维和创新意识培养的现状；转变"被动性、依赖性、统一性、虚拟性、认同性"的传统学习方式，向"主动性、独立性、独特性、体验性、问题性"的现代学习方式转变。

　　由此新一轮基础教育课程改革提出，小学课程需要加强课程的综合化和实践性，拓宽校本课程内容，加强综合性、人文性教育，从而科学、合理地设置学校课程，改变当前现状，推进小学课程的改革与创新。

三、综合实践活动课程是新一轮课程改革的亮点 >>>>>>>

　　综合实践活动课程的设置和实施对我国基础教育的结构起到了很好的补充和完善作用，"在我国课程行政史上是一个划时代的事件，是课程发展的重要里程碑"。[①]综合实践活动课程是以学生自主学习、直接体验和研究探索为学习方式，以培养创新精神、实践能力和养成个性为基本目标的课程。一方面，它强调课程目标和内容组织的综合性特点；另一方面，它重视课程实施的主体性和探究性的合理内核，形成了一门具有独特形态的课程。

　　随着课程改革的不断深入，以综合实践活动课程来培养学生的必备品格和关键能力，已成为当前基础教育的重要任务之一。强调实践育人，是实践哲学在教育中的指导性应用，是实现立德树人根本任务的重要途径。因此应科学开发与实施综合实践活动课程，发展素质教育，培养全面发展的人。

---

① 钟启泉：《综合实践活动课程的设计与实施》，载《教育发展研究》，2007(3)。

四、以校本课程彰显和落实"和致学，悦至心"的办学理念 ▷▷▷▷▷▷▷

　　提供适合学生发展的教育，其本质就是提供适合学生发展的课程。一所学校只有站在"整体育人"的高度来设计自己的课程体系，才能搭建科学合理、充满生命的课程结构，也才能实现学校存在的意义与价值。

　　新课程改革的一个显著变化就是极大地拓展了课程内容的概念，确立了开放、整合的课程资源观。新课程资源观的确立，必将引起课程主体、课程内容、课程载体、课程范围、课程实施方式以及课程评价的根本变化。

　　课程的开发与建设要彰显学校的办学特色与文化。北京市西城区厂桥小学建校已有百余年，历史悠久。学校所处位置既可以饱览皇家园林北海的风景，又能够品味文化古街南锣鼓巷的风韵，也可以领略后海四季的风采，更能够品尝护国寺小吃的风味。王府的历史文化、博物馆的资源丰厚、图书馆的书香浸润、北京胡同的熟悉味道……无不形成一幅幅教育资源的画卷。如今，厚重的优秀传统文化底蕴又与现代的科技气息相互交融，焕发勃勃生机。如何将优秀传统文化传承下来，如何将现代的优秀与之相融实现创新与发扬，培养"具有学校特殊印记、具有时代特征、符合社会需求、全面发展的人"成为学校开发和建设校本课程的依据与方向。

一、办学理念 >>>>>>>

学校的办学理念为"和致学，悦至心"。"和"即自身内在平和，进而得以言和；相互和谐，心平气和地处事、待人、接物，呈现心和、言和、人和。"悦"即学生因习得而心悦；教师因学生有获而心悦，互为心悦是教育的真谛。

二、育人目标 >>>>>>>

学校的育人目标为：培养崇和、尚智、健体、悦心的厂桥小学好少年。崇和、尚智：引导学生既重视品德的修行，以"和"的态度对待身边的人和事，能包容他人，会赏识他人；又重视学业的完成，把拥有美好的品格，掌握知识技能当作自己的责任，进而成为"德才兼备"之人，并以此为终身成长的力量。健体、悦心：旨在打造学生的"身"与"心"，把他们培养成身心健康之人。悦心，既指让自己愉悦，又包含令身边的人喜悦，争做开朗豁达、积极向上的乐观小学生，实现育人目标。

三、课程的设置及安排 >>>>>>>

基于"和致学，悦至心"的办学理念和"培养崇和、尚智、健体、悦心的厂桥小学好少年"这一育人目标，我们对学校层面的所有课程进行研究和设计，提出了如下课程体系，如图 6-1 所示。

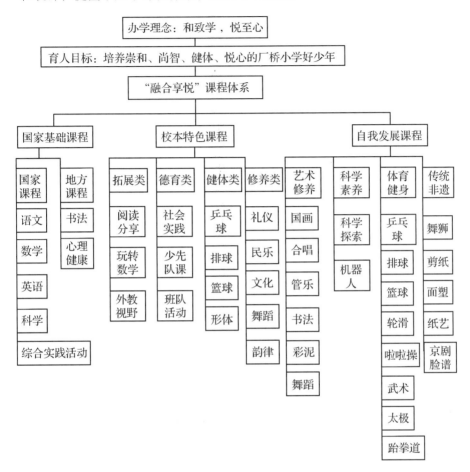

图 6-1 厂桥小学"融合享悦"课程体系

(一)每周学时安排

每周按 5 天安排教学。学校根据学科特定、课型需求，每天实行大小课相结合的课程安排；每天前 5 节课是大课，每节课 40 分钟；后 2 节课是小课，每节课 35 分钟。其中，一、二年级周四只设置 4 节大课、周五只设置 5 节大课。各年级周学时的时长不超过上级规定的相应年级学时总量。

（二）实行课程集中安排的尝试

学校将语文、数学、外语、科学、道德与法治等课程集中安排在上午或下午大课时段进行；对于综合性艺术课程，选择开设了音乐和美术。一至五年级每周各开设 2 节课，六年级每周各开设 1 节课。

（三）体育与健康课程

深入贯彻"健康第一"的原则，学校在每个班每天开设 1 节(40 或 35 分钟)体育课，与上午的早操(课间操)40 分钟相结合，保障学生每天体育锻炼时间大于 1 小时。

（四）综合实践活动课程

①学校在三年级每周开设 1 节劳动技术课，四、五、六年级每学期集中各安排 2 天时间到区劳技中心进行实践活动。五、六年级每周开设 1 节研究性学习课，四、六年级每周开设 1 节信息技术课。

②学校将所有学科的学科实践活动学时与信息技术、研究性学习、社区服务、社会实践活动等综合实践活动的部分学时统筹使用。每周二下午开设 2 节年级主题性综合实践活动课，校内外共同实施。

（五）地方课程与校本特色课程

①开设市级地方课程。一至六年级每周开设 1 节书法课，一至三年级开设硬笔书法课，四至六年级开设软笔书法课。

②开设区级地方课程。学校选择"心理健康教育"课程，在一至六年级每周开设 1 节课。

③开设校本特色课程。阅读分享课程：一至六年级每周开设 1 节，以培养学生的阅读兴趣，提升学生的人文素养、科学素养及自主学习能力。玩转数学课程：三至六年级每周开设 1 节，将数学文化融入课堂，培养学生的乐学情感。民乐课程：三至五年级每周开设 1 节，在接触和学习民乐的过程中，不仅仅是认识、学习和掌握，更要树立民族自豪感，传承和弘扬民族音乐。外教视野课程：借助外教资源，在三至五年级轮流利用英语课开设一定学时的外教课，六年级每周开设 1 节外教课。少先队课程：一至六年级每周开设 1 节班队会课，将少先队课程融入其中

实施。学校继续将传统项目乒乓球、特色项目排球以及能增强学生体能的篮球、形体、韵律等内容纳入体育课程的教学，为构建相关校本课程做铺垫。

《学校课程计划》的实施，对于学校最大限度地利用教师资源，落实校本课程实施，推进学校文化建设起着积极的推动作用。

四、研究内容 >>>>>>>>

一是构建"和·悦"文化课程体系，开发和建设符合学校文化、达成育人目标和满足社会需求、学生需要的学校课程体系，使校本课程能够促进"立德树人"根本任务的落实，实现学校育人目标的达成，不断调整和完善校本课程和学生自我发展课程。

二是制订《学校课程计划》，实行大小课时的授课安排，对国家基础课程教材的内容、形式进行整理、打散、融合、再加工，进行学校主题性综合实践活动课程的深入探索、研究与实践。

三是依托主题性综合实践活动课程，开发和利用社会教育资源，建立社会教育资源网络，完成满足学生需求、促进个性发展的教育教学任务；确立满足社会、家庭、学校需求的三位一体教育理念；落实"立德树人"的根本任务，完成学校育人目标的项目研究。

四是进行以"培养崇和、尚智、健体、悦心的厂桥小学好少年"为育人目标的"和合悟悦"课堂文化师生行为标准的研究。

一、加快校本课程构建，形成"和·悦"文化课程体系 >>>>>>>

基于"和·悦"文化，学校确立了"和致学，悦至心"的办学理念；提出了"培养崇和、尚智、健体、悦心的厂桥小学好少年"的育人目标；确立了"同学习、同成长、同快乐"的办学目标；将实现"人"的培养与发展作为学校的办学思想。

有了学校文化，就有了学校办学的魂，也就形成了学校的办学实践体系，包括"和淳相悦"的管理文化、"融合享悦"的课程文化、"和合悟悦"的课堂文化、"亲和蕴悦"的教师文化、"和善诚悦"的学生文化、"和畅怡悦"的环境文化，以及"和谐共悦"的公共关系文化。它们既承载了厂桥小学厚重的文化底蕴，又呈现出多彩多元的优质资源与创新内涵。

（一）完善课程体系，立足"和·悦"文化的育人方向

优秀的学校靠精神站立，学校文化就是精神，其重要载体就是课程和课堂。抓好课程建设和课堂教学是凸显学校文化的重要落脚点，学校围绕"和·悦"文化构建课程架构，创建具有厂桥小学特色的"融合享悦"课程文化体系。"和·悦"课程旨在打破学科间的界限，以突破学科间的割裂现状为思路，融合家庭、学校、社会等有效资源，丰富学校课程内容，为学生多元需求、多元培养、多元发展搭建起融合的课程，全面深度构建以国家基础课程为保障、校本课程显特色、自我发展课程做补充的课程体系。

学校根据《基础教育课程改革纲要(试行)》中的"改变课程管理过于集中的状况，实行国家、地方、学校三级课程管理，增强课程对地方、学校及学生的适应性"的要求，在全面落实国家课程的基础上，精选了体现中华优秀传统文化和符合学生发展需求的书法、心理健康教育地方课程；开设了学校传统项目乒乓球、排球、篮球、形体等校本课程；加大对校本特色课程的大胆尝试与开发研究力度，依据学校课程计划，将综合实践活动课程与学科实践活动课程进行整合，开设了主题性综合实践活动课程；为培养学生的思维、艺术修养、阅读能力等开设阅读分享、玩转数学、民族音乐、外教视野等校本拓展课程。课程计划的实施，提升了教师的课程意识和研究能力，进一步改变了教师的育人观和人才观，有效地激发学生主动学习的兴趣和积极参与实践体验的意识。

借力自我发展课程也是该学校的一大重要改革举措。学校深入挖掘校内外的多方资源，借助校外机构的力量开设了话剧、国学、舞狮、剪纸、面塑、京剧脸谱、风筝等非物质文化遗产类课程和轮滑、街舞、啦啦操、武术、跆拳道等健体类课程。同时学校还开办了由校外辅导员和校内教师共同组建的乒乓球、合唱、管乐、国学、话剧、舞龙舞狮、健美操、科学探索、编程等40余个社团，极大地丰富了自我发展课程内容。为了进一步完善"融合享悦"的课程体系建构设想，学校继续以主题研究突破学科间的割裂现状，在总结2017学年课程实践的基础上，融合家庭、学校、社会等有效资源，增补STEAM、单片机、航模等含有科技元素的社团，以培养和提升学生的科学素养，为学生多元需求、多元培养、多元发展搭建起融合的课程建设。

学校构建了国家基础课程、校本特色课程、自我发展课程相互融合、互为补充的课程体系。以打造"融合享悦"课程文化为抓手，深化学校课程改革，提升课程质量；以培养全面而富有个性的"人"为教育的出发点，关注差异，尊重个性，为学生的多样化发展以及愉悦身心搭建平台，使学生享受满足需求后的喜悦之情。

(二)构建"融合享悦"的课程，满足"和·悦"文化的个性追求

"融合享悦"校本课程构建形成了以国家基础课程为保障、校本课程显特色、自我发展课程做补充的课程结构；形成了一个多元融合、全方位作用于学生，能够实现"培养崇和、尚智、健体、悦心的厂桥小学好少

年"育人目标的校本课程体系。

在不断的开发和实践过程中，学校关注到学生的多元化导致越来越多的个体差异存在。学校本着要对每位学生负责的态度，力求课程的开发要满足不同学生的需求，更要实现学校的培养目标和育人目标。因此，在进行"融合享悦"校本课程开发、完善与调整过程中，该学校做到了课程内容力求开放，加强所学内容与现代社会、科技发展及学生生活之间的联系，培养学生的求知思辨能力、为人处事能力和态度以及品格，以适应学生未来的发展。开放的课程，放权让学生自主选择、自主探究、自我发展，以此推进学习方式的改变。"融合享悦"课程更加符合学生的需求，旨在开发学生的潜能，培养学生的良好个性，促进学生的全面发展。

"融合享悦"课程体系构建大大增强了学生对课程的适应性，彰显出学校的办学特色，提升了教师的专业素养，发展了学生的个性特长，实现了学校关注人的教育，体现了全面培养人的育人思路和目标。

（三）推动校本课程建设，打造"和·悦"文化的优质品牌

学校依据学校文化脉络将课程进行了细致的分类与整理。所有开发和实施的校本课程除了力求体现学校文化内涵建设、符合学生的多元和个性发展需求外，还要能提升学校的办学质量和形成品牌。所以"融合享悦"的课程文化更要关注到学生的核心素养以及综合能力的培养与提升上来。

学校依托中华优秀传统文化开发的书法、非物质文化遗产类课程；依据学校百年文化开发的传统项目特色课程和经典阅读、民乐、玩转数学等学科特色课程；依据社会需求和对人的培养开发的主题性综合实践活动课程和外教视野、信息技术、科技创新、生涯规划、心理健康、研究性学习等特色课程，无不体现出学校在全面培养人、提升学校的育人质量上的高度和深度。因为在这些课程的实施过程中，我们看到了未来发展教育的目标和希望。

深化学校课程开发与建设，体现学校的办学特色，提升教师的素养，发展学生的个性，追求"和·悦"文化内涵，使校本课程建设更加规范、科学、系统、有效是促进学校发展的途径。

二、以主题性综合实践活动课程开启课程综合化的探索 >>>>>>>

2015 年,《北京市实施教育部〈义务教育课程设置实验方案〉的课程计划(修订)》,着重强调了实践类课程的设置与实施,特别指出要关注课程的整体育人功能以及学科内、学科间的联系与整合,加强综合实践活动课程的开发与实施,大力培育和践行社会主义核心价值观。同时还特别强调了学校应加强对综合实践活动课程的开发与实施,根据学生年龄特点、学科学习需要、学习主题的不同,灵活开设,学时可以统筹使用。

(一)初步尝试——各学科实施实践活动课程,让学生"动"起来

在上述背景下,2015 年 7 月学校启动新课程计划培训,各年级教师热烈讨论、大胆计划。9 月开学后,教师初步尝试开设学科实践活动课程,初步感受实践活动课程与一般课程的区别。学校科研室和教学处引领任课教师加工、发掘教材中的实践活动内容,设计相关学科主题活动。"走进春天""轻叩诗歌大门""七巧板创意""节约用水""旅游中的学问""绘制连环画"等系列学科实践活动课程应运而生。我们能深刻感受到学生的参与态度、运用知识的能力、合作能力都呈现出变化,学生真的"动"起来了。当然,我们也意识到,学科实践活动还是有单一性和局限性的,不能达到培养综合能力的目标。

为此,当年的四年级试点开设了"我是公园小导游"的主题性实践活动课;学校请来专家到校进行培训和点评。四年级的探索和专家的认可与引领确立了厂桥小学的主题性综合实践活动课程,实现了从无到有。尽管还不成熟,却为后续的实践课程开发带来了收获与借鉴。这个阶段的实践活动课程突出了融合与实践的特征,即实践活动课程不是具体的学科教学,而是让学生有动手、动脑的体验,培养综合能力的课程。

(二)理论指导——加强理论学习与认知,让教师"活"起来

学校组织全体教师对市、区下发的相关课程计划进行深入学习、开展相关研修,包括专家的讲座、科研室引领的通读培训、教学处的细读分析、教研组的精读研讨以及教师个人的自主学习,并聚焦综合实践活

动课程的设置意义、课程结构、实施要求等进行了深入的解读与研讨。课程计划的培训使全体教师对综合实践活动课程建立了初步的、整体的认知，使他们初步认识到综合实践活动课程在学生全面发展中所发挥的特殊价值。

到底什么是综合实践活动课程？它与学科课程有着怎样的区别与联系？如何开发综合实践活动课程？课程的综合与综合课程的区别在哪里？什么是课程综合化？……带着一系列对综合实践活动课程的困惑与思考，2016 年初学校请来了北京师范大学的课程专家杨明全教授对全体行政干部进行了学校课程建设的基本理论、基本策略、学校综合实践活动课程等培训，为每一名干部配发了《课程论》以进行系统深入的学习，进一步提升行政干部课程建设的领导力。同年 5 月，学校再次请来专家对全体教师进行培训，帮助全体教师初步领悟综合课程的内涵，认识到综合实践活动课程是基于学生的直接体验、密切联系学生自身的生活和社会生活，由学生自主实践与探索，以培养学生的创新精神、实践能力及体现对知识的综合运用的新型课程。综合实践活动课程的总目标是密切学生与生活的联系，推进学生对自然、社会和自我的内在联系的整体认识与体验，发展学生的创新能力、实践能力以及良好的个性品质。通过培训，教师还意识到每一个教师个体都是综合课程开发的主体，每一名教师都要做校本课程的开发者、实施者、研究者。

理论的学习让学校干部和教师统一了对课程建设的认识，明确了职责，凝聚了教师在课程建设上的向心力，使教师的思维和行动"活"起来了。

（三）深入探索——使用实践活动学时，体现综合性

2016 年 9 月，学校开始了第二阶段研究。该阶段的研究分两个步骤进行：第一步是整合课时。将语文、数学、英语、道德与法治、科学等学科 10％的实践活动学时与信息技术、研究性学习、社区服务、社会实践活动等学时进行整合，统筹安排使用。每周二下午，在一至六年级全部开设两学时的综合实践活动课程：力图打破学科之间的分隔状态，融合家庭、学校、社会等资源，使学生在活动中亲身实践，培养人文、科学素养，提高解决问题能力、交流与合作能力、创新意识与实践能力，

培育社会主义核心价值观。

第二步是确立内容。因为教师没有相关经验，所以确定综合实践活动课程主题成为新的难题。为了发挥全体教师的智慧，学校采用了自下而上的方法，以年级组为单位，由教师打通各学科教材内容找主题、结合学校特色发展找主题、利用学校周边资源找主题、针对学段特点找主题。学校利用假期召开综合实践活动课程主题开发研讨会，最终确定了各年级的活动主题。表 6-1 是 2016—2017 学年各年级综合实践活动课程的主题。

表 6-1　2016—2017 学年各年级综合实践活动课程的主题

年级	综合实践活动课程的主题
一年级	养成教育（接纳新环境、与同学友好相处、学会分享、遵守规则）
二年级	走进秋天（感受、吟诵、歌唱、绘画创意）
三年级	民族文化（音乐、中秋文化、科技与民俗）
四年级	北京文化（北京故居、胡同文化、北京小吃）
五年级	优秀传统文化（北京美食、有趣的汉字、传统节日）
六年级	民族文化（藏族、蒙古族、回族、维吾尔族的歌曲、服饰、美食、节日）

这些主题经过了各年级教师多次的"头脑风暴"、团队研讨和实践探索。但是能看出，有的年级主题研究内容重复；有的年级主题活动过多，涉及内容广而大，比较杂乱，不宜于研究；有的年级主题没有形成系列，课程阶段目标不清晰。

为了使主题性综合实践活动课程充分发挥育人作用，学校聘请北京师范大学课程专家、北京教育学院学校文化建设专家、北京市西城区教育研修学院综合实践活动课程专家，进行规划与指导，完善课程体系，在原有主题的基础上，依据学校的周边文化和育人目标，重新确定全校主题。表 6-2 是 2017—2018 学年各年级综合实践活动课程的主题。

表 6-2　2017—2018 学年各年级综合实践活动课程的主题

年级	综合实践活动课程的主题
一年级	有趣的校园生活（上学了、交朋友、会玩耍、爱阅读、乐种植）
二年级	我是学校小主人（设施小卫士、环保小卫士、绿色小卫士、校园文化小使者）
三年级	胡同里的美食（传统小吃——寻美食、品美食、介绍美食、做美食；现代美食——家庭、节日、地方美食；职业体验）
四年级	胡同里的门（我去研究"胡同的门"；我的发现"现代的门"；我会设计"未来的门"）
五年级	走进名人（梅兰芳故居参观、京剧服饰与制作、京剧赏析及学唱、京剧脸谱制作）
六年级	民族文化（服饰、建筑、游戏和玩具、美食、艺术、狩猎工具、运动、节日）

可以看出，重新确定的主题突出了年段特点，一至六年级都紧紧围绕学生、家庭、学校、社会以及周边文化资源选择主题。年级目标鲜明，主题有递进，内容有层次，形成了系列。

（四）不断完善——全员参与实施，促进文化育人

随着主题的不断完善，学校又将课程与文化对接，努力实现人人参与，形成系列的课程。

为确保综合实践活动课程这门新兴课程有序开展、落实到位，学校采用了以年级为单位，组内全体任课教师全员全程参与的方法。教师迎难而上，在开学初商讨每一个小主题活动的实施方案；组内的教师依据各自的专长，选择主备内容，共同完成全年级备课。每一个主题活动实施前，年级组内统筹安排人员，所有教师人人参与。没有了专职与兼职、没有了各自学科的本位，教师共同成为学生实践探究的组织者、引导者、合作者。

学校进一步加强课程指导，将课程的内容与学校文化、育人目标进行融合，形成体系。通过北京师范大学教授的理论培训，借力北京教育学院专家梳理学校课程，邀请西城区综合实践活动课程教研员指导，年级组明确了综合实践活动课程与学校文化的对接，调整各组综合实践活动课程主题、整合内容、完善框架，使各年级主题与学校的文化、办学理念、育人目标紧密相扣，开启了校本课程促进学校文化建设、完善育人方式的深入实施过程。

（五）以生为本——尊重学生的体验过程，探索活动规律

厂桥小学的综合实践活动课程始终把学生放在首位，强调为生而教，以生为本。从主题确定到活动实施，该学校遵循学生的年龄特点、生活经验、成长需求，实现学生自主选择、实践体验、交流分享、拓展提升。

每一个主题活动都遵循四个环节，鼓励学生全程参与，注重学生的活动体验：①活动准备：学生依据主题自主确立个人或小组的研究方向；②实践体验：学生通过参观、制作、查找、实验等方式对研究点探寻、发现；③展示交流：学生选择自己喜欢的方式，交流展示自己的发现和收获；④拓展延伸：学生用新发现、新知识、新技能、新方法、新思考解决新问题。

（六）及时回顾——总结反思，教学相长，师生皆受益

在综合实践活动课程研究、实施、完善的三年，学校完成了课程从无到有的年级试点阶段、各年级全员参与的开发实践阶段、依据学校育人目标确定年级主题和课程目标的实践提高阶段。这标志着学校对综合实践活动课程的探究已经启航，全体教师都在积极摸索前行。在每个学期，我们都会对本学期的综合实践活动课程进行总结，召开课程总结会和交流会，聘请专家参与点评和指导，为后期的研究、实施和推进提供理论和课堂实操的依据、方法与经验。在专家的肯定中，教师受到鼓舞；在专家的建议下，教师反思改进，学校的实践活动一次次踏上新起点，学生一次次获得新体验。

经过三年的不懈努力与实践，综合实践活动课程已经初见规模和成效，教师和学生的收获也颇丰。很多教师纷纷表达了自己执教的感受，有的教师说："通过课程的开展，课程观念增强了，团队集体研究氛围浓厚。"也有教师认为："通过主题的开发，备课过程对自己而言也是一个学习和提升的过程，自身的能力和综合素养得到提升。"还有教师说："在授课中发现了很多孩子的多方面优势(除了成绩以外，如表达、绘画、书法、组织、交往、包容、不怕困难、乐于助人)，看到了学生的闪光点和增长点。"

学生更是喜欢这门课程。有的学生说："了解了许多有关胡同文化的知识，从以前不感兴趣，到今天看到胡同的门就能说出'门'的知识，指

出其中的门道，对中国优秀传统文化有了进一步的了解。"有的学生表示："参与活动课使自己的绘画能力、动手操作能力、制作能力和小组合作能力有了很大的提高，有成就感。"还有学生说："在制作活动中激发了自己的创新意识，能把学到的知识讲给家长听，家长乐于接受。"

主题性综合实践活动课程力求以学生的多元发展为起点，创设让学生展示各种智能的机会，激发学生潜在的心智，尊重学生的个性，让学生在实践活动中超越自我、不断成长，促进学生全面且有个性的发展。同时，教师参与课程研发、组织、实施的全过程，提升了教师的课程意识以及课程研发和实践能力，促进教师在新的教育大背景下的专业发展。

三、充分挖掘和利用相关资源，推动课程综合化育人的研究 >>>>>>>

学校开设的主题性综合实践活动课程力求通过课程使学生从个体生活、社会生活以及与大自然的接触中获得丰富的实践经验，形成并逐步提升对自我、社会和自然之间的内在联系和整体认知，借助"爱自己、爱他人、爱校园、爱居住环境"实现了解、喜爱、继承和发展文化的目的，建立文化自信，形成爱家、爱校、爱国的情怀。充分挖掘和利用学校资源、社会资源，推动课程综合化与育人的深化研究同样是学校借助课程改革积极进行的。

（一）关注校园环境

在我国，有关环境对人的教育作用问题，从古到今有许多典故和论述，最耳熟能详的就是"孟母三迁"；孔子也曾提到"性相近也，习相远也"；我国现代著名教育家陶行知也极其重视环境和环境对人的教育作用并指出天然环境和人格陶冶有密切关系。学生健康人格的形成，必定依赖于一定的社会环境条件。

校园环境作为教育的可控因子，需要我们正确地认识、把握和使用好它，并以高瞻远瞩的眼光看待其教育作用和价值，这对小学生的成长起着至关重要的作用。在学校一年级"有趣的校园生活"主题性综合实践活动课程中，我们引导学生关注自己学习的校园环境——了解校园文化，知晓自己成为学校的一员，培养爱校的自豪感；了解校园环境，为校园绿化和美化做贡献，树立主人翁意识与社会责任；了解校园特色，让阅读成为伙伴，让"和悦"成为与人相处的法宝……在校园环境资源的教育作用下，诚信、包容、乐知、善学、健体、悦心成为学生每天要实现的目标，对他人、对集体的责任感和荣誉感成为学生根植于心的情怀。学生的健康人格在课程实施的推进下一步步形成。

（二）了解师生生活

师生生活是学校课程资源的一个方面，它直接影响师生的工作和学习。我们要充分了解和利用师生生活，尤其是学生自身的生活。师生生活包括师生的日常生活和在日常生活的空间所开展的一切活动。

从师生的生活中，我们提取了以下学校教育资源，从而推进二年级"我是学校小主人"主题性综合实践活动课程实施：一是与师生每天学习生活有着紧密联系的学校公共设施的主题研究；二是与生活密切相关的水、电、纸张等资源的主题研究；三是与学校文化、校规校纪相关的主题研究；四是与身体健康、饮食习惯、营养搭配均衡相关的主题研究；等等。学生通过参与这些主题活动的设计、体验与实施，培养了综合运用各学科知识和已有经验初步认识、分析和解决现实问题的能力；培养了独立思考、善于提问、乐于科学探索的品质；提高了合作交往、沟通折中、表达交流等能力，激发出对所处环境和学校的热爱。

（三）利用自然资源

综合实践活动课程本身有一个指定领域就是社区服务。作为具有开放性特点的综合实践活动课程，其课堂形式是开放的，其课程内容也是开放的。学校的内部资源已经无法满足学生开放的视野，而远处的资源又受到时空、安全等诸多因素的限制。所以有效地开发和利用社区资源是实现课程开放和有效推进的最佳途径。

自然资源泛指存在于自然界、能为人们利用的自然条件或自然环境因素。每一个社区都有花草树木、鸟兽鱼虫等自然资源，也会有学校所在社区内特有的地域和文化资源。学校的主题性综合实践活动课程正是引导学生对自己居住、生活、学习区域的自然环境和民俗文化进行发现、探索和研究，使学生从关注身边的人、身边的环境、身边的文化入手，增强他们对生存环境的认识；增强他们对生态保护的意识；增强他们对文化的认同感；养成保护环境、传承文化、创新发展的习惯、意识和能力。

厂桥小学是一所有百年校史的学校。学校地处什刹海地区，校园被胡同、王府、名人故居、皇家园林、名胜古迹、图书馆以及文化街巷包围。面对这么丰富的自然资源，了解它的过去，研究它的现在，思考它的将来，成为学校主题性综合实践活动课程的主题设计方向和引领。例如，三年级"胡同里的美食"主题性综合实践活动课程就是依托了学校地处护国寺街的环境资源，让学生近距离地认识、了解了护国寺小吃；品尝、学习制作了护国寺小吃；知晓了这些小吃背后的文化精髓。借助这些教育资源，研究的主题还逐步拓展到家庭美食、传统节日美食、地域美食等内容的研究。再如，四年级"胡同里的门"主题性综合实践活动课程也是充分挖掘和利用了学校周边胡同、王府、皇家园林等环境和文化资源设计实施的。该课程分为三大板块：第一板块——我去研究"胡同的门"，借助胡同、王府、皇家园林的门展开了门墩、门环、门联、门簪、门槛、门型以及门的历史、工艺构造等知识和技艺研究；第二板块——我的发现"现代的门"，借助地域、房屋类型、用途的不同对门的类型、功能、材质、安全等展开研究；第三板块——我会设计"未来的门"，通过聘请设计专业人士进行讲解与指导，让学生进行了创意、设计、尝试制作未来门(门的造型、功能、材质、安全等)的行动研究。这样引导学生在研究活动过程中获得自我、社会、自然环境的真实体验，建立学习与生活的相关联系；培养学生综合运用各学科知识和已有经验认识、分析和解决现实问题的能力，提升学生的审美意识和动手能力；培养学生的合作交往、沟通折中、表达交流等能力，在拓宽学生视野的同时，激发学生对所处环境以及中国优秀传统文化的热爱之情。

(四)利用人力资源

所谓人力资源一般是指有能力并愿意为社会工作的经济活动人口。在学校开设的主题性综合实践活动课程对人力资源的开发和利用，就是指在指导学生开展综合实践活动的过程中，要充分寻找、运用有能力并愿意参与指导学生研究某一课题的人。

在课题的研究过程中，不同的环节所需要的人力资源也是不一样的。例如，配合一年级"乐阅读"单元主题研究时就请到了北京市西城区青少年图书馆的工作人员为学生进行了图书馆书籍概况、馆内借阅制度、如何阅读、公共场所礼仪等内容的介绍；聘请北京师范大学出版社的专家为学生讲解了书的编辑、排版、印刷、装订等工序，还为学生就文字的演变过程进行了生动有趣的讲解和体验活动。又如，一年级"爱种植"单元主题研究时请来了在园林工作的学生家长为学生讲解无土栽培和有土栽培种植的相关知识，通过学生的亲身体验和实际操作，种下了人生中的第一盆植物，并在家长的跟踪指导下确保植物茁壮成长，为校园的绿化和建设自己美丽的班级贡献了力量。再如，三年级"北京小吃"单元主题研究时请到了六年级学生的爷爷作为北京市民俗专家来为学生进行了精彩的讲解。学校通过对大量图片、故事的讲解让学生了解了北京小吃的悠久历史，深厚文化；请来了护国寺小吃店的面点师为学生展示了小吃工艺的制作过程，学生对师傅的精湛手艺拍手称赞，并在亲身体验的过程中了解了制作工艺的烦琐与不易。面对专业人士，学生对他们的专业技能展示与讲解佩服不已，对他们的认同感、钦佩感油然而生。这种对职业的认知、认同与归属自然而然地在学生的心中形成。由此可见，人力资源的合理运用对学生的成长是不可或缺的。

（五）利用文化资源

中国著名社会学家、人类学家、民族学家吴文藻先生认为：文化的简单定义可以说是某一社区内的居住所形成的生活方式……也可以说是一个民族应付环境——物质的、象征的、社会的和精神的环境——的总成绩。从社区文化的角度进行资源的界定：社区文化是指在一定的区域范围内，在一定的社会历史条件下，社区成员在社区社会事件中共同创造的具有本社区特色的精神财富、物质财富和文化财富。

主题性综合实践活动课程在充分挖掘社区的文化资源，让学生充分了解社区的行为文化、环境文化、制度文化和精神文化方面都取得了很大的成绩与收获。例如，在2019年第一学期，什刹海社区想对学生进行垃圾分类的宣传教育活动。治理环境污染，全民进行垃圾分类，打好蓝天保卫战是国家提出的战略方向和目标，是每一个公民都要自觉主动执行的。小学作为基础教育阶段是培养行为、意识和习惯的最佳时期，再加上又有这么好的社区文化资源和较为成熟的活动方案，我们自然要积极参与。结合学校的主题性综合实践活动课程的安排，我们选择了二年级参与此项活动。"我是环保小主人"单元主题性综合实践活动课程就是在社区文化资源的配合下顺利实施与推进的。又如，学校地处什刹海地区，离梅兰芳博物馆只有一街之隔。众所周知，梅兰芳除了京剧唱得好以外，在文化修养、人格魅力、爱国情怀等方面也都是楷模。梅兰芳博物馆又是北京市校外教育基地，拥有非常成熟的教育课程。所以学校借助梅兰芳博物馆的课程内容，与学校主题性综合实践活动课程的育人目标进行整合，重新打造了更适合学生开展主题研究的系列活动，使学生对文化的认同、爱国的情怀等都得以产生和树立。再如，在2018年第二学期，学校辖区内的孔子学堂愿意为学校提供"中国文化课程"的送课下校活动。在详细了解他们的"北京四合院建筑"课程内容后，学校选择了六年级"民族建筑"主题性综合实践活动课程与之协作实施。学堂教师详细的四合院建筑讲解、带领学生亲手制作的四合院建模，使学生对民族建筑的伟大、对古代劳动人民的智慧才能产生崇敬之情，从而产生了浓浓的爱国情和民族自豪感。

面对这样的社区文化资源，学校文化、国家情怀的孕育和传承在学校、学生、家长中传承开来！

（六）利用社会资源网络

社会资源是指一切有价值的有形物和无形物。就综合实践活动课程常态化实施而言，它是指一切有助于学生顺利实施、开展活动的人的社会网络和通过直接或间接接触能动员的资源总体。例如，在六年级"北京胡同的传统建筑"主题性综合实践活动课程中，学生需要走进胡同里的建筑群，了解不同地域、身份的人与建筑格局之间的关系，以及传统建筑构造的方法、用途等内容。又如，二年级在"我是环保小卫士"主题性综合实践研究活动课程中，需要对垃圾、水、电的回收、分类、处理、加工、再利用等相关内容进行了解，需要与相关单位进行参观、采访、数据统计等活动。但是学生不可能走进每一个想观察的住宅建筑，学校对垃圾、水、电的处理厂也不熟悉。此时，社会关系网络就成为一种重要的社会资源，它将会在学生的学习活动中发挥巨大的作用。为了使这些主题做得深入，让学生得到更多的体验和数据的支撑，学校寻求了社区、家长等多方资源去挖掘和寻找相关的社会资源。在最终的努力下，社区找到了街道、派出所等相关人员配合学生进行了系列的入户考察任务；协调了自来水厂、垃圾处理厂帮助学生完成参观与讲解、参访等任务。

由此，我们可以得出以下研究结论。

第一，借助校外教育资源，有效提高了学生对主题性综合实践活动课程的学习兴趣，拓宽了视野和知识面；使学生的社会能力需求和个性特长得到培养与发展，公民意识和社会责任得到培养与锻炼。

第二，借助校外教育资源，提升了教师的课程开发意识与能力；使教师的教育观念得到转变，驾驭课堂能力得到提升；使教师的综合素养和综合能力得到提高。

第三，借助校外教育资源，丰富了学校主题性综合实践活动课程的内容以及综合性；形成了教育资源、途径和手段可持续发展的长效机制；促进了学校"融合享悦"课程体系下校本课程的有效开发与使用；为学校落实"立德树人"根本任务、提升学生核心素养、培养社会有用人才探索了有效途径和方法。

第四，借助校外教育资源，促进了学校少先队活动课程的开发与实施，建立了社会教育资源网络，为培养合格的人做好了基础保障。

四、以"和·悦"文化构建综合化育人模式 >>>>>>>>

课堂教学是教学的基本形式，是学生获取信息、提高技能和形成思想观念的主渠道。学校依据"和致学，悦至心"的理念，努力创设"和合悟悦"的课堂文化氛围。《周易集解》有言："保合太和，乃利贞。"它指出了重视合与和的价值，强调保持完满的和谐，万物就能顺利发展。"和合"的文化课堂中既体现教师的面向全体、尊重差异、与学生共同构建和谐的教学氛围，更要求彼此间的合作互促，信任放手，从而达到和谐发展。"悟悦"是追求师生在课堂上能够把握好各自的角色，自悟自得，享受过程，体验愉悦。因了悟而喜悦，达到"澹然离言说，悟悦心自足"的境界。

(一)"和合悟悦"课堂文化的提出

一是学校"和·悦"文化建设的需要。课堂是践行学校教育价值观的主阵地，课堂文化建设便成为学校文化建设的核心内容。

二是改变课堂教学现状的需要。对学生差异的关注、学习需求的关注、留给学生的探索空间、实现学生真正的合作交流等都需要做真、做实，追求人本、生态的高效课堂。

三是所有学科教学改革的方向及操作的需要。利用"和合悟悦"课堂文化的研究，努力探寻落实"和合悟悦"课堂文化的方法策略，并使其具有可操作性。

"和合悟悦"课堂文化探索的最终目的是课堂教学改革的内涵化、全员化、常态化。这样使教师逐步从文化认同向文化自觉发展，使我们所有学科课堂、所有教师的课堂都应折射出和谐的课堂氛围，折射出立德树人的教育价值，折射出"崇和、尚智、责任、担当"等精神品质，真正实现课程与课堂文化的综合化。

（二）"和合悟悦"课堂文化的基本特点

1. 和　谐

现代教学理念最核心的部分是民主、人本、和谐，其中最主要的是和谐。和谐发展是教育的理想境界，是新课程改革极力倡导和追求的价值取向。在课堂中，我们努力营造师生间、生生间的和谐。教师不仅做到赏识发展全面的学生，更要赏识学困生的擅长之处。生生之间学会彼此欣赏，相互尊重，和谐共处。学校倡导教师努力构建主导性与主体性的和谐。我们把学习主动权还给学生，在发展师生间的合作关系中培养生生间的合作关系，努力实现面向全体与因材施教的和谐。我们让每一名学生都能在自身原有的基础上发展，努力追求传道育人与教书授业的和谐。我们要培养学生积极主动的学习态度，帮助学生获得基础知识和基本技能，不仅育才更要育德，培养综合素质全面发展的人。

2. 自　主

苏联教育家苏霍姆林斯基说：只有能够激发学生自己去进行自我教育的教育，才是真正的教育。自主是学习态度和学习方式，其含义就是充分发挥学生的学习主动性和自觉性，让学生在教师的指导下主动开展学习的一种学习方式。教师在课堂中，努力从时间、空间、问题的生成、探究与表达等多方面去实现学生的自主。课堂上的自主让学生学会选择，学会发现，学会思考，学会讨论，学会展示，凸显学生在学习上的主动性、独立性、规范性，弘扬学生的主体性和自主精神。

3. 合　作

在现代社会中，人与人之间是高度相互依存的。这种相互依存是积极还是消极，取决于我们是否能致力于合作并达到真正有活力的学习和生活。教育理应促进积极的相互作用的实现。课堂上加强师生间的合作，教师要注重教和学的有机统一；教学环节突出生生间的合作，让每名学生都能积极参与到小组合作学习中。在相互提问、相互检查、共同研究中，学生展开和谐竞争、互动合作。合作，使厂桥小学的课堂凸显学习的交往性、互动性、共进性，培养学生的合作精神、团队意识和集体观念。

(三)"和合悟悦"课堂文化的内涵及行为标准

1."和合悟悦"课堂文化的定义

定义1：课堂文化是在长期的课堂教学活动中形成的，并为师生所自觉遵循和奉行的课堂精神、教学理念和教学行为。

定义2：课堂文化是发生在课堂教学过程中的规范、价值观念、思想观念和行为方式的整合体。

定义3：课堂文化是在课堂的师生活动包括环境中所传达的所有价值观，它同时会对学生的思维造成影响。

综上所述，课堂文化的关键点为：形成的氛围、折射出人的精神、体现的价值观、习以为常的行为方式。

一所学校如果形成了一定的课堂文化，那么这所学校所有学科的课堂都应折射出同样的氛围、同样的行为方式、同一种价值观、同一种精神与状态。

2."和合悟悦"课堂文化的四要素解读

和——和谐，即努力打造的一种和谐的课堂氛围。

合——合力，即实现师生合力、生生合力的方法。(合作，容易追求一种外在形式。)课堂上不论是小组合作，还是独自探究、全班交流、师生互动，追求每个个体在教师的助力、同伴的助力下，实现自我的提升与发展。

悟——感悟，即实现学生在课堂上经历操作、体验、感悟、发现的自主学习过程。

悦——愉悦。即师生因自我的成长而愉悦，教师因学生的成长而愉悦。

在和谐的课堂氛围下，我们通过关注师生、生生的合力实现学生的感悟、体验、实践的自主学习过程，构建人本、生态的课堂。我们要注重教与学的有机融合，注重教师与学生、学生与学生之间的情感交流、智慧的碰撞、心灵的互动，从而达到"教师乐教，学生乐学"的教学效果，促进育人目标的达成，促进教师的专业提升和价值体现。

3. "和合悟悦"课堂文化师生行为标准

我们可以用表 6-3 来分析"和合悟悦"课堂文化师生行为的相关标准。

表 6-3 "和合悟悦"课堂文化要素及行为表现

要素	师生行为表现		学 生
	教 师		
	行为表现	行为解读	行为表现
和（和谐的氛围）	亲切耐心	1. 把微笑带进课堂，用恰当的肢体语言感染学生 2. 走近学生，"蹲下来"与学生平等、民主对话 3. 接纳和热爱学生，耐心地引导、帮助每一名学生 4. 不打断学生发言，不抢学生的话	轻松乐学 广泛参与 赏识他人
	面向全体	1. 给每一名学生提供同等的学习机会 2. 学习的内容应该呈现多样性	
	鼓励评价	1. 应有鼓励评价的意识 2. 适时恰当地给予评价 3. 结合学科特点，进行有效评价	
合（合力的方法）	以学定教	1. 调查学情，依托调研结果制定教学目标 2. 加强预设，围绕预设丰富自己的教学内容 3. 创设情境，给学生提供由多人共同参与、合作探究完成的问题情境，让学生展开学习活动，适时指导	认真倾听 合作交流 质疑思考
	因势利导	1. 案随生变，根据学生的实际调整自己的教学 2. 丰富经验，多种方法应对教学生成	
	信任放手	1. 以学为主，丰富学生的活动，进行教学策略设计 2. 相信学生，多给学生一点思考时间，善用等待 3. 让学生学习合作，提供合作的方法，指导合作过程	

要素	师生行为表现		
	教 师		学 生
	行为表现	行为解读	行为表现
悟(感悟的过程)	提真问题	将教学重难点与学情相结合,围绕学生认知的增长点进行有效的设问	独立尝试 借鉴改进 反思运用
	留有空间	1. 留有个体思考的时间 2. 留有思维碰撞的探究空间 3. 留有实践的空间	
	引悟有法	1. 在比较中引悟,比较异同与联系,悟有所得 2. 在评价中引悟,评价过程与方法,悟有所得	
悦(愉悦的收获)	目标达成	教学三维目标的具体化和全面落实	知能提升 形成习惯 充满自信
	教有所长	1. 对自己所教的课具有反思意识,从中获得启示 2. 逐步掌握教学规律,形成自己的教学风格	
	乐在育人	享受学生和自己成长进步中带来的幸福,是自我价值的体现	

(四)"和合悟悦"课堂文化尊重学生差异

"和合悟悦"课堂文化要求教师了解学情,找准教学起点;分层备课,兼顾学生差异;创设氛围,提供思维空间;多元评价,确保教学质量。继续深化课堂教学改革,研磨课堂教学模式,探索学生身心发展规律和教育规律,为学生提供学习过程中的空间选择和内容选择,尊重学生的个性差异,关注学生的兴趣、爱好和特长,搭建每一名学生的成长平台,培养学生的创新意识和实践能力。

"和合悟悦"课堂文化给学校课堂教学带来了变化。教师追求以思想激活思想,以智慧引领智慧,以个性启发个性;学生能主动地、生动活泼地发展,在课堂上充满激情、充满生命力、充满精彩,充满快乐、充满喜悦、充满幸福。这种变化正是学校依据"和合悟悦"的内涵,引领教师不断探索有效教学改革,努力打造和谐、自主、合作、愉悦的课堂文化的成果。

研究成果与反思

一、成果与收获 >>>>>>>

在课题研究、推进、完善的三年里，学校对百年的校史、文化进行了梳理、继承、创新、探索与实践，成功申报了北京市第三批学校文化示范校并获批。在重视学校文化建设、理解和把握学校文化基本内涵和取向的基础上，学校力求以校本课程的开发、课程综合化的实践为载体，使学校的文化建设不再游离于学校日常教学活动之外，而是全面覆盖到学校方方面面的工作之中。

第一，构建了学校"和·悦"文化课程体系，使学校的课程开发与建设能够彰显学校文化、促进学生的全面发展和个性发展、推动学校特色发展与品质提升。

第二，制订了《学校课程计划》，推动了《学校课程计划》的出台与实施。《学校课程计划》的实施，最大限度地发挥了社会、家庭、学校、教师资源的作用，对学校文化建设具有积极推动作用。

第三，开发实施了主题性综合实践活动课程，开启了学校课程综合化的探索。主题性综合实践活动课程开发力求以学生的多元发展为起点，创设让学生展示各种智能的机会，激发学生潜在的心智，尊重学生的个性，让学生在实践活动中超越自我、不断成长，促进学生全面且有个性的发展。

第四，"和合悟悦"课堂文化探索使课堂教学改革得以内涵化、全员化、常态化。我们所有学科课堂、所有教师的课堂都折射出和谐的课堂氛围，折射出立德树人的教育价值，折射出"崇和、尚智、责任、担当"等精神品质。

第五，推行了四级争章评价方案与学科形成性评价方案，促进了课程文化和课堂文化的落地，并在实行的过程中逐年完善各学科的评价方法及评价指标。这两个评价方案的出台体现了学校的人本思想。评价内容上既有学校结合实际问题而出台的评价指标，又有以学生能力增长和自律自省为目标的年级评价内容。评价指标和内容力求关注到每一名学生的个体发展，关注个体的处境和需求，尊重和体现学生的个体差异，激发学生的主体精神，促进学生个体最大限度地实现其自身价值等，同时更加力求在评价过程中重能力培养、重习惯养成、重过程监管。但是由于我们感觉到这些评价方案和体系还不够系统、不够灵活和便捷，对课堂、课程的综合性评价还不够，所以我们在此次总结中并未呈现。

二、问题与反思 >>>>>>>

(一)关于学校层面的课程体系整合的问题

如何更加充分地将课程计划用在校本课程的设置上，使学校"融合享悦"的课程体系更好地满足学生自主选择、自主发展的探索？有些课程在实施过程中由于内容、教师、效果等因素出现中途夭折、反复调换等问题，说明学校课程开发过程中的前期需求调研、课程的内涵、课程的形态与范畴、育人模式、内容选择、授课形式等方面一定还有研究不够、实施不到位的地方；所有开发的校本课程还需要不断完善和深化，保留适合的课程，使得每个校本课程都能充分发挥其育人功能。很多课程还都没有形成成熟的校本读物，有待我们在后面的第二轮研究中进行开发。专家给我们提出了如何在课程体系中开发和融入更多与校园周边文化、地域文化相结合的课程的建议，让学生的学习内容就来自自己身边的文化环境。在年级研究主题中，我们已经进行了适当的调整，但是有的主题研究活动和内容并没真正突出课程的综合性，没有体现文化的教育目的和内涵。我们也会在第二轮研究中进行调整。

（二）关于如何深挖主题性综合实践活动课程的育人功能问题

经过三年的主题性综合实践活动课程的研究与实践，学校在主题性综合实践活动课程的主题、目标与内容上都能够充分依托学校文化，努力实现育人目标，取得了较为突出的成绩。但我们深知一个研究的结束标志着新研究的启航：主题性综合实践活动课程如何更好地进行学科整合、最大限度地发挥教师资源、学校资源以及社会资源的作用，进而更好地促进学生综合素质和能力的提升，落实"立德树人"根本任务，为社会、国家培养"合格的人"？在校本课程的开发与实施中，教师的角色、定位到底是什么？教师如何摒弃个人的学科本位主义，做好主题性综合实践活动课程的引路人与教授者？主题性综合实践活动课程就目前开展和实施的形式和效果而言，仅仅是和自身的研究基础相比较，如何能真正达到综合课程标准和体现育人方向，还需要我们继续深入开展探索与实践研究。这次的总结，正是让我们梳理出了主题性综合实践活动课程探索的经验与问题，为后面的研究指明了方向。

（三）关于如何发挥课程评价功能的问题

学校评价指标的内容显现出的是这所学校传递的文化，包括育人目标的落实以及对学生培养的全面性。学校提出的"培养全面发展的人"的目标要求评价体系更健全、更完善、更符合时代和社会对人的要求。如何与社会主义核心价值观、学科核心素养、一日生活习惯、课堂常规评价进行整合与融合，使得评价体系更符合我们的"和·悦"学校文化，更符合国家的育人标准，更符合知识时代所需人才的培养目标，这个问题期待继续深入研究。

总之，针对我们此次研究梳理和总结出的问题与讨论，学校全体干部和教师达成了共识：科研课题的研究势必会提升认识与思考，带动学校的发展与创新。因此，我们会将本轮研究中的成绩与经验进行进一步的完善与推广；将出现的问题在新一轮的研究与实施中加以解决。真正让课题研究服务于学校的发展，服务于学生和家庭的需求，服务于教师的成长与发展。

第七章

"活力"校本课程体系的构建与实践——北京石油学院附属实验小学的探索

2018年3月，北京石油学院附属实验小学参与了北京师范大学杨明全教授主持的北京市教育科学"十三五"规划优先关注课题"北京市中小学课程改革与综合化实施的理论与实践研究"。作为其中的一所项目学校，我们积极参与课题研究，并提出了"北京石油学院附属实验小学'活力'校本课程体系的构建与实践研究"这一具体的研究课题。课题负责人为学校王梅书记兼校长，主要成员有学校德育中心田苹苹主任、教学中心宋春艳主任和梁颖副主任、教科研中心刘静副主任、学科骨干教师赵金凤和李冰等。这几年来，课题顺利经过了开题、研究展开、教学实践、成果转化等阶段，构建了"活力"校本课程体系并进行了初步的实践，形成一批精品校本课程，激发了学生的成长活力，提高了教师的课程意识与能力，提升了学校的课程质量与办学水平，也得到了家长和社会各界的认可。

本章主要阐述学校是如何构建与实施"活力"校本课程体系的。所谓"活力"校本课程体系，是指以"活力教育"为理念，以"培养爱健康、能作为、有涵养的活力少年"为目标，包括思想活力、认知活力、行为活力三个维度以及语言与阅读、优秀传统文化、科技创新、健康、品行五大领域的课程体系。

　　研究发现，"活力"校本课程极大地促进了学生多维能力的发展，促进了教师课程建设能力的提升，推动了学校课程质量和办学水平的提升。研究认为，学校在构建特色校本课程体系时，应当将理念层、内容层、操作层三个要素有机统合起来，尤其应当凸显理念层的统摄作用；在实施校本课程时，要充分重视引进、整合、合作的作用，打破意识缺位、师资不足、资源匮乏的坚冰；要着力扭转教师的课程意识，使之从创造者、操作者、校本化的视角深度参与到课程的建设之中。

第一节

研究背景与研究意义

一、研究背景 >>>>>>>

　　学校自 2011 年建校以来，就深知课程对于一所学校的重要性。校本课程建设并非一朝一夕就能开花结果，而是需要我们在尊重教育规律、结合学校实际的前提下，不断地去探索、去创新。仰望星空，永远胸怀教育梦想，脚踏实地开展校本课程建设。如今，我们对学校课程进行梳理和重构，初步尝试了独具学校特色的"活力"校本课程，如儿童积极心理学、双语阅读、活力双语剧场、零点创新、活力北京、能源与创新等。如何在教育教学实践中实施和完善校本课程，并将各类校本课程构建成一个有机的"活力"校本课程体系，成了学校发展中急需研究并解决的重要课题。

　　2015 年 7 月，北京市教育委员会颁布了《北京市实施教育部〈义务教育课程设置实验方案〉的课程计划(修订)》。为深化教育领域综合改革，为学生成长构建良好的教育新生态，此次课程改革赋予了学校更多的自主权，体现了多样性与选择性、开放性与个性化的特点，强调学校要特色化办学，从课程入手，做出自己的特色。该课程计划特别强调学科实践，要求各个学科平均有不低于 10％的学时用于开设学科实践活动课程，并形成完整的课程体系；体现开放的原则，鼓励多渠道整合教学资源，在实践活动安排上，要校内外共同实施，鼓励学校走出去，走进社会大课堂；赋予学校更多的自主权，鼓励学校在保证总学时的基础上，根据实际需求，开展大小课、长短课相结合的课程实验；鼓励打破学科壁垒，穿越学科边界，开展跨学科教学。切实解决基础教育中存在的深层次问题，进一步扩大学校课程建设的自主权，这对北京市基础教育改革特别是学校课程建设具有指导意义并带来深远的影响。

在王梅校长的领导下，我们通过充分学习和落实《北京市中小学培育和践行社会主义核心价值观实施意见》《北京市教育委员会关于印发北京市基础教育部分学科教学改进意见的通知》等一系列相关文件，结合自身建校历史短、教师队伍年轻的新学校特点，对如何构建适合学校、教师和学生发展的课程体系进行了一系列的讨论和调研过程。学校抓住"课程建设"这一核心，围绕"文化引领—目标定位—科学设计—整体实施—评价反思"的思路，整体构建富有学校特色的活力课程体系，在一定程度上满足了社会对优质教育的渴望，以及学生对多样化、个性化教育的需求。

本章从校本课程构建的过程出发，站在学校课程体系的高度，研究校本课程在促进学生个性发展中的作用；从校本课程在学校课程发展中与国家课程、地方课程衔接与融洽的具体实践过程中遇到的问题着手，深入研究三级课程相互融通的过程与方法，从而创建与完善学校的"活力"课程体系，达到"培养爱健康、能作为、有涵养的活力少年"的目标。

学校发展的核心应该是课程的建设与发展，学校的特色主要体现在课程上。在学校的课程建设中，我们特别强调学校"活力教育"这一办学特色，理顺课程特色与学校特色的关系，将课程特色与学校特色有机结合起来。在课程设计方面，开发充满活力的新课程；在课程内容方面，设置丰富多彩、跨越多个领域的教学内容；在课程实施方面，利用多样的实施方法，打造活力课堂；在课程评价方面，打造充满活力的综合素质评价新方式；在课程管理方面，创新课程管理组织与方式，综合体现学校的活力特色。

二、研究目的与意义 >>>>>>>

校本课程是基于学生发展需要、教师实际、资源条件和学校传统，对国家课程的有效补充。在基于学生发展需要、掌握课程建设规范的基础上，如何提高课程的综合性、实践性、探究性等，并将各类校本课程整合为一个有机的"活力"校本课程体系是值得我们深入研究的问题。

课程是学校教育教学的核心，是体现学校办学思想的重要形式。我们将课程建设作为学校文化落地的重要载体。学校的根本任务是育人，育人主要是通过课程来实现的。当课程作为学校文化的载体存在时，学校文化的灵魂也就有了一个实实在在的呈现。学校的"活力"文化落到课程上关键是要体现"活力"二字。如何实现"活力"？我们认为就是要秉承"润泽于心，砥砺以行"的校训精神。心和行是连接生命的两端，影响着生命的维度。"活力教育"不光关注学生的内心，还关注学生的行动。这有别于过多地关注心行中间的知识，而忽略了学生的内心和行动的教育。

校本课程作为国家课程的补充，补充的正是心和行两个方面。润泽于心，不但指向价值观，以及价值观统领下的志向和道德，更关注兴趣、情商等；砥砺以行是为学生搭建平台和舞台，创造更大的空间、更多的机会让学生去体验、去想象、去创新、去实践。

一、理论依据及概念界定 >>>>>>>

(一)活力的内涵

在本章中,"活力"是最为重要的一个概念。作为学校办学理念的核心概念,当然同时也是校本课程理念的核心概念,"活力"概念代表了我们对当前小学教育以及学校办学价值的基本看法。

要理解"活力"概念,要从 20 世纪的哲学家、教育家怀特海谈起。他运用他的过程哲学思想重新思考传统教育,从而形成独特的过程教育思想。他所倡导的过程教育思想对当今的课程领域尤其是对后现代课程观所产生的影响是巨大而深远的,对我国的课程改革尤其是课程的实施过程具有建设性的意义。

怀特海在《教育的目的》中指出:要使知识充满活力,不能使知识僵化,而这是一切教育的核心问题。他之所以将"活力"作为教育的核心特征,是因为他认为教育是在与人的大脑而不是与僵死的物质打交道,要唤起学生的求知欲和判断力,以及控制复杂情况的能力,使他们在特殊情况下应用理论知识对前景做出展望。也即教育由于面对的是人这一高等生命的独特对象,因而其过程就会具有最高程度的灵活度特征。

当然,教育之所以是"充满活力的",还与怀特海的自然观和生命观息息相关。在他看来,任何存在物包括生命都蕴含着内在的活力,这种内在的活力生成创造了自然的整体生命力。① 换言之，整个自然和世界都是充满活力的，因而作为其中的一个"事件"的教育自然也是充满活力的。

那么，"活力"到底具有什么内涵呢？对此，怀特海没有明确做出界定。他指出，当我们在某种程度上不能由任何纯粹的遗传传统来解释某种有机体的反应时，我们就说它是有活力的。这个论断表明，我们需要从有机体的整体状况来把握"活力"的内涵，不仅从生理基础，而且要从心理情绪、认知审美、道德判断、环境适应等多个角度来理解"活力"的具体特征。

21世纪以来在西方兴起的积极组织行为学，曾对"活力"进行了深入的研究。尼尔森基于此前的资源保护理论(conservation of resources theory)和积极心理学理论提出了"活力"的理论模型。他认为，"活力是指个人在工作环境中和一些重要的人进行互动时产生的积极情感反应，包括身体力量、情绪能量和认知活力等具有内在联系的感觉"②。可见，积极组织行为学将活力视为一种积极的心理感觉，分为体力的、情绪的、认知的三个维度的内容，这是值得我们借鉴的。

当然，也要注意到，积极组织行为学所研究的"活力"是工作情境中的活力，并且偏重于心理层面，其适用性是有限的。作为教育情境的"活力"，我们关注的是受教育者和教育者的整体活力，二者之间的差别还是比较大的。基于这一点，我们综合怀特海的教育思想以及积极组织行为学的研究成果，对"活力教育"的"活力"做出如下的界定。

活力是指受教育者和教育者在教育活动中所呈现的整体的旺盛生命力。那么，所谓"旺盛的生命力"具体指的是哪些方面？如果从一个生命诞生、存在、发展的历程来观察的话，那么"旺盛的生命力"应该具有如下三个特征：他必须是很健康的，包括身体的强健与心理的良好；他必须是有力量的，包括出色的学习力与突出的行动力；他必须是合目的的，包括正向的价值观与高雅的趣味。

质言之，一个生命如果是有"活力"的，那么他必须在现有形态、发

---

① 杨文：《活力：课程实施过程的本质——来自怀特海过程哲学思想的启示》，载《牡丹江师范学院学报(哲学社会科学版)》，2004(4)。

② [美]尼尔森等：《积极组织行为学》，王明辉译，105页，北京，中国轻工业出版社，2011。

展状况、最终目标三个维度上均达到较为理想的状态，从而表现出很健康、很有能量、很积极的特征来。这是我们对所谓"活力"的基本看法。在这里，我们认为可以从以下六个指标去衡量"活力"的特征（图7-1）：①体力：强健的身体；②心力：较强的心理调适力；③求知力：较高的学习力；④行动力：出色的实践能力和一定的创新力；⑤价值力：正向的价值观；⑥审美力：高雅的趣味。

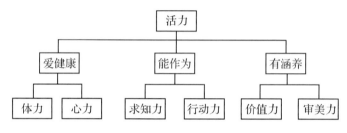

图 7-1　衡量"活力"的六个指标

也就是说，一个有"活力"的人，他应该在这"六力"上体现出应有的特征：身体强健、心理健康、求知旺盛、行动有力、价值观积极、趣味高雅。当他具备这六个特征时，他会展现出勃勃生机来。

（二）校本课程

校本课程开发的本质特征是什么？要弄清楚这一问题，必须从它的产生说起。在国内，教育界的人们了解到校本课程是在 2001 年国家发布的课程改革政策文件中被正式提出的。同年 5 月发布的《国务院关于基础教育改革与发展的决定》指出：实行国家、地方、学校三级课程管理。国家制定中小学课程发展总体规划，确定国家课程门类和课时，制定国家课程标准，宏观指导中小学课程实施。在保证实施国家课程的基础上，鼓励地方开发适应本地区的地方课程，学校可开发或选用适合本校特点的课程。

"三级课程"的管理方式赋予了校本课程存在的合法性。随后教育部发布《基础教育课程改革纲要（试行）》，指出"为保障和促进课程对不同地区、学校、学生的适应性，实行国家、地方和学校三级课程管理"。在国家法令的驱动下，校本课程的实践逐渐进入了学校的教育教学，成为学术界、教育界的一个热点。

不过，"校本课程开发"实际上是个舶来品。20 世纪 90 年代，学术界将"校本课程开发"引入了中国，并进行了初步的研究与探讨。其至中小学教育界，也有一部分学校在此之前从教学的角度对"校本课程"进行了初步的探索，从而推出了以"第二课堂""课外活动"为名义的一些课程实践。所以，有的学者认为2001年是我国校本课程开发的"正名之年"，而非"诞生之年"，这是符合历史事实的。[①]

追溯"校本课程开发"的诞生，就要从20世纪西方教育发展史中去寻找。根据学者的研究，作为概念的"校本课程开发"兴起于欧美等地，最早产生于1973年，是在爱尔兰阿尔斯特大学召开的一个校本课程开发国际研讨会上被首次提出来的。[②] 它的英文是"school-based curriculum development"，进入中文语境之后，在我国大陆被翻译为"校本课程开发"，在我国港台地区被翻译为"学校本位课程开发"。不过，值得指出的是，"校本课程开发"从诞生之初就是一个专有的概念，具有特定内涵与外延，因而不能拆开解读，如"校本课程的开发"或"校本的课程开发"。

那么，"校本课程开发"的具体内涵是什么呢？几十年来中外不同的学者对此提出了不同的观点，未能达成共识。在笔者看来，把握"校本课程开发"的关键在于把握"校本"二字的含义。"校本"二字蕴含的核心意义有两点：一是指向开发者，即以学校的团队为开发主体，虽然可以涵盖校外的专业人士、社区人员，但是开发团队至少要以"学校的意志"为中心，体现学校管理者和广大师生的意愿；二是指向服务者，即课程是专门为特定学校的办学而服务的，是为了专门满足特定学生群体的需求。

由此可见，"校本课程开发"是源于学校又满足学校而进行的课程开发行为。正因为"源于学校"又"归于学校"，所以它不同于国家课程和地方课程的开发，后者是源于国家和地方的意志、出于课程开发机构，并且归于更为广泛、更为多样的学生群体。这种不同的实质是，校本课程开发可以将课程满足学生的实际需求具体化到一个特定学校的层次。我们知道，学校是人类办学最基本的单位，是学生聚集的最小单元。如果将课程与学生的契合推进到这个最小单元，那么无疑是在最大程度上彰

---

① 崔允漷、何珊云：《"丛林之旅"：校本课程十年——校本课程的回顾、省思与展望》，载《基础教育课程》，2010(Z1)。

② 徐玉珍：《校本课程开发：概念解读》，载《课程·教材·教法》，2001(4)。

显了课程的实用性。①

相反，国家课程、地方课程由于其所面对的地区和群体都比较大，在开发过程中必须取"最大公约数"，必须照顾最主要的群体，由此就会有照顾不到的部分区域和部分群体。其覆盖面虽然广（区域大、人群多），但是抵达程度却未必高。久而久之，国家课程与地方课程会逐步标准化、平均化，实际上也是逐步抽象化，会与不同地区、不同人群的具体需求产生距离。因而，国家课程、地方课程在实际的实施过程中如果要切实落地，往往也要走向校本化开发。

事实上，有些学者就将国家课程、地方课程的校本化作为校本课程开发的一个有机组成部分，认为国家课程、地方课程的校本化，并非国家课程、地方课程的内容，而是校本课程开发的内容。② 这与当前中小学一线人员大多将国家课程校本化归于学科课程，实际上就是归于国家课程的认识与做法不太一样。我们赞同将国家课程校本化归于校本课程开发的观点。因为从课程开发的性质来看，国家课程、地方课程一旦经过校本化开发，就符合"源于学校、归于学校"的课程属性，就已不再是国家意义、地方意义上的课程了，应该被视为校本课程的有机内容。

由此，我们认为所谓"校本课程开发"包含两个部分：一是国家课程、地方课程的校本化；二是学校自主开发的课程。另外，学校作为国家的办学组织，还要遵循相应的教育方针政策与课程框架，遵循法律、民俗、文化等方面的外在要求，其"自主"自然是相对意义上的。

二、研究目标与研究假设 >>>>>>>>

研究目标：我们在学习相关理论的基础上，结合学校的实际情况，通过不断的总结与反思，构建一套适合学生发展的、独具学校特色的"活力"校本课程体系，并实施一批特色校本课程，提升学校课程建设的水平，激发学生成长与教师发展的活力，凸显学校的办学特色。

---

① 许洁英：《国家课程、地方课程和校本课程的含义、目的及地位》，载《教育研究》，2005(8)。

② 徐玉珍：《是校本的课程开发，还是校本课程的开发——校本课程开发概念再解读》，载《课程·教材·教法》，2005(11)。

研究假设：基于学校实际情况的"活力"校本课程体系，我们可以达到培养爱健康、能作为、有涵养的活力少年的目标。

三、研究内容 ▸▸▸▸▸▸▸

(一)校本课程体系开发的理论研究

本章通过查阅文献，了解校本课程的内涵、作用、开发与实施等内容，了解三级课程在学校发展中的具体实施情况，发现学校课程实施中存在的问题与障碍，以及学校解决这些问题的具体策略，为开展实践研究做准备。

(二)校本课程体系建设实践的探索过程分析

本章分析实践探索过程中存在的问题及解决对策，研究从实践活动课程到校本课程再到校本课程体系是如何建构的。

(三)实践研究的总结与反思

本章站在理论的高度，总结学校校本课程实施的过程与经验，研究校本课程体系在学校课程发展和学生发展中的实际意义，以及在学校课程体系中融合国家课程、地方课程的具体路径。

四、研究思路与方法 ▸▸▸▸▸▸▸

(一)研究思路

本章的研究主要从如下思路来推进。

首先，从理论层面进行关于"活力"教育和校本课程开发的理论研究，并对相关的概念进行科学的界定，力求确立本章研究的理论依据。

其次，对学校现有的校本课程方案及实施情况进行深入的调查研究，充分了解情况，发现问题，并进行成因分析。

最后，结合存在的问题及成因，提出构建"活力"校本课程体系的针对性和可行性。

(二)研究方法

本章主要采用文献研究法、问卷调查法、访谈调查法，并结合具体的实践经验做法进行较为系统的研究分析。

1. 文献研究法

本章对现有的相关资料进行收集、分析和研究。一是收集关于校本课程的研究资料，了解目前校本课程研究的相关理论和研究现状；二是收集关于活力教育、活力课程的相关研究资料，学习已有的活力课程开发的经验。在学习这两方面资料的基础上，结合学校实际情况，拟定开发适合学生发展的校本课程的框架。

2. 问卷调查法

一是设计问卷，对学校师生进行调查，了解师生对校本课程的需求，力求将校本课程的开发建立在实际需求之上。二是在学习相关理论和了解师生实际需求的基础上，制订校本课程实施方案和计划，并从学习力、创新力、实践力、运动力、习惯力、适应力、驱动力、情绪力、协作力等方面制定调查问卷，对学生分阶段进行问卷调查，了解"活力"校本课程实施的情况，发现实施中存在的问题，及时调整。三是对相关家长进行"活力"校本课程实施满意度的调查，了解家长对校本课程的满意度。

3. 访谈调查法

为了对问卷数据进行验证，也为了获取更为真实鲜活、有深度的材料，本章在问卷调查的基础上，有针对性地对一部分学生和教师进行访谈，以便及时调整课程实施计划和方案，逐步完善学校校本课程体系。

（三）研究的技术路线

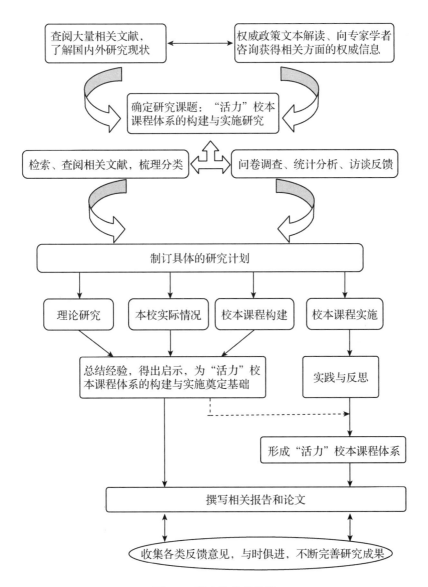

图 7-2 研究的技术路线

第三节

"活力"校本课程体系构建的实践与成效

一、"活力"校本课程体系的构建 >>>>>>>

经过三年的研究与探索，我们初步完成对"活力"校本课程体系的构建，形成了一个初具模型的特色课程，涵盖"三维、五领域"的基本结构，囊括了 60 余门校本课程，并初步展现了学校对校本课程建设与发展的基本理念和基本价值追求。

在为期三年的课题研究过程中，学校以课题实施为主要渠道，聚焦"活力"校本课程体系的构建，以研促建，以建助研。在推进课题研究不断深入开展的过程中，学校逐步构建校本课程体系，确立了"一核、三维、六力"的课程逻辑。

"一核"即活力和活力教育，是基于教育情境中"活力"内涵而形成的"活力教育"理念，并在这一理念的统摄下形成"培养爱健康、能作为、有涵养的活力少年"的目标。简言之，"活力"就是具有旺盛的生命力；而"活力教育"就是主张以教育者的生命活力去影响和造就具有旺盛生命力的受教育者，从而使教育教学过程充满生机与活力。具体而言，就是要从生活活力的整体视角调动和激发学生和教师的活力，利用校内外环境的活力激活学校发展的活力，促进学校提质提效，蓬勃发展。

"三维"是指健康、作为、涵养。"健康"是指身体的强健和心理的阳光，具有充沛的体力和强大的心理承受与调适能力。"作为"是做成事和取得效果。对于小学生而言，主要是在知识和技能的学习以及社会实践上有良好的表现，培养较高的认知和实践能力。"涵养"是指道德品质的纯正和趣味的高雅，即在道德选择和审美取向上具有正确的表现。

"六力"是指体力、心力、求知力、行动力、价值力、审美力。体力，是指身体的体能情况，即体能是否充沛；心力，是指心理承受与调适的能力，即心理是否健康；求知力，是指学习和认知的状况，即学习能力是否较强；行动力，是指做成事的能力，即运用知识解决问题、参与社会实践的基本能力；价值力，是指对是非善恶的判断和选择能力；审美力，是指对美欣赏和创造的能力。其中，体力和心力是对"爱健康"的具体实现；求知力、行动力是对"能作为"的具体支撑；价值力、审美力是对"有涵养"的具体落实。

"一核、三维、六力"的逻辑结构，体现了学校多年来对"活力教育"的思考和实践总结，体现了我们对"活力教育"要培养什么样的学生的基本看法，因而也自然成为全校教育教学的内在依据，成为构建学校课程体系的核心依据。

依据上述"一核、三维、六力"的基本逻辑，我们构建了"活力课程结构"，涵盖横向五大领域、纵向三个层次。具体情况如下。

五大领域包括语言与阅读、优秀传统文化、科技创新、健康、品行五大课程群。其中，语言与阅读、科技创新两大课程群从语言、阅读、科技、创造的角度开设了多门课程，包括语文、英语、双语阅读、零点创新等，主要指向的是求知力和行动力的培养；优秀传统文化课程群从国艺的角度开设了多门课程，包括京剧、剪纸、书法、陶艺等，主要指向的是审美力的培养；健康课程群从身体、心理健康的角度开设了多门课程，包括体育、足球、积极心理学等，主要指向的是体力和心力的培养；品行课程群主要从爱国敦品、节气节日、习惯养成、研学实践等角度开设了多门课程，包括国旗下课程、研学游课程、入学毕业课程、多彩访学等，主要指向的是价值力的培养。

三大层次主要是指国家课程校本化实施课程、精品校本课程与俱乐部课程。第一层次，即国家课程校本化实施课程主要是从学科延伸出来的课程，包括整本书阅读、足球等；第二层次，即精品校本课程是根据学校自身情况整合与独创的五门精品课程，主要以学科融合的形式开设课程；第三层次，即俱乐部课程主要是对精品课程进行更深层次的拓展，最终构建横纵交叉的课程结构。

此外，我们还积极建立课程管理、实施与评价的基本办法。首先，建立了三级课程管理体系，由校长—教学主任—教研组组长统筹领导、分级管理，负责课程内容选择、课程资源开发、课程实施推进、课时管理等。其次，由教研组组长带领各学科骨干教师组建学科教研组，按照课时计划实施课程，在实施过程中根据实际情况及时调整。最后，探索充满活力的综合素质评价新方式，以师评、互评、自评为主要方法全面展开评价。

二、特色校本课程的开发与实施 >>>>>>>

除了构建"活力"课程体系之外，学校还遴选了一批课程，作为代表性课程进行试验性实施。三年的实践证明，这些特色校本课程取得了较大的成功。

(一)"活力双语阅读"课程

"活力双语阅读"课程的主要形式是语文和英语使用同一本绘本读物来授课。绘本类型为"小说"和"非小说"两类，涉及童话故事、科普小文、生活攻略等，题材丰富，内容有趣。各年级每周开设一个课时的双语阅读课，"小说"和"非小说"相结合交替进行，学习内容由易到难。语文教师和英语教师共同指导学生阅读一本书，授课形式可采用英文一节、中文一节，也可以采用语文教师和英语教师共同授课。教师在授课过程中从多角度发掘文本，注重思想性和人文性。教师在课堂实施过程中采取课上导读加课后精读的方式，让学生分组阅读，以游戏活动、读书沙龙的形式进行分享；教师以动画、影视作品的形式引入，并充分使用情境教学法。

经过几年的实施，课程取得了良好的教学效果。学生不仅在"双语"的对照和碰撞中激发了对语言学习的兴趣，提升了对阅读的认知，同时也领略不同文化、不同学科的魅力。在这个过程中，学生的语言和阅读水平得到了提升，进而进一步发展了自身的求知力，从而为未来的语言与阅读发展奠定了更为扎实的基础。

(二)"活力中华"课程

"活力中华"课程将美术、武术、综合实践等科目融合起来，包括中华武术、书法、面塑、剪纸、陶艺、中国结、风筝、秸秆等学习内容。根据课程内容，可以由各个学科的教师单独授课，也可以由多名具有不同学科背景的教师联合授课。学生通过学习"活力中华"校本课程，可以强身健体，实现精、气、神的完美结合；感知中华优秀传统文化的魅力，养成良好的审美习惯和礼仪习惯；探寻优秀传统文化与当代社会的适应性，将优秀传统文化与现实生活相结合，极大提升了文化素养。

该课程的成功实施，对学生行动力、审美力的发展起到了良好的推动作用。诸如书法、剪纸之类的传统国艺，不仅是一门优美的艺术，而且是一个具有浓厚生活气息的文化门类。学生通过学习，不仅提升了对笔画、色彩、结构等美感的认知，培养了审美能力，而且增强了动手能力，体会到了艺术、技艺与生活的密切联系，也发展了自身的行动力与创造力。

(三)"零点创新"课程

根据学生的年龄特点及认知水平，"零点创新"课程包括三部分：创新启蒙、创意乐高和创客艺术家。一、二年级开设"创新启蒙"课程，每周一课时。该课程通过科学实验快速提升学生的动手能力、专注力、观察力、自信力、表达能力和组织能力等，全面提升学生的科学素养。三年级开设"创意乐高"课程，实行"两节联排"(90分钟)大课堂和隔周上一次的形式。课程实施以乐高为载体，采用乐高4C教学法，进一步发展学生的想象力和动手能力。四到六年级开设"创客艺术家"课程，同样采用了"两节联排"(90分钟)大课堂和隔周上一次的形式。该课程以 Hooyah 与 Bizbiz 两个动漫人物的探险历程为主题，涵盖电子技术、计算机、数学、物理、艺术等学科知识，带领学生开始一场由科技引领的探索大冒险，借助 mBlock 趣味编程，最终让学生感受到动手创造的快乐。

"零点创新"课程，是贯穿小学不同学段的一次科技探索之旅。通过观察、动手、生成、创造，学生在这一精品课程中，不仅学会了思考与分析，而且初步学习了创新与制作，并且了解了科技发展的前沿成果与最新应用。其求知力和行动力得到了激发与培养。

三、学校课程建设取得的成效 >>>>>>>

(一)提升了学生的多维能力与核心素养

"活力"校本课程体系中的课程从关注知识点的落实转向关注素养的

养成，从关注教师"教什么"转向学生"获得什么"，逐步向"培养爱健康、能作为、有涵养的活力少年"的育人目标靠近。换言之，"活力"课程的成功试验，绝不只是着眼于知识与能力，而是力图从生命活力的高度去推动学生全面立体的发展，进而在核心素养上得到有效的提升。

为此，学校将课程目标与育人目标、素养领域与核心素养进行高度关联，在国家提出的文化基础、自主发展、社会参与三个方面以及人文底蕴、科学精神、学会学习、健康生活、责任担当、实践创新六大素养的基础上，结合育人的目标和特点，创造性地提出了"活力少年"学生发展核心素养体系(见表7-1)，并将此作为整个课程体系构建的价值导向，真正让课程为育人服务、为丰实生命服务。

表7-1 "活力少年"学生发展核心素养体系

"活力少年"学生发展核心素养领域	"活力少年"学生发展素养指标	重点培养的中国学生发展核心素养
爱健康	体力、心力	健康生活
能作为	求知力、行动力	学会学习、人文底蕴、科学精神、实践创新
有涵养	价值力、审美力	人文底蕴、责任担当

"活力少年"学生发展核心素养体系不仅与国家提出的人文底蕴、科学精神、学会学习、健康生活、责任担当、实践创新六大素养进行了对接，还丰富了其塑造的多种形态和多条路径，实现了核心素养的交叉式、螺旋式上升的培育。

(二)提升了教师的课程开发、构建与实施的基本素养

教师作为课程的实施主体，对核心素养导向的新课程理念的落实与提升学校育人水平承担着重要的责任和使命。在开展课题研究和构建"活力"校本课程体系的过程中，教师的综合能力也得到了发展。

首先是教育教学能力。"活力"校本课程体系中的精品课程和俱乐部课程有别于传统的国家课程，对教师的教育教学能力提出了新的要求。在实施这些课程的过程中，教师不断更新教学理念，优化教学方法，提升教学策略，总结教学经验，极大提升了教育教学能力。

其次是课程开发能力。学校成立了由骨干教师组成的课程研发小组，

让教师打破学科壁垒，组成了校本课程教研组，如"活力中华"课程组由美术、综合实践、武术等学科教师组成；"零点创新"课程组由数学、信息技术、综合实践、科学教师组成；"活力双语阅读"课程组由语文、英语教师组成。研发组的教师在前期选定教材，进行教学设计，开展课程实施，在课程实施之后及时修改教学设计，总结课程经验，丰富完善课程资源，逐步推动课程研发成果在学校内全面推行。这样教师课程开发的能力得到了提升。

最后是教育科研能力。开展科研是对教学实践的提炼、梳理和总结。在学校全力构建"活力"校本课程体系的过程中，教师及时总结课程实施的实践经验，撰写相关论文、案例，申报和本学科课程实施相关的各级各类课题，积极开展科研，在收获相关科研成果的同时，科研能力得到了很大的发展。

（三）提高了学校课程建设的质量，凸显了办学特色

学校一方面完善"活力"校本课程的建设，另一方面及时总结课程建设的阶段性成果，并对成果进行宣传和推广。课程建设的三年来，校内共接受了云南、安徽、湖北、湖南、河南、河北、海南、山西等各地10余个国培计划观摩团到校观摩交流校本课程建设成果，极大地推广了课程建设成果，扩大了学校课程建设的影响力。同时，学校将课程体系建设和北京市综合实践活动课程项目、海淀区"新优质学校"建设项目、海淀区"绿色成长"学科德育项目、海淀区"中小学生科学素养提升"项目等相结合，在承担、参与各级各类教育教学研讨交流会时，通过研究课、汇报、交流等多种方式，充分展示课程建设成果。

学校在成立之初，根据办学实际提出了"活力"文化，提出"为今天更为明天"的办学理念，提出"培养爱健康、能作为、有涵养的活力少年"的育人目标，秉承"润泽于心，砥砺以行"的校训，确立"创办一所勇于探索、充满活力的优质小学"的办学目标。而"活力"课程体系的建设就是对文化的落地生根，是对文化具体的落实和实践，是学校办学特色的重要组成部分。学校通过课程体系的开发和实施激发师生的生命潜能，打造富有个性特色的教育品牌。

（四）积累了学校课程建设的宝贵经验

在"活力"校本课程体系的构建与实践过程中，学校参与课题的教师对校本课程建设的方向、思路、方法、途径等问题进行了系统而深入的思考，从而形成了具有学校特色的经验总结。

1. 三层要素的统一：校本课程体系如何构建

构建校本课程体系，应当考虑三层要素的统一：理念层、内容层和操作层的科学有机统一。只有将这三个层面的因素进行科学合理的梳理和分析，并在此前提和基础上进行构建，才能确保整个校本课程体系的科学性、系统性和可实现性。

（1）理念层：办学理念、育人目标决定课程目标

校本课程体系应该如何构建，应该先从理念层面来进行分析和审视。应当以什么样的课程理念来统领和指导校本课程体系建设？应该确定什么样的课程目标？什么样的课程体系是具有学校特色的？这些问题都是在校本课程体系建设开始时就要认真思考的。如果这些问题没有分析明白、确定清晰，那么在后续的课程构建过程中必然会出现实际的操作性困难。因此，课程体系构建，应该先围绕学校的办学理念和育人目标来展开分析，将办学理念和育人目标作为确定课程理念和课程目标的重要依据。学校在"活力文化"教育思想的引领下，将课程理念确定为"活力"校本课程。同时，紧扣"培养爱健康、能作为、有涵养的活力少年"的育人目标，构建了"行为活力""认知活力""思想活力"三大课程群，依次与活力的三个维度相对应。课程理念和课程目标确定下来了，后期具体的课程构建和实施也就有了标准和依据，如同有了灵魂和方向，因此也就不会出现太大的偏差。

（2）内容层：知识构建要遵循合法性与合理性

理念层面确定以后，校本课程体系的构建就需要考虑课程内容层面的问题了。在课程知识内容的构建过程中，我们面临的问题很多时候并不是课程资源太少的问题，而是可选择的课程内容太多的难题。课程研发者有自己的特长与喜好，而学生也会有各种不同的需求和爱好。如何选好课程、选哪些课程，这是课题组成员面临的第二个迫切需要解决的问题。在相关课程专家的指导下，经过我们的多次沟通和不懈努力，最终确定以下两条基本原则：一是要遵循国家政策。即按照《国家中长期教

育改革和发展规划纲要(2010—2020年)》《北京市中小学培育和践行社会主义核心价值观实施意见》《北京市实施教育部〈义务教育课程设置实验方案〉的课程计划(修订)》《海淀区义务教育课程设置实验方案》等文件精神的要求，与义务教育中长期发展规划目标相一致。二是要考虑学生的需求和教学的便利。充分征求学生的意见，尊重学生的课程需求，使校本课程体系建设充分体现"以学生为本"的特点。同时还应考虑教学的便利，先选择条件成熟、方便教育教学、转化性高的课程资源进行构建，科学规划、稳步实施；其他不具备构建和开发条件的课程可在条件成熟后再有序推进。

(3)操作层：课时、师资、教学资源条件的现实考量

操作层面也是建构校本课程体系需要认真考虑的重要因素，否则即便构建出比较完整的课程体系，最终也会因无法实施而沦为空谈。学校当前的教学条件如何，是决定今后一段时间内学校研发和开设多少门校本课程的现实因素。首先，学校现有的课时问题，就是应当考虑的重要方面，它对于校本课程的具体数量问题有很大的影响。如果现有的课程已经排得非常满，无法腾出多余的课时来增加新的校本课程，那么就需要考虑是否应该对现有的一些课程进行重新整合，或者重新审视增设和构建新的校本课程的必要性。如果还有一些课时可以利用，那么就需要考虑如何更加科学有效地构建新课程建，以确保课时的利用率。其次，学校的师资也是需要考虑的现实问题。如果现有的师资在构建校本课程体系方面有足够的优势，那么无论是课程体系构建、开发，还是后期的课程实施，都会获得快速推进，也会取得良好的效果。但大多数情况下却会面临参与课程建设的教师的总体课程意识不强、课程认识不足、课程内容不擅长以及课程实施操作性不强等种种问题，这时候就需要充分考虑到学校师资的具体情况，切勿盲目求全、求大、求快。另外，教学资源也是需要考虑的另外一个因素。在校本课程体系的构建过程中，我们应充分梳理、分析学校的教学资源，尽量先围绕现有的教学资源进行构建和实施。如果一些确实非常急需而迫切的课程存在资源匮乏的问题，可以考虑借助学校周围的教学资源，如高校、专家资源等，同时也可与校外专业的课程建设团队进行合作等。

2. 在困难中聚能：校本课程如何开发和实施

将校本课程体系初步构建好后，接下来就是校本课程的具体开发和

实施过程。而不同于校本课程体系构建偏重理论构建的特点，校本课程的开发和实施涉及的都是在非常具体的操作性问题，因此会遇到各种各样的实际困难。我们坚持在困难中聚能，扎实推进每一项具体工作，并在此基础上总结出一些成功的经验。

（1）从无到有：引进与创构并举，引进大于创构

研发一门新的校本课程，都会经历一个从无到有的过程。万事开头难，而对于那些没有任何课程研发经验的教师，这种工作更是难上加难。因为大家无一例外都是科任教师，都有着自己应该承担的课程教学任务。在完成自己原有教学任务的基础上再进行课程研发，时间和精力对于大家都是一种考验。而且很多教师还有着其他的教育教学任务，如学校德育工作、班主任工作等。在这种情况下，我们总结出一套"引进与创构并举，引进大于创构"的方法。所谓"引进"，主要是指引进成熟的课程资源。如果参与课程开发的教师通过认真全面的分析与考量，一致认为有比较完善成熟的课程资源，那么也可以直接引进实施。我们通过借鉴一些成功的课程研发经验，引进校外优秀的课程资源，可以大大缩短课程研发的时间，同时又能保证课程实施的质量，还可以得到一些校外课程专业团队的科学指导。这在课程研发的前期尤其是刚刚开始的时候是十分必要的，而且也避免了因学校师资问题而存在的一些短板。如在我们的"零点创新"课程中，三年级的"创意乐高"课程，就是以乐高为载体，采用乐高4C教学法。这种引进方式受到了师生的一致欢迎，也取得了良好的效果。

（2）从一到多：整合与构建同行，整合大于构建

研发校本课程是一个非常困难的过程，这既需要参与研发的教师有着非常科学完善的课程观念和课程意识，同时还必须具有非常丰富的专业知识。只有这样才能确保校本课程的科学性、准确性与专业性。对于大多数教师来讲，校本课程所涉及的专业往往都是自己比较感兴趣的一个领域。但兴趣并不等于专业，要想将校本课程研发和实施好，就必须通过自己的不断学习，逐渐将自己的知识储备、专业认知和教学能力与课程的要求进行合理匹配，这样才能取得良好的效果。但学习的过程并不是一蹴而就的，因此我们认为课程开发应该坚持"从一到多"的原则，即"整合与构建同行，整合大于构建"的方法，先从最初的一门校本课程或其中的一个部分做起，然后再逐渐整合其他的课程资源，不断丰富课

程内容，使其更加成熟和完善。在这个过程中，我们也可以同时构建其他的校本课程，但鉴于如课时、师资等各种现实性的问题，应该坚持"整合大于构建"的理念，使校本课程研发和实施工作得到稳步有序的推进。如学校的"活力中华"课程，研发初期仅仅只有"中华武术"课程，后来在此基础上不断整合书法、面塑、剪纸、陶艺、中国结、风筝、秸秆造型等课程，使"活力中华"课程内容更加丰富完善。学生通过学习习得了良好的礼仪风范、高雅的情趣、坚忍的意志、高远的追求，增强了民族自尊心、自信心、自豪感。大家纷纷表示越来越喜欢这门课程。

（3）从弱到强：合作与独创并重，合作大于独创

校本课程开发与实施也是一个"从弱到强"的过程。由于专业知识和开发经验等的不足，教师在开发初期经常会面临课程目标不明确、课程内容不完整、课程特色不突出、课程效果不明显等问题，也会出现从"信心满满"到"心有余而力不足"的心理变化。经过分析后我们发现，这种情况大多是在教师单独开发和实施的过程中出现的。因此，我们总结出了"合作与独创并重，合作大于独创"的方法，即鼓励教师之间的合作与借力，积极进行不同课程之间的合作与互补，从而达到"1＋1＞2"的课程效果。当然，这并非是反对独创。我们一贯坚持"合作与独创并重"的理念，如果有非常好的独创课程，学校一定会从管理、人力、资源等多方面进行支持。但考虑到实际的操作性问题，循序渐进、合作共赢的方式可能更利于校本课程的开发与实施。例如，学校的"活力双语阅读"课程，其作为学校"活力"课程体系中认知活力课程群下的一门精品课程，从筹划到试验实施再到全面铺开实施，经历了两年多的时间。这是一门双语阅读课程，语文和英语使用同一本绘本读物来授课。本来，语文阅读和英语阅读是相对独立的两门课程，但效果并不是非常明显。后来，两门课程的教师进行了合作，由语文教师和英语教师共同指导学生阅读一本书。授课形式采用英文一节、中文一节，或由语文教师和英语教师共同授课。该课程实施四年来，取得了非常好的教学效果。

3. 在探索中把握课程核心：校本课程构建与实施的本质

校本课程构建与实施的过程，是一个不断探索的过程。而我们对于校本课程的认识，也经历了一个由理论到实践、由不知到知、由知之不多到知之较多的过程。这也帮助我们较为深入地把握校本课程构建与实施的本质，整体工作也打开了一个新的局面。

（1）不只是执行课程，更是创造课程

在校本课程构建与实施工作开始之前，教师大多是严格执行国家课程和地方课程规定的范围和内容。对于学校的课程文化建设来讲，教师虽然没有太多的自主权，但因为国家课程和地方课程都是非常成熟完善的课程体系，所以有章可循、有迹可依，大家可以不用考虑课程目标是否科学、课程标准是否规范、课程内容是否丰富完整等。但从学校推进校本课程的构建与实施工作开始，教师就必须对课程建设的各方面内容进行学习，从而使自身的课程意识、课程知识、开发与实施能力等与工作需求相匹配。这是一个从无到有的创造过程，即便开始的时候会面临各种难题，但却迈出了从被动执行到主动创造的关键一步，极大地调动了教师开发校本课程的积极性。有些教师以前只关注自己所担任学科的具体教学工作，对于课程的认识不清晰、不完整。承担起校本课程的构建和实施任务后，他们就通过各种培训、学习方式来提升对这方面的理解与认识，如专家培训、专题研讨、集中学习等，课程意识和课程认知水平得到了极大的提升。当然，创造课程的过程并非是一帆风顺的，中间曾出现过多次曲折和反复。但由于每一门课程的最终构建和实施都是教师辛勤摸索、不断调整的结果，渗透着大家的滴滴汗水，因此也极大地提高了教师的自信心和认同感。

（2）不只是面对理论课程，而且要将其变为现实课程

在校本课程的构建与实施过程中，教师逐渐意识到，大家不仅在面对理论课程，而且要将理论上的一个知识体系，化为一门现实的课程，这就需要考虑方方面面的要素。首先，要考虑课程体系的规范性、科学性、系统性问题。构建一门校本课程，教师应该先要确保课程目标的科学性、课程标准的规范性，还要考虑构建的课程体系是否完整系统、内容是否丰富完善，这是必须要解决的理论前提性问题。其次，要考虑课程开发和实施者的能力问题。这种能力既包括相关教师对课程的认识和理解问题，还包括相关课程的专业知识储备、课程开发经验、教育教学经验等，甚至还包括师资的年龄特征、性格特点以及有无特殊个人情况等。再次，要考虑学校学生的基本特点和兴趣特长等。学生有没有特别强烈的课程需求，学生的行为习惯和学习习惯是否良好，学生群体整体的家庭成长环境如何，大家的兴趣特长主要偏重在哪些方面，这些问题都是在开发校本课程的过程中需要认真考虑的。另外，要考虑有哪些课

程资源可以利用。课程资源既包括校内课程资源，又包括校外课程资源。校内课程资源可以从学校的办学历史、办学特色、师生资源、物质环境资源等方面来分析；校外课程资源包括地域文化、周边高校资源、校外专家资源、专业课程团队、家长资源、社区资源等。最后，还需要考虑校本课程的实施问题。如课时安排、师资培训、修习方式、课程评价、师资保障、资源保障、课程管理等，这些问题都需要在课程构建和实施过程中思考清楚、安排妥当。

（3）不只是个人视角，还有校本视角

构建和实施校本课程的过程中，不应该仅仅只有个人视角，而且还应该具备校本视角。也就是说，教师不应只站在个人的、学科的视角，还要站在学校的视角来开发和实施校本课程。校本课程是由学校教师来开发和实施的，大家根据自己对于课程的理解和具体课程的认知来构建课程体系、完善课程内容。因此可以说，每一门校本课程都是从教师个人的角度出发来构建的，都或多或少带有一些开发者个人的色彩。虽然后期会经过专家的指导和其他教师的建议而进行调整，但校本课程的个人色彩很难完全去除掉。为了保证课程的专业性和规范性，教师都清醒地意识到，应从学科的视角来进行构建和开发，课程构建应符合学科自身的内在逻辑，能够反映和体现某一学科在小学阶段应该介绍给学生的内容。但仅有这些还不够，我们主张每一位教师还要站在学校的视角来开发和实施课程。首先，所构建和开发的校本课程应尽量围绕学校的办学理念和学校精神来展开。学校的一切教育教学工作都是围绕办学理念和学校精神来展开的，校本课程的构建和开发应突出"校本"二字，以体现学校的办学特色和独特品牌，因此也应该在办学理念和学校精神的指导下有序推进。其次，所构建和开发的校本课程应尽量符合学校整体的课程规划，应与其他校本课程共同形成一个统一的课程体系，是对学校特色课程体系的丰富和完善，而非是完全独立于课程体系之外。这样也有利于学校课程建设的整体规划、整体推进，实现课程资源之间的共享互补。最后，所构建和开发的校本课程应尽量考虑学校的整体规划。学校的教育教学资源在一定时期内是有限的，因此应科学合理安排校本课程开发的数量、时间和进度，从而保证学校整体教育教学工作的合理、有序、可持续开展。如果同一时期内集中开发多门校本课程会导致资源、经费、师资等出现问题的话，可根据学校整体规划进行适当调整。

四、总结与讨论 >>>>>>>

以上简单介绍了本章的研究成果，总结了我们在课题研究过程中的一些基本认识和心得体会。不管是"活力"校本课程体系的构建，还是若干个精品校本课程的开发与实施，都凝结了课题组成员对于如何在小学建设校本课程的实践总结和理论思考。当然，这其中还有很多问题有待进行分析和讨论。

（一）客观审视"活力"校本课程体系

本章的重要成果是以课题推动和教学实施的方式催生了一个初具模型的"活力"特色校本课程。客观而言，学校成立时间比较短，在校本课程方面的探索与开拓积淀不足，较为零散。正是在本章课题的推动下，专家、学校干部以及相关学科教师的三股力量得以整合起来，共同作用于校本课程的构建，在短期之内构建起这个"活力"校本课程体系来，并很好地引领和推动学校校本课程工作持续深入开展下去。当然，这一体系需要加以客观审视，总结其成功与不足之处。

1. 成功之处

总结起来，本章所构建的"活力"校本课程体系是一个逻辑清晰、特色鲜明并且具有实践支撑的校本课程体系。其成功之处至少体现在以下三点。

第一，该课程体系理念鲜明，很好地将学校的"活力教育"的办学理念贯彻其中。对"活力教育"理念的贯彻，不仅体现在课程体系的名称上，体现在课程类别的划分维度上，更体现在各门精品校本课程的开发与实施上。当我们选择课程名目与构建课程内容时，我们就是秉承着这样一个判断标准去做的：这样的课程是否能够激发学生的学习活力，这样的课程内容是否能够培养学生的多维活力。例如，"活力中华"课程为何在低年级选择"武术"的内容？这是因为"武术"是健身与文化的结合体，能够在更大程度上激发低年级学生的向上活力。

第二，该课程体系在课程结构上具有明显的特色，即将各个校本课程分为"三群五类"。"三群"是指行为活力、认知活力、思维活力三大课程群。如此分类，是为了与学校对"活力教育"的总体规划相对应，是将课程的内容建设与文化建设协调起来。"五类"是指语言与阅读、优秀传统文化、科技创新、健康、品行，以此来规划建设各门精品课程的具体内容。"三群五类"是尝试将"活力教育"理念与课程的知识结构统一起来，使学校的课程结构与内容彰显自身的特点。

第三，该课程体系在具体实施上有了较为扎实的支撑，即在课程管理、教学实施、课程评价上确立了配套的做法。例如，在课程管理上，由教学处负责课程的整体建设，同时从各个学科中遴选一批教师专门负责校本课程的探索与实施，并且整合专家资源和社会培训支撑校本课程的建设。在课程评价上，为学生搭建平台，让其予以展示，如国旗下讲话、校园各种比赛；对教师则鼓励和推荐教师上展示课，整理出版教师的教学成果集，以多种方式激发了师生参与校本教学的积极性。

2. 不足之处

当然，"活力"校本课程体系也有其明显的不足之处，在课程架构、课程类别和课程构成等层面均有需要改善的地方。

第一，在课程架构上，"三群"与"五类"还需要结合得更加紧密，使各个课程类别乃至于每一个具体的课程名目与"活力教育"的联系更加明显。值得追问的是，"行为活力""认知活力""思想活力"是否足以涵盖小学生的"活力结构"，这三者的具体内涵是什么，如何落实在具体课程内涵上。这需要我们深入思考，并且通过提炼课程类别名称来予以体现。例如，"活力中华"课程，这个名称略显机械和直白，并没有很好地将优秀传统文化课程如何激发小学生的活力体现出来，这是我们今后还需加强的。

第二，在课程类别上，目前的校本课程体系不管是在门类上还是在具体课程数量上，都略显单薄与不足。首先，特色校本课程的总数量有限。其次，重要门类上缺乏德育类的精品课程，体育类的课程也不够。从学校教育教学的实际来看，学校的德育活动是极为丰富多彩的，很多成系列、成体系的德育活动是具有成为校本课程的潜质的。因而，这个体系是亟须在课程门类和课程数量上加以补充的。

第三，在课程构成上，该体系还缺乏一个非常重要的部分，即国家课程的校本化内容。当前，学科课程是学校课程的主体部分，占据着大部分课时与资源。并且，校本课程的承担者也是各学科的教师。因而，校本课程体系的构建不仅不能绕开学科课程，而且要与学科课程的校本化内容紧密结合起来，这样才能获得更好的实施基础。例如，"活力双语阅读"课程如何与语文、外语结合起来，以获得更大的发展空间。从总体上看，学校在这一方面做的工作是非常不够的，这也成为制约"活力"校本课程体系扩大与完善的主要因素。

(二)总结反思首批精品课程

如上所述，本章的课题在实施过程中以"活力双语阅读""活力中华""零点创新"三门课程为试点，系统开展了课程的构建与实施工作。总的来说，这三门课程的开设是成功的，目前已成为学校的精品校本课程，受到了学生的欢迎和教师的认可。当然，这其中也存在问题，需要进行总结和反思。

1. 成功之处

这批课程的成功之处体现在以下三个方面。

第一，这批课程在内容上是具有独特性的，并非泛泛之选。例如，"活力双语阅读"课程，立足点是双语的对照阅读，由语文和英语学科教师共同承担；然后又聚焦于绘本，选择"小说"和"非小说"两类，涉及童话故事、科普小文、生活攻略等；另外，还从《大猫》《X 计划》《攀登英语系列》等分级读物和《布朗幼儿英语》《培生英语阅读》等其他优质绘本资源中选择课程内容。之所以进行这样一个内容设计，目的只有一个，就是构建具有本校特色、激发语言阅读活力的课程。本着这样的逻辑，尽管三门课程在大类上各所学校都有，但是经过构建，其具体实施内容却是本校独有，体现了学校的办学理念和育人追求。

第二，这批课程是符合生情，切实考虑学生所需的。例如，"零点创新"课程考虑了不同学段学生的实际需要：一、二年级开设"创新启蒙"课程，通过科学实验、DIY 手工制作小实验激发学生的兴趣；三、四年级开设"创意乐高"课程，提升学生的动手能力；五、六年级以学习初级编程为主，提升学生的创意水平。不同学段之间既有水平要求的梯度，也有内容主题的一致，体现了对课程统一性与适切性的双重考量。这是这批课程在构建与实施过程中孜孜以求的。

第三，这批课程在教学实施上是比较成功的，受到了学生的欢迎和教师的认可。首先，教师在执行上表现出了很大的热情，他们不断探索校本教学，在三门课上进行 30 余次的做课交流，发表了 10 多篇论文。

有些教师逐渐形成了颇具特色的教学风格，如徐子志老师对"整本书"阅读课堂的探索。其次，学生也表现出对这三门课的欢迎，他们不仅非常喜欢这些课，而且积极参加课后的俱乐部活动，并且在课本剧表演、创客比赛、文化活动展演中表现突出。

2. 不足之处

这批课程的不足之处体现在如下两个方面。

第一，课程内容的严谨性和系统性还需要提升。三门课程的构建，是从学校的"活力教育"理念出发，结合生情进行的，在内容的选择与组织上更注重考虑学生的兴趣和教学的便利，而在学理与逻辑方面则考量较少，因而在有些地方存在不够系统和严谨的地方。例如，"活力中华"这门课程，既包括武术、书法、面塑、陶艺、插花等国艺门类，也包括二十四节气、传统节日等民俗活动。虽然大类上都归属于优秀传统文化，但从科学的角度来说，它们还是略显单薄和杂乱，不能支撑"中华优秀传统文化"这个概念，缺失一些非常重要的元素，如国学经典、传统美德等。从这一点来说，这门课程的严谨性是有待提升的。

第二，课程在课堂教学上的探索还需要不断深入。目前三门课程的教学实施，总体上看还比较初级和稚嫩，学生的参与是体验性的，教师的引领是尝试性的。这种状况不能满足精品校本课程的要求。作为精品校本课程，它们不仅要在课程内容体系和教学资源上是完善的，而且在课堂教学上也应有更多的探索，尤其是要呈现校本课程与学科课程之间的区别，将"活力"课程理念与目标展现在课堂教学进程之中。

(三)梳理归纳校本课程的构建与实施

在"活力"校本课程体系的构建和实施过程中，有几个关键问题困扰着我们。经过了三年的实践、思考与研讨，如今我们对这些问题有了初步的认识，以下就此进行讨论。

1. 校本特色如何彰显

第一个核心问题就是如何彰显课程体系的校本特色。因为本章是构建"校本课程体系"，而非构建"学校课程体系"，是在开发和实施校本课程的基础上形成具有学校特色的校本课程体系。所以，该体系自然要展现校本特点，表明它是北京石油学院附属实验小学的校本课程体系，而不是其他学校的。如何才能做到这一点呢？我们认为以下三个要素是极为重要的。

第一，理念是源头，是体系的根基。这个"理念"是指学校的办学理念、育人目标，以及由此所决定的课程理念和课程目标。有些人在构建课程的时候，是从课程的内容开始，先有了"上什么课"的念头，然后再去安排这个课的各种要素。如果从这种思路出发，即使课程本身的学理逻辑被严格遵循，其校本特色可能也不容易彰显。其实，课程架构要从课程价值观开始，即先要有"为什么开这个课"的想法，判断清楚这个课程与学校发展的联系。学校在构建校本课程时，"活力"这个概念是我们的价值依据，"培养爱健康、能作为、有涵养的活力少年"是我们的育人目标。紧紧围绕这一理念，形成目前学校校本课程的总体风貌。

第二，生情是核心，是体系的依据。校本特色要彰显的是学校的特点，但学校是一个组织，本身没有意志，它的特点要先体现在学生群体的实际需求上。生情是学校办学的原点，是学校全部教育活动的出发点。因而，抓住了生情，摸清了学生对课程的具体需求，就能够彰显课程的校本特色。我们在构建"活力"校本课程体系时，秉承了这一原则，先针对学生和家长进行系统的调研，尤其是针对"校本课程是否能够满足需要""校本课程是否足够丰富"等问题进行调查和分析，然后据以确定课程的类别和名目。同时，课程在实施过程中也根据学生学习的情况不断进行调整。如"零点科技"课程三学段的内容就是根据不同年级学生的兴趣、学习能力、学习效果进行动态调整的。

第三，师情也是非常重要的参照因素。学校的特点不仅体现在学生群体上，还体现在教师群体上。教师的专业能力、个性、特长、参与热情等因素都是制约校本课程开发与实施的极为重要的因素。从某种意义上说，教师是校本构建的"天花板"。没有充分参照师情，那么不仅校本特色难以彰显，就是课程的实施都会难以顺利进行。而那些具有突出的专业本领和参与热情的教师，常常是校本特色最重要的生长点。例如，在学校"活力双语阅读"课程中，整本书阅读的部分就是由以徐子志为代表的几位语文教师支撑起来的。

综上可见，校本课程要彰显自身特色，关键是要从本校的办学理念出发，抓住学生的实际需求，发挥教师的所长。除了这三个因素之外，学校的办学历史、办学资源以及校园周边的人文特点等，也是可以加以充分利用的。

2. 实施困难如何破冰

第二个问题就是在课程的实施过程中，常常会遇到条件缺乏、无从下手的局面：或者缺意识，完全不知道课程从何做起；或者缺内容，不知道如何选择与构建课程内容；或者缺师资，学校没有能够承担相应课程的教师；或者缺课时，看似完全无法从课表中匀出课时；等等。简言之，课程实施缺乏必要条件，这时候如何开始，如何破冰而打开局面？

我们在构建"活力"校本课程体系以及实施首批校本课程的过程中也遇到过上述问题，也经历过迷茫、彷徨、探索与发现。根据我们粗浅的经验，也正如上文所陈述的，引进、整合与合作是初创者最应该注意的，是破冰的可行路径。在这里，我们对"整合"做一些补充。我们认为，在实施破冰过程中，整合可以从如下四个维度进行。

第一，可以在学科内部进行。所谓学科内部整合，是从学科内部创生校本课程，让学科来孕育校本课程。因为学科课程是学校最为成熟的课程体系，有现成的课程内容、教学方式与师资条件，我们只要从国家学科中进行校本化的构建，从本校生情出发，就能够比较容易开发一门校本课程，同时也比较容易推行下去。当然，学科内部整合要在校本的视角下进行，遵循校本课程构建的基本要求，而不能只是变成学科的补充。

第二，可以在学科间进行。学科间的整合，是力图在不同的学科间找到利于学生成长发展的一个共同点，然后基于校本需求予以构建。例如，学校的"活力双语阅读"课程就是以阅读这个基点，去整合语文和英语两个学科，从而诞生一个颇具特色的校本课程。学科之间的差异是巨大的，这是不同学科区别存在的理由。但是，有些学科仍然具有天然的联系，如语文与道德与法治、数学与科学等。这是我们寻找学科的共同落脚点时所要注意的。

第三，可以在课堂内外进行。课堂内外的整合，主要是指在校园之内将学生的社团活动与校本课程构建结合起来。众所周知，社团活动的实施比课程简单一些，因而很多学校往往有许多蓬勃开展的社团。其实，这些已经成熟开展的学生社团，往往是校本课程的生长点。因为它们已经具有一定的学生基础和实施经验，学校不妨抓住这一点，从此出发，将其构建成面向全体学生的校本课程。如此构建校本课程，就不会毫无依托，而且在实施上也能与社团呼应起来。

第四，可以在校内外进行。校内外的整合，是指依托校外的力量来构建适合本校需求的校本课程。校外的力量，既包括家长群体，也包括来自社区的相关机构单位以及各种专门的社会机构。例如，学校的"零点科技"课程，涉及比较专业的乐高、创客课程，我们就与专业的课程与资源公司合作，引入它们的课程，接受其培训，借助它们迅速构建起比较前沿的科技课程来。"它山之石，可以攻玉。"确实，在破冰阶段，我们需要有开放和宽广的心胸视野，广泛地整合各种社会力量，使之为我们所用，为我们指路，从而获得前进的方向和支持。

3. 科研与实践如何结合

三年来，随着本章课题研究的开展，学校的校本课程也不断深入发展，逐渐形成一定的体系结构，并且在具体实践中积累了初步的经验。可以说，课题研究是学校校本课程建设非常重要的一个推动力。那么，如何利用科研来推动校本课程建设？这是我们思考了三年的问题。对此，我们认为有以下三点可以分享出来。

第一，学术引领是本质。科研的本质，就是以学术研究的方式来认识和把握特定的问题。学校的教育教学是实践性的，尽管其具有深刻的学术渊源，但在操作层面却是按照常规的、经验性的方式在进行的。常规的、经验性的做事方式，有其实用性和现实意义，但有时会缺乏科学的理据，流于表面和肤浅。因而，用课题研究的方式，引入学术的视角，用科学的眼光去审视教育教学，就能够发现本质的问题。所以，包括校本课程开发在内的学校各项工作，非常需要学术的引领。学校的管理者和各学科教师要自觉地意识到这一点，并利用这一点开拓教育教学的新局面。

第二，尝试验证是过程。学校的课题研究，不是单纯的学术研究，而是指向实践改进的学术研究。学校的科研是与教育教学紧密结合在一起的科研。因而，在科研的学术推进过程中，我们要始终注意将学术见解、学术成果应用于教育教学中进行验证。例如，对于"活力"校本课程，我们以"活力双语阅读""活力中华""零点创新"三门课程为首批试点，在课程实施中不断观察和审视"活力"课程的理念与目标，并根据实验结构加以修正。

第三，总结反哺是关键。科研课题所带来的学术视角，能够从科学的、全局的角度帮助我们认识和把握当下教育教学的问题，能够在理论上指明我们前进的方向和所依循的路径。同时，我们通过验证性的实践能够对方向和路径有更加现实的理解。在此基础上，非常关键的一点是学校的管理者和教师要善于进行总结，将课题成果与实验认知运用到未来的教学管理之中，使其反哺学校的日常工作。科研课题与教育教学，要通过总结反哺这一关键环节紧密结合起来，避免两不相依的结果。

五、问题与反思 >>>>>>>

学校"活力"校本课程体系在全面实施、逐渐完善的过程中，取得了一定的成果，也存在着一些问题。存在的问题具体如下。

①课程开发主体比较单一。就目前课程开发的主体而言，课程开发权主要集中在课程研发小组，也就是教师手中。从顶层设计来说，缺少专家的指导；从底层实施来说，缺少学生学习效果的反馈。

②课程整合的科学性有待进一步论证。"活力"课程体系中，设置了精品融合课程，进行了学科本位的课程整合，但实施的过程中出现了一定的问题，如不同学科课程内容的选择和结合、课时的设置和调配等。所以课程整合的科学性和严谨性需进一步提升。

基于以上两个问题，在下一步的研究中，我们将从以下两个方面进行思考和改进。

①扩大课程开发的主体。借助课程专家的专业指导，关注学生学习过程中的体验和反馈，构建"专家—教师—学生"三个层次的课程开发主体，对现有课程进行深入开发和进一步调整。

②优化课程整合。继续开展课程整合，考虑从学科本位和学生本位分别出发，进一步明确整合理念，厘清整合目的，优化整合方式，关注整合效果，保证课程整合的科学性和严谨性。

第八章

小学综合实践活动课程与校本课程的整合 —— 中国人民大学附属中学朝阳学校小学部的探索

　　为了深化教育体制改革并全面落实《北京市中小学培育和践行社会主义核心价值观实施意见》《北京市教育委员会关于印发北京市基础教育部分学科教学改进意见的通知》的精神，结合北京市中小学教育领域的实际情况，将基础教育中存在的问题进行综合性的剖析并制定科学可行的解决方案，促使各区县与学校课程建设的自主权在教育领域中得到进一步的扩充，2015 年北京市制定了《北京市实施教育部〈义务教育课程设置实验方案〉的课程计划（修订）》。要有效地实施面向全市的全方位的课程改革方案，客观上需要不同地区、不同学校因地制宜、因校制宜。该文件提出要在课堂教学中采取科学的方式与手段将育人价值全面展现，充分体现义务教育培养目标、课程标准、教材与教学内容、课堂及教学评价的整体性与协调统一性，对学生在教育教学中的生命价值与意义给予高度的重视。该文件对于提升学校整体的教学水平、促进学生综合素质的发展等方面起到重要的推动作用。教育部出台的《中小学综合实践活动课程指导纲要》文件的精神也倡导各地要充分认识综合实践活动课程的重要意义，确保综合实践活动课程全面开设到位。国家要求组织教师认真学习该纲要，切实加强对综合实践活动课程的精心组织、整体设计和综合实施，不断提升课程实施水平。综合实践课程与校本课程的整合可以摒弃传统的教育模式，让每一名学生能够充分发掘自己的兴趣爱好，使学生深入了解社会和自我潜能，从而能够适应环境变化带来的影响，了解社会生活和社会环境，增长应对社会环境所需的知识，增强适应现代化社会生活的能力。

北京市朝阳区教育研究中心针对该区域教育教学的实际需求，颁布了《朝阳区小学综合实践活动教师指导手册》和《朝阳区小学综合实践活动学生手册》。倘若将综合实践活动课程在学校层面上进行整体设计和全面实施，还需要学校的整体规划，以及教师全面结合学校、学生的情况实施校本化。这就要求教师具有较强的自主开发课程的专业理念和科学意识，并且调整综合实践课程的实施过程，这实际上也是有效开展小学综合实践活动课程的困难之处。大部分学校对综合实践课程在具体实施中缺少科学整体的架构，未能够有效地发挥此门课程的特色与价值。因此，中国人民大学附属中学朝阳学校小学部将大量的精力投入综合实践活动课程与校本课程整合的策略研究，确保该课程真正落地。这一研究以学校小学部的综合实践活动课程与其他校本课程进行整合的策略和途径为切入点，对课程实施中具体问题的原因进行深层分析并提出科学可行的解决策略，促使小学综合实践活动课程的整体质量进一步提升，确保综合实践活动课程在学校能够全面开展并发挥其真正的价值。

该学校是北京市一所公立学校，由小、中、高三个阶段构成；学校在发展中全面展现出"一校三址"的独特格局。在北京市朝阳区加速整合优质教育资源实施素质教育的背景下，教育已由规模发展转入内涵发展轨迹，每一所学校都在努力寻求各自内涵式发展的道路。如何通过一种可持续教育培养出具有可持续发展的人才，成为我们深入思考的问题。作为北京市朝阳区的优质资源引进校，学校在建校伊始，便不断探索、寻求学校的内涵式发展之路。随着几年来的不断发展，学校已经形成"共生"文化以及稳定进取的教师队伍。课程是教育改革的核心，是一所学校的核心竞争力，是学校为学生发展所做的规划蓝图。对于学生而言，课程是他们成长的阶梯，是孕育能力的沃土。

第一节

综合实践活动课程与校本课程整合的理念与原则

在学校小学部育人总目标的统领下，我们依据既定的课程目标，对相关的课程进行整合，制定了学校的课程实施方案，重点梳理了学校课程结构体系及课程实施的具体情况，为此结合相关的理论进行"基础—拓展—实践类课程"的有效创建与实施。三层级课程在具体实施中是层层递进的，且与学生的认知发展规律全面吻合。

同时，综合实践类课程是新课程改革中的一个重要领域。此课程的科学实施能够全面满足师生在教育教学中的实质性需求，对于学校整体课程体系的教育效果起到良好的提升作用。因此，具体研究中详细制定此课程的理念和原则、目标、内容、实施方式和评价等方面，使得综合实践课程校本化，最终切实惠及学校、教师和学生。

一、综合实践活动课程与校本课程整合的基本理念

综合实践活动课程是以学生在教育中获得直接经验、感受实际生活与社会生活等方面为主导，将相关知识与实际需求相结合并予以综合运用，有效地弥补基础教育课程与学生实际生活和社会相脱离的情况。这是该课程的核心价值，它能够指导学生在生活中结合自身的实际需求构建知识，促使自我、社会以及自然之间在社会中和谐有序的发展。

要把综合实践活动课程科学、合理、有序地进行校本化实施，就需要我们能够找准综合实践活动课程与校本课程整合的核心理念。综合实践活动课程与校本课程相统整，应遵循以下重要的育人思想：全

方位地展现出人的发展的课程价值取向、构建人文与科学有机融合的文化课程、将课程与生活实际相结合的课程观、利用综合取向有效地展现出课程观、通过具体实践展现出课程的实施观、将民主化全面落实的课程政策观。①

根据以上的理论观点，同时结合综合实践活动课程本身的性质，我们可以找到两者的结合点：综合实践活动课程与校本课程的结合不是仅仅将所有的活动或课程进行累加，而是要根据培养学生能力的需要来进行设置，方可以体现综合实践活动课程的实质。为此我们在整合综合实践活动课程与校本课程的过程中应注重四个方面：①扎实推进综合实践活动课程；②将其他国家课程的学科实践活动内容系列化；③将学校拓展课程中的实践活动部分进行合理化设计；④合理打造主题实践课程。学校小学部将从以上四个维度来整合综合实践活动课程与校本课程，最终实现综合实践活动课程的校本化实施。

二、综合实践活动课程与校本课程整合的原则 >>>>>>>>

在整体规划学校的综合实践活动课程时，我们遵循整体性、实效性、发展性和差异性原则，并着重把握几个基本点：将综合实践活动课程是国家课程扎实推进和实施，立足于创造性实施；兼顾到学生、学科、学校和社会发展的关系，立足于统整思考；正确处理学校综合实践活动课程建设与学生发展的关系，立足于课程奠基；统筹好学生综合发展与个性发展之间的联系，以综合实践活动课程具体实施中课程内容的多元化为核心。

（一）整体性原则

整体性原则要求对有效培养学生的综合素养进行全方位的思考，将课程、教材资源和教育教学等综合统筹考虑，针对具体需求将课程内容整体安排与实施，通过统一的目标，在具体的层次标准中，使各个环节相互促进，共同形成一个有机的整体并发挥其实质性的作用。

---

① 靳玉乐：《新课程改革的理念与创新》，27～36页，北京，人民教育出版社，2003。

(二)实效性原则

实效性原则要求根据学生的生理、心理特点，制定科学有效的实践课程方案，激发学生的学习兴趣，减轻学生过重的课业负担，切实发展学生的全面能力和素养。

(三)发展性原则

发展性原则要求结合学生自身发展方面的实际情况，对学生在综合实践方面的基础知识的学习给予全面保障，并且对学生在不同基础上个性发展方面的需求给予全面满足。

(四)差异性原则

差异性原则要求针对每一个层次学生在学习中的实际需要进行综合实践活动课程内容的有效设计，确保每一个层次的课程实践内容和相关的规范要求具有一定的差异性。

三、综合实践活动课程的目标 >>>>>>>

针对新一轮课程改革实施的实际情况，以"尊重个性、挖掘潜力"为核心办学理念，学校小学部提出了融合多维目标，进行综合实践，注重经历体验，建立学校、家庭、社会三位一体教育模式的综合实践活动课程理念。

具体目标为：在实践过程中，注重让学生自己去探索、去实践、去总结、去反思，锻炼学生的自制能力、策划能力、思考能力、交流能力、社交能力、研究能力、自我管理能力，获得真实的成长。

(一)丰富学生的实践经验

实践性和经验性是综合实践活动课程的主要特征。因此我们需要通过设计丰富的实践活动，在活动中使学生能够形成对自我、对自然、对社会的认知与体验，最终丰富学生在实践方面的专业知识与经验。学生在实践中，锻炼自己的观察力、想象力，并且通过汇报交流展示自己的研究成果，充分培养了社交能力。

(二)促进学生的个性发展

与其他学科不同的是，综合实践活动课程为学生的身心发展提供有趣的活动形式与课程内容，使学生在积极主动的参与中收获知识、提高技能，同时在活动的表现中彰显独特的个性。综合实践活动课程是源于生活的课程，让学生能够从生活中发现问题，并且在探究原因后，科学地找到解决问题的方法。由于每名学生的成长经历不同，他们在解决问题的思路和方式上也不同，为此可以最大限度地促进学生个性的养成。

第二节

综合实践活动课程与校本课程整合的内容与途径

　　学校小学部综合实践活动课程的校本化实施，主要从以下四个层面设计：注重综合实践活动课程的扎实推进、国家课程的其他学科实践活动内容系列化实施、学校拓展课程中实践活动部分的合理化设计和主题实践课程的精彩打造。学校小学部从以上四个维度来进行综合实践活动课程校本化实施的途径研究，并确立了"基础类课程""拓展类课程"和"实践类课程"的三大类课程体系，涵盖了"人文社会""自然科学""身心健康"和"艺术审美"四大领域，如图 8-1 所示。

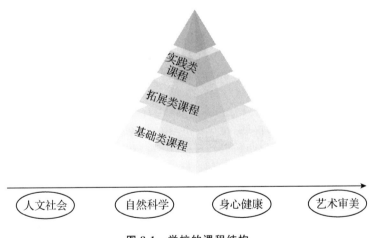

图 8-1　学校的课程结构

一、扎实推进综合实践活动课程 >>>>>>>

综合实践活动课程是国家课程，确保每一节综合实践活动课的扎实推进是在具体学校情境中实施综合实践活动课程的关键方式。因该课程在教育领域中尚未设置统一的国家正式出版的教材，因此在各所学校的实施上也不尽相同。学校小学部在三到六年级开设系列主题课程，同时通过校本教研使任教综合实践活动课的教师能够对于课程内容的准确度把握到位，不会出现教学上的偏差，以免因个人教学经验的差异导致教学差异。

对于综合实践活动课程实施，我们采取循序渐进的原则，要先关注每个年级每个学期的第一个主题，因为它是整个综合实践活动课程的定位。三到六年级做到关注学生不同的能力，并且通过不同的组织形式实施。我们通过教研对综合实践活动课程的不同课型进行研究：问题解决式、探究式、体验式、观摩式、服务式等，尝试设计出不同综合实践活动课程类型的课例。

二、将国家课程的其他学科实践活动内容系列化 >>>>>>>

我们通过设计其他科目中的学科实践活动，对学生的学科实践、思考分析、实践与积累、互动交流以及学科素养表述等综合能力进行全面培养。

（一）建立各学科实践能力培养的指标体系

根据国家课程标准，根据教材和学情，综合实践活动课程骨干教师团队组织全校各学科教师精读课程标准，将国家课程中的综合实践活动与学校以往的学科实践活动进行比对整合，重新设计课程目标，使其更符合综合实践活动课程的目标要求，更符合学生学业发展的需求，同时指向学生学科核心能力的培养。

在认真贯彻执行国家课程的同时，各学科教师深挖课程资源，开展学科实践的特色活动，拓展课堂教学空间，锻炼学生组织、策划、分析思考、互动交流、社会交际、学术研究、自我管控等方面的综合能力，促进学生学科实践能力和创新能力的提高。例如，语文学科实践活动的设计、数学实践活动课程的开发正是在学校语文和数学课堂之外的一次深层次的综合学习和专题性学习的理性探究。以语文学科为例，语文学科实践活动内容的三级、四体系如表 8-1 所示。

表 8-1　语文学科实践活动内容的三级、四体系

学科内容	低年级	中年级	高年级
知识积累型	成语儿歌与古诗积累	名言警句与语言积累	诗文和中国特色语言
专题实践型	语文课文中综合实践内容与语文阅读课的融合探索		
口头表达型	口语交际与讲故事	讲故事和两分钟演讲	演讲与辩论
书籍阅读型	阅读给各个班级准备的书籍（各年级段针对学生的情况设定相关的阅读要求）		

（二）进行跨学科主题单元教学的研究

跨学科主题单元教学在专业范畴中指的是学生通过学科中的专业知识技能和相关的超学科技能对主题进行深入的自主探究性学习。学生不是学习一堆互不联系的零碎知识和技能，而是以具体的问题或主题为核心，对各个学科方面的专业知识与实践操作技能进行学习，有效地利用知识与技能解决存在的问题和完成具体的任务。在现代信息社会，教材内容的更新往往滞后于学生的发展，同时不同学科之间的综合实践活动也存在着交叉的关系。为此年级组组长带领学科教师对教材进行深入研究，从横向与纵向的综合视角对各学科的知识框架进行全方位的掌握，对综合实践活动的体系架构进行全方位的了解，作为综合实践活动课程实施的支撑。

三、将学校拓展课程中的实践活动部分进行合理化设计 >>>>>>>>>

在教育领域中，拓展类课程指的是学校为了在课程实施中全面实现课程目标，针对学校实际情况开设的校本化的课程。此类课程中有相当一部分是以综合实践活动的形式开展的。为此我们专门将拓展类课程进行整理和规划，设计部分精品实践活动。

本部分的内容旨在满足学生个性学习发展的需求，让学生通过对某

一学科领域更深层次的研究和实践，建立多元、多项的学习与关注意识，完善认知结构，培养广阔的视野，张扬个性；同时在综合实践活动课程的开发中让学校边开发、边实验、边反思、边完善。根据学校的实际和学生的现状，我们形成了特色和精品课程。

（一）构建体系化的优秀传统文化课程

构建中国优秀传统文化教育课程，以项目来带动，旨在传播中华民族优秀传统文化，注重学生健康的生活常态形成，为学生的文化底蕴、艺术修养和健体强身打下习惯养成的基础，如图 8-2 所示。

图 8-2　优秀传统文化课程涵盖的内容

（二）建立丰富多样的专题类实践活动

"助力于学生兴趣、爱好的培养与发展"是学校小学部选修课程的理念。学校通过提供丰富的、可选择的课程，以应对学生的差异，为学生提供个性发展的空间。学校共设置了"人文社会""自然科学""身心健康""艺术审美"四大领域，共计 20 余门选修兴趣课程。学校研发了学生的"课程护照"，每节课后让学生进行课堂评价，期末由教师和学生共同进行评价，为下学期课程的实施奠定基础。总之，各类拓展类课程在强调教育和学科体系建设的基础上，更要强调活动与实践，强调目标的多维融合。学校在拓展类课程的基础上开展科技节、艺术节、体育节等大型专题类实践活动，给学生提供更多参与的空间，在扩大知识面的同时，彰显学生的个性。

四、合理打造主题实践课程 ▷▷▷▷▷▷▷▷

主题实践课程的总体目标为：融合多维目标，进行综合实践，注重经历体验，建立学校、家庭、社会三位一体的教育模式。

(一)基于项目的学习

基于项目的学习(project-based learning)实质上是将项目和项目管理方面的理念结合教育的实际需求有效地融入教学实践。以现实问题为切入点，促使学生在教学活动中扮演多种社会角色，利用调查分析、观摩探究、交流互动、成功展示与分享等方式，将学科概念和原理合理结合专业性的资源加以利用，对具有相关性的问题高效地解决，在教育教学领域中以该方式开展的学习称作基于项目的学习。我们一学期进行一个项目，还设置"寒假智立方"和"暑假智立方"项目。项目学习与相关学科教学方面的内容有效整合，全方位地将学生的实际生活与认知方面的具体需求相联系，使得学习的深度与广度进一步扩充，实现新课程改革理念中各个学科间的有效融通，全面推动每一位学生的综合发展。

(二)社会大课堂课程

学生不应被禁锢在有限的课堂中学习，而应该参与到广阔的真实社会中，将学科知识与社会生活紧密相连，将课内学习和课外活动等环节结合实际情况密切联系。在近几年所开展的课程实验中，学校小学部结合学校和师生的实际需求对社会教育资源不断探索、挖掘与利用，不断构成三位一体(自然科普、体验实践、博物馆相融合)的权威性的社会课程，在各年级全方位开展。学校后期在本项研究中会继续完善和挖掘课程资源。

(三)主题实践课程的设计

主题实践课程需要以学生成长中心为主要设计主体，内容为一个阶段的主题课程，例如毕业课程、感恩课程等。

第三节

综合实践活动课程实施的过程及推进方法

在将综合实践活动课程与校本课程整合之后，就需要落实下去，这就是综合实践活动课程的校本化实施。课程建设体系规划清晰后，能否达成目标，实施的过程、方式、方法是关键。为了有效推进综合实践活动课程的校本化实施，探索具有本校特色、充满活力的综合实践活动课程建设与实施方案，学校按照"典型引路，全员实践，跟踪指导"的思路，深入开展研究与实践。开学初，依据"循序渐进、继承创新、保证质量"的实施原则，我们在结合各个维度的实施成效、问题的基础上，制定出扎实有效的课程实施方案并认真开展实践。

一、综合实践活动课程校本化实施的过程及推进方法

学校小学部在全面实施综合实践活动课程的过程中先是通过校本教研，由教师先依据本学期综合实践活动课程需要达成的课程目标，进行课程设置。在实施中，三到六年级每个班每周至少开设一节综合实践活动课程，可以根据课程需要进行增减。学校的综合实践活动课程实施分为三个步骤：活动准备阶段（1课时）、活动实施阶段（1~2课时）、总结交流阶段（1课时）。课型不同，教学目标、教学重难点、教学设计、教学策略、评价方式也大不相同。综合实践活动课程开展的方式主要有课堂教学、调查访谈、成果展示等。

（一）起始课程的设计与实施

下面以三年级的"我们的新朋友"这节起始课程的设计为案例，了解教师

的设计意图。虽然这是一个完整的综合实践活动课程的设计，但是由于是第一个活动，因此在最后的总结交流时用了较长的课时，教师需要在第一课时小组分工和汇报的环节将学生的重点能力培养到位，为后面的学习做好铺垫。

案例：我们的新朋友

一、活动背景

本次活动是三年级综合实践活动课程的第一个主题。三年级学生刚刚接触综合实践活动课程，对综合实践活动课程比较陌生。所以本次主题活动在准备阶段通过猜物品的小游戏来激发学生的学习兴趣，并让学生了解综合实践活动课程的学习方法：倾听和收集信息。在活动阶段，学生了解如何进行小组分工和合作，并初步尝试进行汇报活动。学生通过本次主题活动能够初步接触研究性学习以及在综合实践活动课程中应用的相关学习方法。

二、设计说明

活动准备阶段：1课时（游戏活动）。

活动实施阶段：2课时（小组分工合作，了解汇报方法）。

总结交流阶段：2～3课时（个人汇报、小组汇报、小组评价）。

三、活动目标

1. 学生初步认识综合实践活动课程，了解倾听和收集信息的方法。

2. 学生初步尝试小组合作，有初步的小组分工和合作的意识。

3. 学生通过参与综合实践活动，在初步了解并使用介绍汇报的过程中增强自信心。

四、活动重难点

学生初步认识综合实践活动课程，初步了解小组合作和汇报方法。

五、活动过程（略）

（二）调查访谈类课程的设计与实施

对于调查访谈类课程，在准备活动阶段，我们需要给学生充足的调研实践和空间，体现数据的科学性和严谨性，培养学生对待信息严谨的态度，提升"从生活中来，到生活中去"的综合能力。为此主题必须是跟学生的生活紧密相关的，才能让课后的教学效果得到最大程度的发挥。

下面以一节六年级的"喝饮料的学问"教学设计为例，阐释如何进行调查访谈类课程的设计。

案例：喝饮料的学问

一、引入

1. 教师：看到"寻找身边的隐形杀手"这个主题，同学们一定有很多的疑惑，身边的隐形杀手都有哪些？

2. 教师：看到这些情景，你们想到了什么？

现在看这个场景，你们有没有经历过？

乐乐就想喝可乐，可乐乐的妈妈就是不让他喝，但妈妈也说不出什么理由来。

生活中你有没有类似的情况，有没有家长就是不让喝的饮料呢？（学生说）

为什么家长都不让我们喝这些？（学生说）

今天我们就来探究一下喝饮料的学问（板书）。

只要我们上网搜索，就会发现很多关于碳酸饮料的危害的报道。这些报道中，经常提到碳酸饮料为一种酸性液体，从科学的角度来看就涉及一个饮料的酸性和碱性的问题。那我们怎么能知道饮料的酸碱性呢？（学生说可以通过做实验。）今天我们就一起来测测饮料的酸碱性。

二、测试饮料的酸碱性

1. 小组探究实验的方法。

教师：看看工具箱里的工具，如果让你来设计这个实验，你们打算怎么进行实验？

学生讨论后说实验方法。（板书贴纸）

实验方法：

用滴管吸取少量测试液体。

滴在相应号码的试纸条上。

与pH标准色板对比记录数值。

2. 分析测试的注意事项。

教师：怎么吸液体？测试时滴多少？怎样比对？（小组讨论后汇报。）（板书贴纸）

教师：你会读 pH 试纸上的值吗？pH 值，也叫氢离子浓度指数，该指数实质上是溶液内酸碱程度的衡量指标，是体现某溶液或物质酸碱度的表示方法。

3. 测试的注意事项及小组分工。

4. 正式实验。

三、成果展示

学生进行成果展示交流并分析原因。

四、课堂小结

1. 教师：我们刚刚通过科学的方法验证了饮料的酸碱性，那这些食物是酸性还是碱性的呢？你能用什么办法确定它们的酸碱性？我们在下节课和同学们交流测试结果。

2. 教师：通过今天的实验，你发现了什么？

这样的课堂让学生收获很大，课后很多家长纷纷反馈孩子们今天回家后的变化：很多原来爱喝饮料的孩子回家后不喝了；还有的孩子回家后滔滔不绝地给父母上了一堂课；有的孩子在家劝爱喝饮料的家长，讲了长期喝的危害……总之，我们欣喜地看到，当综合实践活动课程真正做到来源于生活，并且改善我们的生活时，才是达到了我们设计的初衷。

(三)创新类实践课程的实施

创新人才的培养非常重要，然而这并不应该只是一句口号。在综合实践活动课程中，创新思维和创新能力的培养是非常重要的课程目标。在综合实践活动课程设计中，教师经常为学生设计丰富多彩的教学活动，培养学生的创新思维。例如，"头脑风暴"游戏对于培养学生的创新思维具有重要作用。教师在为学生进行创新性学习的讲解时，用圆与线让学生自由组合能够想到的各种物品。开始，学生想到的都是"雨伞""蘑菇""凉亭"等具象的物品；在经过不断的启发后，学生开始想到了"磨盘""日晷"甚至"皮尺"等，思维的创新性得到了发展，不囿于以往的认知范围。有着这样的创新过程，学生的实践活动就有了深层次的思考。在"废纸的再生"这一主题活动中，学生不仅看到了平时产生的卷子纸、作业纸等废纸，还由此联想到了宣传彩页、杂志、快递盒子、浪费掉的面巾纸等。他们从纸的颜色，联想到纸的质地，从纸箱、纸盒的形状、大小考虑如何让纸能够在他们的手中再次焕发光彩。在这样的创新活动中，学生利用废纸再生装饰墙，制作置物盒、包装袋、龙舟，充分利用不同纸的色彩、质地、形状，在探究中实践。

综合实践活动课程实施注重多方式：走进船的世界、水的世界和变化的神奇、石头的奇妙等，促进学生查阅资料、调查研究、同伴合作等综合能力的提升。

二、学科实践活动实施的过程及推进方法 ▶▶▶▶▶▶▶

学科教学中重点应落实好10％的学科实践活动。为此学校小学部采取的措施是化整为零，主要以主题式跨学科实践活动实施和单一学科系列实践活动实施为推进方法。

（一）主题式跨学科和单一学科实践活动实施

跨学科实践活动定位于在保留原来学科独立性的基础上，寻找两个或多个课程、学科之间的共同点，使这些学科的教学顺序、内容能够相互照应、相互联系、穿插进行，改变了"个体户"的工作方式。跨学科教研，走向了学科交融整合，多学科元素融入其中，优化课程，实现减负增效。

学校力求以年级为单位构建科学、可操作性强的纵向连贯和富有梯度的实践能力体系和教学资源体系。充分的教研为跨学科实践活动提供了保障。其研究流程如图8-3所示。

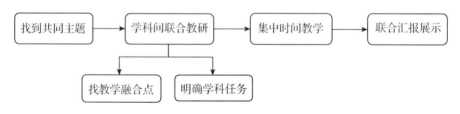

图8-3 主题式跨学科实践活动的研究流程

在这些不同的学习方式中，学生有真实的问题、认知的冲突、自主的权利，在期待和向往、专注和投入、倾听与回应中获得科学的思维方法，并形成习惯，有知识和能力的结构式长进，在整体认知水平上有提升。教师在实践中积累了宝贵的经验，撰写学科实践活动开展的案例。

我们对木工 DIY 课程教材进行单元主题型的整合，将"制作一个魔方模型""我的微型金字塔""神奇的七巧板"与数学学科进行有目的、有针对性、有效的落实，让学生学以致用；将"有趣的陀螺""相框中的合影""我的卡通挂坠"与思想品德课结合培养学生的劳动价值观；将"我是小小桥梁设计师""我们是小小建筑师""可爱的拼插动物"转型为创意实践内容。课程实施中，从主题的确定到资料的收集，再到下料图的设计，以及锯割组合、装饰，均尝试以学生为主体，让学生参与。

单一学科系列实践活动需要有序安排，完成的难度和层次要螺旋式上升。以英语学科为例，对于一、二年级的学生适合安排节日游戏和唱英文歌曲的比赛活动；对于三、四年级的学生，关注父亲节、母亲节、国际儿童节中的文化习得，以及在英语节中涉及电影配音比赛、英语剧展演等活动；到了高年级要关注中国传统节日的英语表达，即中秋节、端午节等中国传统节日，同时引导学生学会用英语进行个人观点表达，在写英文诗、英文辩论、我是英文小大使等活动中提升学生的英语综合表达和运用能力。

（二）实践活动在拓展类课程中的实施过程及推进方法

通过开展精品课程建设交流活动，各个拓展类课程负责人在学生活动中心的带领下认真研究、进行分析和反思、查找设计和实施中的问题，修改完善拓展类课程实践活动框架，使课程朝着多元、多类型、多层次发展，增强拓展类课程的实践性。

1. 构建体系化的优秀传统文化课程

民族文化是我们发展的"根本"。我们以守护"民族之根"为目标，加强中华优秀传统文化教育："国文晨读"为学生提供了适合该年段学生特点的经典诵读内容，一至六年级每个年级一本，并且发放到人手一册，让学生在每个早读时间就以此为载体进行交流诵读。这样做的目的是丰富学生诵读的内容，让学生广泛地接触经典古籍。每个单元内增加"活动园地"的内容，这样做的目的是让经典诵读活动化，丰富学生的学习活动，让学生在妙趣横生的活动中快乐学习。同时与活动课程相结合，举办"唱响经典，演绎人生"的读书节活动，让学生诵读古诗、以书会友等，将优秀传统文化深入心中。武术课程已成为学校一道亮丽的风景线。学校借助武术特色课程的良好基础，把中国近代教育家梁启超先生的《少年中国说》创编成武术操，课上实施，间操普练，切实成为优秀传统文化课程中的特色课程。优秀传统方化课程的实施如表 8-2 所示。

表 8-2　优秀传统文化课程的实施

课程名称	实施方式		特点
经典诵读课程	每天 12：40—13：00 为学生阅读时间		采取教师导读—学生自由诵读—集体诵读—诵读成果积累和展示这样一个课程模式，形成了较为成熟的诵读体系，包括国学养正—积累修身—阅读激趣
传统艺术课程	民乐	一至六年级每学期 2 门课程，融入音乐学科教学	依据教师的特长，满足学生的个性需求，传播传统艺术技能，弘扬优秀传统艺术文化，强调"个性"与"适度"相融合，把传统艺术课程作为国家课程的补充，形成了具有本校特色的传统课程
	剪纸	分别融入二至五年级，进行校本化实施，与美术学科整合	
	软陶		
	团扇		
	国画		
传统体育游戏课程	每周进行 1 次民族传统体育活动、武术课程		传承中华的传统游戏，如空竹、滚铁环、投壶、大板等，在游戏中培养学生灵活的身姿，让学生形成健康的体魄

在精品课程的规划与建设的同时，我们深刻领会到：在打造精品课程的过程中，要把师资队伍建设、教材建设等诸多方面工作予以统筹考虑，体现出实践的优质和高效。

2. 构建丰富多样的主题节日类实践活动课程

在主题节日类实践活动课程的实施中，学校小学部重点以艺术节、科技节、体育节的举办为推行渠道，由学校的学生活动中心负责牵头实施，综合实践活动课题组负责对活动的设计进行指导。每个节日活动重在引导学生动手实践，发现问题，探究寻找解决问题的途径，随着问题的解决掌握一些相关知识。同时学生还能根据活动安排进行自主的创新，有利于培养创新意识。下面以科技节的活动安排为例，呈现如何实施主题节日类实践活动课程。通过科技节这一项活动可以看出，主题类活动切实能够提升学生的动手能力、问题解决能力、科技创新能力。

在活动的设计上，我们还尝试利用一个节日进行多项内容的综合实践活动实施。以学校小学部的"六一"学生嘉年华活动设计为例，可以看出融合了多项内容。

案例：展多彩课堂 创书香校园 秀学生风采 迎快乐节日——

小学部第三届学生嘉年华活动

一、活动目的

1. 展示学校课程体系中拓展类课程内容，为学生创造参与学科实践活动的机会。

2. 利用阅读活动，激发学生的阅读兴趣，创建书香校园氛围。

3. 为精品社团以及有专长的学生提供舞台，展示学校的特色课程成果。

4. 传承优秀传统文化，让学生在活动实践中学习端午节文化。

二、活动时间

2018 年 5 月 31 日 8：00—15：40。

三、活动地点

学校操场、体育馆、综合楼、212 教学楼。

四、活动内容

1. 学科实践活动——好书漂流、故事屋。

2. 优秀传统文化课程——端午习俗大讲堂、端午龙舟赛、包粽子。

3. 特色拓展课程——社团展示、创客体验等。

五、具体安排

表 8-3　具体安排

活动名称	负责人	活动场地	具体内容及要求
学科实践活动	关　鑫 崔瑞娥 张　迪	操场 篮球场	好书漂流、故事屋、数学学科实践活动、语文学科实践活动、体育学科实践活动、英语学科实践活动
优秀传统文化课程	陈　燕 夏　晴	体育馆 操场	端午习俗大讲堂、端午龙舟赛、包粽子
特色拓展课程	王鹏莉	操场	社团展示、创客体验

在主题节日类实践活动课程实施中，我们首先要考虑学生的年龄特点、活动组织形式、活动分析的可行性等来选择实践内容；其次为每一

项的活动做充分准备，像收集与活动相关的背景资料、拟定活动方案、合理分工等；再次就是按照每个节日主题方案计划进行实践活动；最后对活动中学生的表现情况做出评价，而不仅仅是关注结果。

(三)主题实践课程的实施过程及推进方法

1."智立方"课程的推进

学校小学部的"智立方"课程是在学生假期中实施的，由学校的学生成长中心牵头负责。学校在寒暑假不留其他作业，只是布置这项实践研学任务。低年级的学生需要和家长一起研究，中、高年级可以小组为单位开展研究实践活动，如表 8-4 所示。

表 8-4 学校小学部"智立方"课程的选题设置

一、二年级	
2015 年 7 月	"家务劳动大揭秘""我的采购计划""小达人家庭变身记""告诉你一道菜的秘密""我的绘本故事""社区里的小学生"
2016 年 1 月	"我和爸妈比童年""我家春节的文明用语""小达人家庭变身记""年夜饭的文化""我的绘本故事""社区里的小学生"
2016 年 6 月	"快乐小当家""百家姓的奥秘""我的绘本故事""社区里的小学生""我的假期见闻""我的动物朋友们""艺能成长档案"
2017 年 1 月	"我是家庭小主人""新春阅读最快乐""我的绘本故事""社区里的小学生""我的假期见闻""我的动物朋友们""艺能成长档案""家庭根脉传承图"
2017 年 7 月	"快乐小当家""我的绘本故事""社区里的小学生""我的假期见闻""我与小动物朋友们""艺能成长档案"
2018 年 1 月	"我会叠衣服啦""我自己的绘本故事""我的家庭树""社区里的小学生""假期出行欢乐多""萌宠日记""体育运动达人的假期"
2018 年 7 月	"加油小当家""小小朗读者""社区服务我参与""我的绘本故事""假期见闻万花筒""走进动物世界""艺能成长档案""我的全家福"
2019 年 1 月	"我是小厨师""小小朗读者""社区里的小故事""看看我的绘本故事""假期见闻万花筒""我家那×××""我的艺术学习之路""我的中国年"

三、四年级	
2015 年 7 月	"动手操作我最棒""旅行的意义""我的假期见闻""社区里的小志愿者""绿色生活进我家""我和爸爸定家训""网上夏令营探秘""爱上博物馆""最长暑假的秘密"
2016 年 1 月	"动手操作我最棒""旅行的意义""我的假期见闻""社区里的小志愿者""绿色生活进我家""我和爸爸定家训""数字学校探秘""爱上博物馆""春节大行动"
2016 年 6 月	"运动小达人""旅行的意义""社区里的小志愿者""绿色生活进我家""数字学校探秘""爱上博物馆""我与书本交朋友""我的假期微行动"
2017 年 1 月	"运动小达人""旅行的意义""社区里的小志愿者""绿色生活进我家""数字学校探秘""民俗知多少""爱上博物馆""我与书本交朋友""我的假期微行动""家规家训""读城——走进北京四合院"
2017 年 7 月	"运动我最棒""旅行的意义""社区里的小志愿者""环保行动小达人""数字学校探秘""爱上博物馆""漫步书本花园"
2018 年 1 月	"健身行动""爱上旅行""小志愿者的社区活动""家庭节能行动""数字德育网——欢乐中国年""我和我的小伙伴""探秘博物馆""读书日记""我的假期微行动""元宵节的传统"
2018 年 7 月	"运动达人我最棒""旅行与成长""玩科技 秀创意""我为社区来服务""爱阅读 乐成长""博物馆的奥秘""绿色环保从我做起""数字学校探秘"
2019 年 1 月	"我的体育锻炼""世界那么大我要去看看""创意动手""社区服务有我一个""爱上一本书""博物馆奇妙夜""低碳生活进我家""中国年、中国娃"
五、六年级	
2015 年 7 月	"读书，并不遥远""我的手工作品""网上夏令营探秘""爱上我的家""爸爸妈妈职业之旅""生活中的小秘密""我家的传统""我的志愿者生涯"
2016 年 1 月	"读书，并不遥远""我的手工作品""数字学校探秘""爱上我的家""爸爸妈妈职业之旅""生活中的小秘密""我家的传统""我的志愿者生涯""边走边看"

五、六年级	
2016 年 6 月	"数字学校探秘""小足球大天地""职业背后的故事""生活中的小秘密""民族文化知多少""我的志愿者生涯""小小摄影家""微电影——身边的志愿者"
2017 年 1 月	"数字学校探秘""小足球大天地""职业背后的故事""生活中的小秘密""社会实践我参与""志愿家庭暖新春""小小摄影家""家风故事""读城——走进北京四合院"
2017 年 7 月	"数字学校探秘""走进足球世界""我所理解的匠人精神""生活大百科""社会实践我参与""摄影我能行"
2018 年 1 月	"闯关游戏体验多""爱心小使者在行动""社区文明小使者""生活中的小秘密""社会实践我参与""志愿家庭暖新春""一本好书的故事""中国文字的美""我的中国年""健康身体我做主"
2018 年 7 月	"书香习习悦我心""创新创造我能行""足球盛宴""才艺达人秀风采""家庭生活小窍门""社会实践我参与""趣味知识短视频""数字学校探秘"
2019 年 1 月	"名著故事""创意无限""运动达人""才艺学习路""今天我当家""社区服务我先行""微视频 微精彩""传统中国年""元宵花灯"

　　首先，学校要做好培训。培训分为家长层面和学生层面的，家长层面的培训关键在于一年级新生的第一个寒假前的培训。学校小学部采取两种方式相结合的形式。第一种是召集所有的家长进行面授，讲解智立方的设计理念，展示往届学生的优秀作品，出示学生在不同年级的选题。第二种是将培训内容做成网络视频，家长可以在家观摩学习。学生层面的培训是班主任利用假期前的班会时间开展的，教师根据自己所教年级的学生特点设计培训方案，同时邀请高年级的学生到自己班级进行现场展示。

　　其次，全校学生需要了解学校的选题。学生成长中心在放假前会为每名学生下发一个智立方作业的倡议书，随同学生的假期放假通知一起下发。学生根据选题的范围自动选择完成的形式，可以是小组合作、家庭合作、独立完成等。

再次，每一个智立方作业都需要从选题的由来、研究过程、收获思考几个环节来完成。

最后，开学后的反馈交流。智立方作业完成后重要的环节是交流，交流的形式和范围是这样安排的：开学的前两周在班级内展示，第三周各班评选出优秀作业在年级内展示，最后一周在全校展示。因此开学后的第一个月为智立方展示月。

因此，学校小学部的假期研学作业的调整过程，就是综合实践活动课程校本化实施的个案展示。任何一项活动都应该结合学生的实际和反馈及时做出改进和完善，真正为学生的可持续发展提供支持。

2. 社会大课堂课程的推进

本章中的中小学社会大课堂，主要指学校和家庭以外对青少年和成人进行教育的各种活动机构，主要包括少年宫、少年之家、公园、图书馆、博物馆、纪念馆、科技馆、教育实践基地、学校周边适合学生活动的场地等。社会大课堂是教育行政部门联合市属有关部门，由学校自行联系的活动基地，整合丰富的教育资源，为学生搭建的校外实践学习的专业性平台。学校小学部的社会大课堂课程从两个方面进行设计：一方面是同一个场馆设计出适合不同年级的实践课程。以首都图书馆的课程实施为例，呈现课程的设计要依据学生的年龄特点，采取不同的实践形式。另一方面是以年级为单位，设计自己年级的实践方案。以四年级的农业嘉年华活动为例，可以看出活动主要分为准备阶段、现场活动阶段、交流汇报阶段三个部分，每个部分的课时数需要根据所去的基地来决定。

依据上述内容总结出社会大课堂课程在具体实施过程中的主要流程：主题的确立—活动规划方案的执行—活动的综合实施—活动的总结评价。

3. 主题实践课程的设计与推进

主题实践课程，以学生间的合作探究为主体，以实践活动为实施载体，以研究性学习为落实方式，以过程性评价为尺度，培养学生的研究意识，提升学生的综合能力。

由于该学校是一所一贯制学校，小学部可以借助一贯制的优势，开发小中衔接课程，同时在小学阶段提高学生的综合素质及多元能力。学校小学部对六年级在第二学期进行了大胆的课程改革，打破了以往一张试卷的单一考试方式，将毕业课程分为五个单元。详细的课程设置如表 8-5 所示。

表 8-5　学校小学部六年级第二学期的课程设置

系列	课程名称及时间安排		学校课程	
			课程目标	课程内容
模块一	学业水平课程	国家课程 / 二个半月	探索课程整合的方法，提高课堂的实效性	语、数、英及各学科整合课程
		校本课程 / 贯穿整个学期	1. 发展兴趣爱好 2. 激发自主学习热情 3. 发现问题，学会经营	1. 所有社团都由学生自主构建 2. 学生自主拍摄微电影，举办电影节(5月)
模块二	中学生活体验课程	一周时间	1. 步入中学校园——进行情感体验，深刻感受校文化 2. 步入中学课堂——进行学习体验，使学生独立分析问题的能力得到进一步提升 3. 试听中学选修课——进行拓展与体验，促使学生自主学习的综合能力得到有效提升 4. 步入中学图书馆——进行阅读体验，促使学生的求知精神得到进一步增强 5. 步入中学社团——进行技能体验，促使学生的综合素质得到全面优化 6. 步入中学餐厅——进行生活体验，对学生的生活独立性进行有效强化 7. 结交中学伙伴——进行交流体验，使学生的互动交流能力得到有效提高	1. 参观校园 2. 走进语、数、英课堂 3. 聆听中学特色课程 4. 走进图书馆 5. 参加社团活动 6. 自主购餐 7. 调查采访 8. 设计结业证书 9. 组织结业仪式 10. 撰写实践报告等

系列	课程名称及时间安排		学校课程	
			课程目标	课程内容
模块三	毕业旅行课程	5月上旬（一周时间）	1. 培养学生的未来领导力 2. 培养学生的自理能力、创新能力 3. 走向社会大课堂，在互动中发展交往能力、团队合作能力、自我管理能力	1. 自主产生班级项目主席，学校对项目主席进行培训 2. 项目主席进行毕业旅行的项目策划、交流 3. 项目主席引领全班学生分工、调整、实施活动课程方案 4. 自主组织、管理
模块四	关注社会问题课程	社会热点问题调查 — 三周时间	1. 培养责任意识，关注社会 2. 培养问题意识，学会提出、梳理问题 3. 培养学习意识，体验查阅文献、洞察现状 4. 培养实践意识，行动验证假设	1. 提出问题，自主结合相关情况有效选题 2. 自主进行内容的组合，多种形式全方位地进行社会调研 3. 通过海报的形式进行内容的直观展示 4. 撰写调查报告 5. 编写剧本 6. 班级展演，向社会呼吁（邀请家长参加）
		毕业展演 — 一周时间	运用小学所学到的各学科知识，进行编剧、导演、制作道具、合作演出等，展现学生小学六年的综合素质	
模块五	毕业典礼	6月30日	1. 挖掘学生的潜能，培养多元素养 2. 珍藏感恩和热爱，展现学校的特质 3. 怀揣责任与理想，走向未来	1. 电影节颁奖仪式（走红地毯） 2. 毕业典礼仪式（佩戴学识帽及七彩绶带证章） （1）观看小学六年生活的视频回顾 （2）毕业生宣誓 （3）班旗签名，学校收藏 （4）存入心愿卡——"二十年校庆时的我" （5）校长给每一位毕业生颁发毕业证书

九年义务教育是由小学和初中两大阶段教育系统构成的。从整体的视角对这两个阶段教育系统结合实际需求和相关的要素进行有效联系，年级的实践活动要结合不同年级的课程实施方案进行调整，处理好整体课程方案与实践课程方案的关系。

第四节

综合实践活动课程校本化实施的评价和成果

一、综合实践活动课程校本化实施的评价 >>>>>>>

　　学校小学部的综合实践活动课程规划及课程建设起到了示范引领作用。在国家基础教育课程改革中，综合实践活动课程是国家统一制定课程标准和指导纲要，地方教育管理部门根据地方差异加以指导，学校根据相应课程资源进行校本开发和实施。学校的综合实践活动课程整体规划，充分开发和利用校内资源，形成丰富的课程网络链接。在课程组织管理上，参照国家、地方和学校组成三级课程管理体制。在课程实施方法上，主要有学生自主探究、自我体验、生生合作、师生合作等多种方式并用。

　　在课程评价方式上，我们尝试在国家综合实践活动课程实施上采取过程性评价与结果性评价相结合和学生自主评价、生生互评等综合性评价体系建设。综合实践活动课程在系统化实施的过程中，无论是在观念层面还是在实践层面，都在调动教师的课程直觉意识，引导教师投入对课程的设计，集合课程资源，亲历课程实践，发挥积极的影响力，成为课程领导者。我们专门设计了综合实践活动课程的表现性评价，如表8-6所示。

表 8-6　学校小学部综合实践活动课程的学生评价

班级：_____　　　　课程名称：_____

内容	表述	具体行为	整体评价（教师填写）
懂规矩	自尊自律 遵守规则	遵守交通规则，快速安全地通过人行道，学习参观礼仪，安静参观，热情致谢	观看演出过程中安静有序，积极鼓掌
讲诚信	诚实守信 文明礼貌	遵守集合、行进、游览的要求，不给他人带来麻烦，做文明有礼的小学生	准时集合，不无故迟到，遵守秩序
会服务	热心公益 自愿服务	在游览、参观、体验等学习小组中，承担一定角色与任务，逐步树立小组、班级、社会服务的责任与意识	能够按照小组排队，保洁员、集合员的任务分工明确
负责任	合作担当 学会负责	能够对自己的物品认真保管，对小组成员、班级事务关照关心，在游学过程中培养责任心	无物品丢失，能够对自己负责，时刻重视小组、学校的荣誉，对学校的形象负责

二、综合实践活动课程校本化实施的成果　>>>>>>>

　　学校小学部经过几年的综合实践活动课程校本化实施的实践研究，成效显著，在学校领导和教师长期的分析研究中获取显著性的教学成果和丰富的经验，这对于综合实践活动课程的全面优化起到一定的促进作用，值得其他小学在综合实践活动课程或校本课程等实施中进行参考与借鉴。

（一）学生的综合实践能力明显提高

　　学校小学部在综合实践活动课程校本化实施的过程中，进一步增强学生创新思维与实践操作等方面的能力，并有效激发学生的学习积极性。学生问卷中相关的数据结果表明：97.21％的学生"对于参与学校开展的综合实践活动课程比较感兴趣"；92.67％的学生"对于学校所开展的综合实践活动课程能够持有端正的学习态度"；94.00％的学生认为"综合实践活动课程的开设与实施并不使自己的学习负担有所加重"。56.6％的学生表示，在综合实践活动课程实施的过程中最鲜明的变化体现在"学生之间的关系更加融洽"；26.6%的学生表示，"学生之间更加积极主动地对感兴趣的问题进行探究"；20.0%的学生表示，"在学校组织的综合实践活动课程使得自身在某些方面更具有自信心"。61%的学生表示对综合实践活动课程具有较强兴趣的原因是"这门课程的开设能够促使自身的综合能力得到进一步的提升"。一名学生最后总结收获和成长时写道："假期作业要区别于平时的规律性学习。需要注重趣味性和实践性，不断地培养学生对周边环境的洞察力与分析能力，这对于学生学习课本知识不会造成任何的负面影响。"

教师问卷中有关"学校结合实际情况实施综合实践活动课程之后，对于学生所产生的影响"方面的调查分析表明，84%的教师认为学生参与到综合实践活动课程之后最鲜明的变化是"学生更喜欢探讨问题了"；80%的教师表示"学生在课堂学习方面变得更加主动了"；64%的教师认为"学生在某些方面变得自信了"；另外还有60%的教师的观点是"学生的人际联系变得更加融洽"。表 8-7 为学校开设综合实践活动课程后对学生的影响的统计。

表 8-7　学校开设综合实践活动课程后对学生的影响

选项	小计	比例
A. 学生的人际关系变得更加融洽	15	60%
B. 学生更喜欢探讨问题了	21	84%
C. 学生在课堂学习方面变得更加主动了	20	80%
D. 学生在某些方面变得更加自信了	16	64%
E. 给学生造成了负担	0	0%
F. 学生没有什么变化	1	4%
本题有效填写人次	25	

在全方位开展综合实践活动的过程中，学生的策划、组织、管理与各个环节的协调等方面的能力得到进一步的强化，进而促使学生的自信心有所增强。在学校的一些大型活动中，学生活动中心尝试将部分活动的最终汇报工作交给五、六年级的学生志愿者来完成。以学校小学部六月的戏剧节展演为例，以往都是由教师来完成整体的安排策划，这次做了大胆尝试，向五、六年级征集此次活动的志愿者。学生积极踊跃报名，

经过学生活动中心的遴选，最终确定了活动组织策划小组。学生自主召开策划会、筹备会，撰写活动方案，海选活动主持人；有些需要教师协调的会跟教师开碰头会，同时安排好后勤、电教等需要协助的工作内容。学生还设计了现场互动环节、有奖竞猜活动……每一项内容都安排得井井有条。在活动前一天，学生还要提前看现场，检查所有准备活动是否就绪。教师也将以往活动中出现的突发情况介绍给学生做参考。活动顺利进行，在活动结束后，学生策划小组成员自主召开活动反思改进会，学生活动中心的教师也参与其中，给予学生充分的肯定。负责此次活动主办方的学生活动中心王主任非常兴奋，她表示："以前的活动都是由老师们策划组织，没想到学生考虑问题这么周全，之前都太低估学生的能力。以后我们给学生提供大量的实践学习机会，由学生来组织多样化的活动，让教师在其中起到适当的指导作用。实际上教师默默地支持他们就够了。"

（二）教师的课程设计与实施能力有所增强

在学校小学部综合实践活动课程校本化实施的过程中，实践课程专业化教师团队的目标得到初步落实。教师在该课程中从课程的执行者转变为决策者和生产者，有效地增强了自身的自主研究性和专业技能等，在理论水平与教学能力方面得到提升。教师围绕课程标准展开综合实践活动课程校本化实施的研究，几年来有 23 位教师在教育行政部门组织的教学展示课上获奖；53 位教师撰写了课程研究的论文和案例，参与各级竞赛论文评比并获奖。学校小学部还在 2015 年 5 月举办了传统文化课程的市级现场会，2017 年 5 月举办了"借助学习工具，改变教学方式，提升核心素养"的区级现场会。同时学校也选送综合实践活动课程课题组教师参加中国教育学会综合实践分会举办的各类培训，教师的论文和案例也作为优秀作品进行经验介绍。

（三）学校整体课程建设水平全面提升

目前，课程改革已经走到深水区，课程改革将如何向纵深发展？这是一个摆在所有学校面前值得深思的问题。如果学校不继续前进，很快将会被超越。为此学校小学部以综合实践活动课程的校本化实施为突破口，通过制定和实施综合实践活动课程方案，让教师不断学习、提升、创新、实践。这样才会真正让师生在课程这条跑道上幸福成长。学校在课程实施和改进中，通过专家把脉引领和团队学习研讨两条路并行的举措，认真研究基础类课程、拓展类课程，制定国家课程校本化实施的具体措施，提高教学的实效性；精心打造精品课程的实施策略，促精品课程越做越精。我们注意将国家课程和地方课程结合实际情况采取科学的策略进行校本化整合，教师严格地按照专业性的课程标准精神和学习者的实际需求，对常规课程进行适当的改编、扩展、各个环节的有效整合以及知识内容等方面的扩充。学校小学部的综合实践活动课程实施是以学校的实际情况为出发点，不断地对学校教育资源进行有效的探索、挖掘与利用，全方位地展现出学校教育的显著性优势，实现学习课程体系的有效构建，促进学生的综合发展。

一是学校对于自己文化资源挖掘方面高度关注。学校能够结合学生的实际需求，将资源内容给予学生菜单式的建议，让学生可以根据自己的兴趣点，选择想要研究的社会大课堂基地。

二是学校对地域资源的全面探究与挖掘。学校教育的综合发展实质上和地域资源具有较大的联系。学校将中国与北京地域特色采取有效的方式进行整合，使得地域资源成为综合实践活动课程中的关键要素。

三是学校对特色育人资源进行全面的探究与挖掘。学校在综合实践活动课程实施中把学生参与的学习活动、社会实践、社区服务等综合性的方面有效归入课程体系并发挥其实质性的功效。

四是学校对社会、家长以及专家资源进行全方位的探究与挖掘。学校邀请一些从事水利、环保、交通等部门工作的家长，针对各行业的相关知识通过讲座的形式进行探讨，促使学生对社会具有初步的了解并进一步拓宽视野。学校与中国人民大学、北京大学、北京师范大学、首都师范大学、对外经济贸易大学、北京服装学院、NBA俱乐部、文学馆等多家高校或社会机构签订战略合作协议，利用高校和社会资源，在创新人才培养、小学法治教育、增强学生体质等方面开展合作。学校还与多家单位建立共建关系，建立学生实践活动基地，开展学农、学军、社区服务等社会实践活动。学校与中国原环境保护部建立友好合作关系。学校请专业人员参与学生社团的建设，指导学生开展艺术、体育实践活动。学校定期邀请一些著名作家、学者等社会知名人士为学生做专题讲座，拓宽学生的视野，提升学生的素养。

一、科学有效地规划综合实践活动课程 >>>>>>>

综合实践活动课程校本化实施的效果如何，关键取决于是否有科学合理的课程设计。学校小学部的综合实践活动课程的实施效果较好，是因为学校能够依据自身的办学理念、育人目标、学生需求等因素，将综合实践活动课程落实在国家课程的扎实推进、学科实践活动的系列规划、主题实践活动的创新开展之中。在学校小学部课程总目标的统领下，学校确定了课程结构体系。在学校整体课程结构体系的内容规划上，着眼学生综合素养的发展，建立一种综合实践大课程观，将实践活动的诸多内容纳入课程，使综合实践活动课程体系更为融洽，相互联系，相互促进。实践课程一脉相承，层层递进，符合学生的认知发展规律。

通过对北京市朝阳区其他学校综合实践活动教师进行的访谈发现，每所学校都有着自己的课程实施方案，然而能够像学校小学部这样专门制定综合实践活动课程实施方案的只有三所学校，其他学校未能提供详细、可操作的方案。因此学校小学部的方案可以对其他学校起到借鉴作用。

二、科研引领，教研有效 >>>>>>>

学校小学部针对综合实践活动课程与校本课程整合这一课题组建研究小组，每学期开学前都先召开课题研讨会，围绕学校的整体工作计划和课程开发中心的工作计划，对新学期开展综合实践活动的课程方案进行深入探究并合理制定；每个年级组需要全方位地依照学生的兴趣爱好和个性化特征，针对学校学生成长中心和学生活动中心的安排制定好自己年级的活动主题；之后学校的课程开发中心根据活动主题，选择和组织课程内容；最后，汇总各个年级的具体活动内容出台学校小学部年度综合实践活动课程实施方案。这样自上而下、自下而上的过程使得方案具有可操作性。总之，在对基础类、拓展类、实践类课程进行设计、实施和管理的过程中，学校特别强调调研与理论学习、实验与数据分析，寻找更多的实证数据支持课程建设，同时鼓励教师参与综合实践活动课程改革，使全校师生人人参与课程建设。丰富多彩的课程，能够给学生提供丰富的人生经历和情感体验，激发他们巨大的探究热情和求知欲望。学生不仅需要在知识学习上走得快，更需要在人生道路上走得远。

三、关注跨学科整合，提升活动实效 >>>>>>>>

综合实践活动课程具有很强的综合性，课程实施过程中加强学科之间的合作有利于提高教学质量。跨学科主题单元教学是指学生使用学科中的学科知识和技能及超学科技能分别对主题进行探究学习。在现代信息社会，教材内容的更新往往滞后于学生的发展，同时不同学科之间的学科实践活动也存在着交叉的关系。为此年级组组长带领学科教师，深入梳理教材，从横向、纵向了解各个学科的整体框架，把握综合实践活动课程设计的逻辑体系，同时了解跨学科之间的重叠之处，对全部课程进行优化，适时补充课程资源，替换陈旧的教学活动内容，建立科学的成体系的资源库，作为综合实践活动课程实施的支撑。经过近几年的实践，教师逐渐加强了对学生的关注，从只关注"教"到关注"教与学"，从关注"结论"到关注"过程"。这些思想上的变化，使得我们的课堂教学行为随之改变。在新课程实施中，我们将继续深化以生为本的理念。

学校几年来将大量的精力投入综合实践活动课程整体构建与实施的策略研究中，确保该课程真正落地；以国家课程、地方课程和校本课程这三级课程整体推进为核心，在全体领导干部和教师的共同努力下，通过构建特色鲜明、充满活力的学校课程体系，将基础类课程做"细"，将拓展类课程做"深"，将实践类课程做"精"。学校打造具有本校特色的精品课程、经典课程、特色课程，培养具有良好习惯、强健体魄、健全人格、高尚品德、爱国情怀、科学思维、创新精神的现代小学生和社会优秀公民，促进学生全面而有个性的发展，提高教师的专业化发展水平，从而全面提升办学质量，走内涵式发展之路，确保综合实践活动课程能够全面开展并发挥其真正的价值。

第九章

基于办学理念推进课程综合化实施——北京教育科学研究院丰台实验小学的探索

　　课程是学校实现办学理念与育人目标最重要的载体，是学生成长与发展的重要土壤，同时也是学校办学特色的集中体现。作为一所2012年建立的年轻学校，北京教育科学研究院丰台实验小学从建校之初就将课程建设作为学校工作的着力点之一，在初期引进和开发关键性课程的基础上依托理念建构课程体系，秉持"每一个都重要"的核心价值观，全面推进课程的综合化实施，努力为普通小区中的学生提供不普通的教育，打造一所老百姓身边的精品学校。

研究背景

一、政策背景 >>>>>>>

　　纵观古今中外教育发展的历史，课程教学在学校教育中始终处于核心地位，教育的目标、价值主要通过课程教学来体现和实施。因此，课程教学改革一直是教育改革的核心内容。课程建设是学校提升综合办学实力、促进学校内涵发展的一项重要工作。对于教育及课程改革，国家的大政方针具有较强的指导意义。

　　党的十八大、十九大报告均指出要努力办好人民满意的教育。2014年《教育部关于全面深化课程改革 落实立德树人根本任务的意见》、2017年《关于深化教育体制机制改革的意见》以及习近平总书记在 2018 年全国教育大会的讲话均强调了立德树人这一教育的根本任务，而且还明确要求要健全立德树人的落实机制，立德树人要融入教育全过程；提出培养拥护党和社会主义制度的人，构建德智体美劳全面培养的教育体系，从根本上解决教育评价指挥棒问题。2019 年 6 月 23 日，《中共中央 国务院关于深化教育教学改革全面提高义务教育质量的意见》指出，坚持立德树人，着力培养担当民族复兴大任的时代新人；坚持"五育"并举，全面发展素质教育；强化课堂主阵地作用，切实提高课堂教学质量；深化关键领域改革，为提高教育质量创造条件。

　　2014 年 3 月 26 日，教育部印发的《完善中华优秀传统文化教育指导纲要》强调要开展中华优秀传统文化教育。2017 年颁布的《关于实施中华优秀传统文化传承发展工程的意见》从核心思想理念、中华传统美德、中华人文精神三个方面，对传统文化进行梳理，萃取精华。习近平总书记指出，要弘扬社会主义先进文化，推动社会主义文化大发展大繁荣，朝着建设社会主义文化强国的目标不断前进。

2015 年 7 月，北京市教育委员会下发了《北京市实施教育部〈义务教育课程设置实验方案〉的课程计划(修订)》，对北京市中小学的课程设置和实施提出了一系列具体的指导意见。该计划对北京市中小学的课程设置、课程结构、综合课程的开设及选择、综合实践活动、地方课程和校本课程等多个方面提出了具体的实施办法和工作要求，是指导未来一段时间北京市中小学课程实践的重要文件。它提出了一些具体的指导意见，如各学科平均应有不低于 10% 的学时用于开设学科实践活动课程，在内容上可以某一学科内容为主，开设学科实践活动，也可综合多个学科内容，开设跨学科综合实践活动；进一步下放课程自主权到学校，鼓励学校根据学科、课型等积极开展长短课、大小课相结合的课程实验，周总学时时长不得超过相应年级规定的学时总量；等等。

2016 年 9 月，中国学生发展核心素养研究成果发布。学生发展核心素养，主要指学生应具备的、能够适应终身发展和社会发展需要的正确的价值观念、必备品格和关键能力。它以培养"全面发展的人"为核心，分为文化基础、自主发展、社会参与三个方面。综合表现为人文底蕴、科学精神、学会学习、健康生活、责任担当、实践创新六大素养，具体细化为国家认同等十八个基本要点。它丰富了新时期素质教育的内涵，致力于将立德树人的教育目的落到实处，引领我国建立以"学生核心素养"为统领的课程体系和评价标准，必将推动课程改革走向深入。

二、学校基础 >>>>>>

北京教育科学研究院丰台实验小学地处北京市南三环宋家庄家园小区，毗邻宋家庄交通枢纽，交通便利。学校服务于周边的两个普通小区，小区房产多为经济适用房、两限房，还有廉租房，学生生源均来自这些普通居民家庭。但是，在北京教育科学研究院的专家助力下，学校以"在普通小区中开展不普通的教育"为目标，力求在课程文化的浸润中让每一名学生的生命独特绽放。

2016 年，学校成为北京市遨游计划项目学校。学校以此为契机，在课程中心专家的调研与指导下，运用 SWOT 分析法对校情、学情、师情进行分析，厘清了学校课程建设的优势、劣势、机遇和挑战，梳理出了学校课程建设的主要问题。

　　一是学校的培养目标亟须与立德树人的根本任务和核心素养对接，整体建构学校立德树人的课程体系，并让核心素养在学校的各项工作中落地。

　　二是文化表层化风险存在。学校十分重视文化建设，竭力打造"每一个都重要"的学校文化。但目前还主要停留在物质、制度、观念层面上，未与教育教学活动深度融合，长此以往会产生文化"漂浮"于学校教育之上的危险。

　　三是亟待建立更加完备的课程体系。尽管学校已经建构起了"绽放"课程体系，但这一课程体系与办学目标的匹配度有待提高，而且没有形成独具特色的课程框架。课程框架标准不统一，出现了标准交叉、分类不清的现象。

　　四是亟须形成精品课程资源包。学校前期自主开发了"动力课程""跑酷课程""学科＋课程""攀登阅读课程""STEM 课程"，引入"麦博思考力课程"等。有些成熟的课程需要形成精品课程资源包。

　　基于以上分析，课程综合化实施是解决学校当前课程问题的关键。课程综合化实施体现的是一种整体主义的视野，与此对应的课程实践应该是对学科和学生经验进行统整，对学科内和跨学科实践活动课程的开发进行研究，倡导课程生活化和经验化，结合校内外资源，灵活开设实践性课程，发挥课程的育人功能。探索跨学科的综合实践活动课程的开发策略，提炼具有学校特色的实施模式和策略。

第二节

研究的规划与设计

　　课程综合化实施要立足于学校的具体实际，要依托学校的办学理念及育人目标进行整体设计。

一、学校文化分析 >>>>>>>

（一）办学理念

　　学校的办学理念强调"每一个都重要"的核心价值观和"团队支持型发展"的核心策略的和谐统一。"每一个都重要"强调尊重与呵护每名学生的独特性，促进他们健康、快乐、自由、全面的可持续发展。同时，还要全面和深刻地理解团体对个体发展的支持作用，不断创新团队建设，构建个体发展所需要的真情关怀、有效协作、强力支持的多样化团队，实现每个人的"团队支持型发展"，让学生、教师、学校在团队支持中绽放。

（二）打造"一训三风"文化体系

　　"一训三风"即校训、校风、教风、学风。①校训：自立出智慧，助人显仁德。也就是在自立自强中磨砺自己的智慧，在助人为乐中实践自己的仁德。②校风：一个总有同伴牵手的地方。③教风：用"心"做入心的教育。④学风：以趣兴学，以勤成学，以友助学。

(三)办学目标

1. 学校发展目标

学校发展目标为：在未来的 5 年内，秉持"每一个都重要"的核心价值观，实施"团队支持型发展"的核心策略，构建充满真情关怀、有效协作、强力支持的共同体，把学校建设成在全市有一定影响、在全区有良好声誉、在社区有强大向心力的绽放教育品牌学校。

2. 教师成长目标

教师成长目标为：发挥骨干教师的专业引领作用，促进教师同伴互助、共同成长，让每一名教师享受团队的滋养，成为用脑子工作的善行者。努力使学校成为专业化教师发展的基地、名优教师成长的摇篮。推行"名师工程"，新教师及青年教师和骨干教师结对帮扶，在骨干教师的引领下，共同实践探讨，努力培养一批校级、区级、市级名师。使学校教师队伍、教学质量普遍让社会满意，提升教育形象。

3. 学生发展目标

学生发展目标：培养具有独立、自信、坚韧的品格，关怀、宽容、合作的美德，善学、爱劳、淳美的健康少年。具体细化为九个要素：有动力、有能力、有方法、有活力、懂规划、用工具、会学习、善沟通、巧创新。这一育人目标涵盖了核心素养的三个领域(自主发展、社会参与、文化基础)，以人的整体发展为核心。对学校培养人来说，最终反映在性格上。而性格指向了人的发展的角度。表 9-1 为基于教育哲学价值体系解构的学校育人目标。

表 9-1　基于教育哲学价值体系解构的学校育人目标

性格解构的维度	个体性格 (自主发展)	社会性格 (社会参与)	文化性格 (文化基础)
行为维度	发展个性与完善个性	社会适应与社会参与	文化修身
教育维度	个体自育过程中 形成的素养	社会共育过程中 形成的素养	文化他育过程中 形成的素养
育人维度	个性发展 (独立、自信、坚韧 的品格)	团队共生 (关怀、宽容、合作 的美德)	智慧生长 (善学、爱劳、淳美 的健康少年)

个体性格、社会性格、文化性格直接指向国民性格。个体性格是通过自己培养的(个人自育);社会性格是公共环境下言行约束出来的(社会共育);文化性格是通过学习知识产生的影响(文化他育)。三种性格良性发展,一个人就会走向自我的"绽放"。

二、课程综合化实施的内容与安排 >>>>>>>

(一)以"核心素养"为脉络,进行校本化核心素养的整体架构

中国学生发展核心素养为"每个生命独特绽放"提供了实践性维度,为学校教育促进学生成长提供了操作性依据,这是学校课程建设的重要依据。

学校"每一个都重要"校本化素养体系的总目标分为个体性格素养、社会性格素养、文化性格素养三个素养领域。综合表现在人文、艺术、科技、运动与健康、国际理解五个领域。校本化核心素养是对中国学生发展核心素养的具体化、系统化整合,以便更加适应和贴近学校的学生发展目标,并在此基础上建立学生发展评价体系。表 9-2 为学校育人目标与校本化核心素养。

表 9-2 学校育人目标与校本化核心素养

校本化核心素养			对应学生发展核心素养	贯穿能力素养始终的指标
素养领域	一级指标	二级指标		
个体性格素养——个性发展(独立、自主、坚韧的品格)	能自主行动	规划能力	理性思维	有动力有能力有方法有活力
		探究能力	勇于探究	
		问题解决能力	问题解决	
		反思能力	勤于反思	
		批判性思维与质疑	批判质疑	
		实践与创新能力	勇于探究	
		独立思考能力	自我管理	
		自我表达能力	自我管理	
		运动健康	健全人格	

校本化核心素养			对应学生发展核心素养	贯穿能力素养始终的指标
素养领域	一级指标	二级指标		
社会性格素养——团队共生（关怀、宽容、合作的美德）	能在社会异质团体中生活	适应能力	社会责任	有动力有能力有方法有活力
		敬业与担当	社会责任	
		团队合作	社会责任	
		处理冲突	自我管理	
		多元包容	人文情怀	
		社会参与与贡献	社会责任劳动意识	
		尊重与关怀	人文情怀	
		中国文化认同	国家认同人文积淀	
		国际理解	国际理解	
文化性格素养——智慧生长（善学、爱劳、淳美的少年）	能使用适切的工具	阅读与理解	国家认同乐学善学	
		沟通表达	乐学善学	
		数的概念与应用	乐学善学	
		审美能力	审美情趣	
		学会如何学习	乐学善学	
		信息技术	技术运用	

（二）以"立德树人"为灵魂，整合课程资源，完善学校"绽放"课程三级课程一体化体系

学校细化立德树人的根本要求，以基础课程、"学科＋"实践活动课程和拓展课程为实施载体，进一步梳理学校课程，形成国家课程、地方课程、校本课程立体融通的课程架构。

1. 基础课程的实施要求

（1）课堂教学目标的重新定位

为促进基础课程更好地体现立德树人的要求，学校在梳理知识体系的基础上，以推进"三化"建设为载体，即细化课程标准（学科知识体系的梳理），优化课堂教学（开展"绽放"课堂教学有效性的主题教研），强化训

练体系(精选作业、减负增效),使校本特色课程服务于基础型课程,提升教师的课程实施能力。

(2)"绽放"课堂教学方式的探索

学校结合学科教学特点,以立德树人为根本要求,以有效提升课堂教学质量为价值取向,探索"绽放"课堂教学模式。

(3)课堂教学评价的探索

学校充分发挥教学评价的激励、诊断和导向功能,通过学科课堂教学评价指标的设计,努力形成面向全体学生、促进学生发展的学习,促进教师的教学反思,促进教师向智慧型教师发展。

(4)动力课程的开发

动力课程是促进学生学会学习的训练课程。学校借助麦博思考力的研究,继续推进动力课程建设,建立动力课程开发中心,调整梳理一至六年级的动力课程体系。

2. 拓展课程的实施要求

拓展课程是对基础课程的补充。拓展课程主要由学校教师进行开发,课程内容依据国家学科课程标准确定,关注学生的自我表达、交流与沟通、批判性思维、反思能力、阅读与理解、国家认同、国际理解等能力的培养。课程方式和实施形式主要采取综合课程方式,通过实践、活动、主题、表演、项目等方式组织课程,使学生充分参与到课程建构过程中,增强学生的社会责任感、实践能力和创新精神。

3. "学科+"课程的实施要求

跨学科实践活动课程包括基于学科的"学科+"及基于主题的"学科+",突破学科课程的壁垒,统筹课堂、师资等要素,加强学科间的联系与整合,激励学生自主学习、主动探究和实践体验。基于学科的"学科+"实践活动课程统一安排在每周四的"半日课程"时段进行;基于主题的"学科+"采取固定课时与"半日课程"相结合的形式。

4. 个性课程的实施要求

在学校统一管理和协调下,加强体育、科技、艺术等社团的管理,加强对体育、科技、艺术特长生的培养。规范体育舞蹈队、欢之声管乐团、欢之声舞蹈团、欢之声合唱团、书法绘画社、中国结社团、机器人社团、中网社团、足球社团、定向越野社团等特长生社团。每个特色社

235

团均要编写课程计划，制定教学目标及学期训练规划，以课程化建设推动特色发展制度化、规范化。

（三）以"建章立制"为突破口，加强课程管理，扎实推进学校课程的深度实施

一是加强课程的领导力，关注课程的有效落实，拟定学校课程管理制度、校本课程管理制度等，使学校课程管理走上自动化运转的轨道。

二是加强课程的开发力，以校本研修为突破口，开展合作共荣团队的创建，通过课题引领，主题研究、同伴互助，落实课程的开发和实施。教师是课程的实施者，赋予教师充分的自主权，倡导教师依托学校的文化品牌深挖自身的特长寻找基础性学科教学内容的生长点，以学校特色发展和学生喜爱的需要为突破口，要求教师自主研发建设课程。学校通过制定课程评价标准，积极引导、激励教师改善教学活动，提高教学质量。

三是加强课程的执行力，注重课堂教学的有效性，以"精品课"建设工程为契机，以聚焦课堂为主线，关注"绽放"课堂教学模式，落实各项指标的达标标准，建设"绽放"课堂精品课程。

四是加强课程的成果化，注重对课程成果的梳理，形成具有学校特色的绽放课程成果集锦。

第三节

研究的过程与策略

一、课程设置及安排 >>>>>>>

(一)课程体系

课程体系是学校办学理念的实践表达，是育人目标的实现途径。因此，学校课程体系要依据办学理念构建，为育人目标的实现服务。基于学校办学理念和育人目标，学校构建了"每一个都重要"的"绽放"课程体系。"绽放"课程体系以校树合欢树为整体外形，以合欢花的形状为课程的承载，树干部分是三个维度的育人目标，树根是作为学生发展动力来源的动力课程。

"绽放"课程体系包括五个维度：①动力课程培养学生的学习力，为其他学科的学习提供动力；②基础课程重在培养学生的学科核心素养；③拓展课程重在培养学生学科知识的联系与建构、迁移与应用能力；④"学科＋"课程重在让学生在实践中解决问题、合作与沟通，同时提升创新能力；⑤个性课程是以学生兴趣为主的选择性课程。也就是说，"绽放"课程体系＝(基础课程＋拓展课程＋"学科＋"课程＋个性课程)^{动力课程}，如图9-1所示。

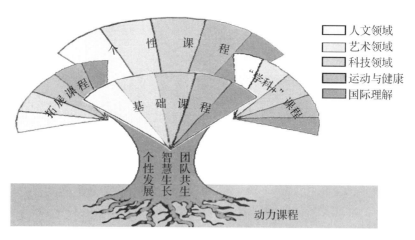

图 9-1 "绽放"课程体系

动力课程使学生形成的能力对其他课程有极强的促进作用，因此它在乘方的位置。动力课程是用乘方来连接基础课程、拓展课程、"学科＋"课程、个性课程的。若动力课程为正值，其他课程的学习效果皆会产生乘数效应或者放大效应；若动力课程为负值，其他课程的学习效果皆会产生缩小效应甚至出现负面效果。这充分显示出动力课程在整个课程体系中的重要性，也显示出动力课程对人的核心素养形成的深层价值。

(二)课程设置

"绽放"课程体系采用横纵贯通的方式进行课程设置。纵向是贯通了五大领域。横向分成了五类课程。不同层次的课程，落实核心素养的层级不同。基础课程是核心素养水平的低层级部分。"学科＋"课程和拓展课程是核心素养的高层级部分。四类课程(基础课程、"学科＋"课程、拓展课程、动力课程)支撑人的核心素养能力不断提升。个性课程加深对核心素养的提升。表 9-3 为"绽放"课程设置。

表 9-3 "绽放"课程设置

课程类属	课程层级					
	基础课程	拓展课程	"学科＋"课程		个性课程	动力课程
			基于学科	基于主题		
人文课程群	语文	国学经典诵读（一至六年级）	"语文＋"课程	1. 校园一角会说话 2. 地铁里的新发现 3. 研学旅行行中研 4. 欢宝志愿者 5. 欢学园STEAM课堂 6. 欢宝职业体验营	小记者课程	思考力课程
		绘本（一、二年级）			朗读者课程	
		阅读课程（三至六年级）				
		古诗词赏析			戏剧课程	
	道德与法治	少先队活动课程	入学课程			
			毕业课程			
艺术课程群	音乐		艺术欣赏		合唱课程	
					古琴课程	
	美术				版画课程	
					服装设计课程	
					衍纸课程	
	舞蹈				拉丁舞课程	
					中国舞课程	
	书法				翰墨课程	
科技课程群	数学	好玩的数学	"数学＋"我身边的测量工具		数独课程	
		数学日记			魔方课程	
	科学				未来工程师课程	
					海模课程	
					无人机课程	
					疯狂博士课程	
	信息技术	人工智能课程			绘美电子课程	

课程类属	课程层级					
	基础课程	拓展课程	"学科＋"课程		个性课程	动力课程
			基于学科	基于主题		
运动与健康课程群	心理	心理活动课	"体育游戏＋"	1. 校园一角会说话 2. 地铁里的新发现 3. 研学旅行行中研 4. 欢宝志愿者 5. 欢学园STEAM课堂 6. 欢宝职业体验营	成长课程	思考力课程
					养蒙书院（家长）	
	劳动技术	劳动小欢宝（分年级）			种植课程	
	体育	形体课程（一、二年级）			网球课程	
		跑酷课程			小牛训练营	
		定向越野课程			高尔夫	
国际理解课程群	英语	外教			英语趣配音	
		英语绘本			英语棋	
		国际学院课程			英语戏剧	

二、课程综合化的基础 >>>>>>>>

（一）建构"绽放"课堂模式

课程从本质上指向基础知识和基本技能的落实，实现学科核心素养体系的建构，促进学生的个性发展、智慧生长、团队共生。为落实校本核心素养，学校提出"绽放"课堂的建设目标——打造"五个课堂"，具体是指目标引领课堂、思维课堂、多感官课堂、合作课堂、放手课堂。"绽放"课堂教学模式力求满足不同认知类型学生的需求。"绽放"课堂的具体要素如表9-4所示。

表 9-4 "绽放"课堂要素解析

校本核心素养	类型	特点
个性发展	目标引领课堂	依据布鲁姆目标分类学确定学习目标
智慧生长	思维课堂	1. 学科教学要抓学科思维,教师要明确每节课学科思维训练的点 2. 利用思维导图的梳理与完善,帮助学生整体建构知识,让课堂成为学生智慧生长的地方
智慧生长 个性发展	多感官课堂	1. 多感官课堂:调动多个感官引导学生进行学习;学生的认知类型包括视觉型、听觉型、动觉型、综合型,针对不同的认知类型,采取不同的授课方式,因此提出了多感官课堂的目标;它包括视觉课堂、听觉课堂、体验课堂几个方面 2. 视觉课堂:颜色鲜艳、具有冲击力,语言简洁便于记忆,设计美观激发兴趣,呈现思维核心 3. 体验课堂:协调身体、大脑经历知识形成的过程,进行体验学习;同时在体验中缓解压力,让学生在放松的状态下进行高效的学习
团队共生	合作课堂	通过小组合作开展学习活动
个性发展	放手课堂	1. 能让学生说的、想的、写的、做的、总结的放手让学生做,最大限度地调动学生参与课堂的全过程 2. 教师由"台前"退居到"幕后",适时站出

案例:"合作课堂"的实施

一、明确指向高阶思维培养的小组合作学习各要素的特征

(一)小组目标:聚焦任务效用

具有固定答案的封闭性问题,以及按照教师指定步骤进行程序化操作的手工活动并不能激发学生的积极思考。而过于开放的任务又可能导致小组合作学习的指向不明,进而影响教学目标的完成。因此,在确定小组目标时,重点是阐明任务的实际效用及其要求,即让学生明确合作成果将在何种条件下解决何种具体问题,以实际效果为导向组织合作学习过程的展开。例如,数学课上,"制订一个最便宜的春游租车方案"就比"算一算我们春游租车需要多少钱"更具思维挑战性,同时也比"请制订

一个春游租车方案"更聚焦于课堂教学目标。

（二）积极互赖：源于认知欲求

长期以来，"集体评价"一直被作为促成积极互赖的有效动力，通过外部激励将组员捆绑在一起。但是，更深层次的互赖应来自组员个体内心的需求。当学生被合作任务吸引，既有挑战任务的激情又缺少独立完成任务的条件时，他才能主动产生积极互赖的意识和行为。因此，指向高阶思维培养的小组合作学习应重点关注通过有趣而复杂的任务设计，让学生感到个人力量的局限，进而促成小组成员间的协作。如同样是分角色读课文，面对"看哪组同学读得最好"的要求，组员的心理是每个人都大声、正确、有感情地读，不能有人拖后腿，大家都指向统一的朗读标准；但面对"能不能把这段演出来"的要求，组员就要揣摩人物的性格差别和环境特征，在语言、神态、动作甚至背景上体现不同分工的独特价值。

（三）个体责任：基于学习内容

小组合作向来强调个体责任，甚至在此基础上产生了系列小组合作中的固定角色，如组长、记录员、计时员、汇报员等。诚然上述角色对于小组合作的顺利开展功不可没，但这些角色都是出于组织管理秩序需要而承担责任。对于课堂教学来说，小组合作学习最主要的价值在于促进学生认知能力的发展，围绕任务进行的思维撞击是每个个体都应承担的责任。因此，除组织管理职责外，每名学生更要明确自己的思维责任：对于问题我是怎么理解的，对于解决问题我能做什么，我还需要什么，我能为别人补充什么，我能从别人那里学到什么，我们怎么能让结果变得更好……只有围绕任务目标进行积极思考，个体责任才能真正推动合作学习的深化。

（四）公平参与：每一个都重要

所谓"公平参与"并不是让每一名学生去做同样的事情，或把同一件事情做到同样的程度，而是每一个人都有为完成任务而做出自己贡献的机会，合作成果应体现每一个人的贡献。这就要求小组合作学习一方面设置保障每一名学生发表意见、实施行动的组织机制，另一方面在展示最终成果的同时也要将群策群力的学习过程作为成果的组成部分进行呈现。在高阶思维活动中，问题的复杂性使得不同成员有了更多提供见解（包括质疑）的可能，也为分工协作提供了更广阔的空间，让每个人都能够在合作中展示自己、实现提升。

（五）社交技能：学会集体决策

小组合作学习需要必要的社交技能，如组织学习、倾听他人的意见、表达自己的见解、与他人沟通、质疑不同的观点，以及在合作学习过程中提供反馈、获得所需的信息、评价团队成员间互动的过程、注意别人对自己行为表现的感受等。在此基础上，培养高阶思维的小组合作学习中一个更重要的社交技能是每个人都能把握好任务解决的进程，在理解他人的基础上提出或者提供当前阶段所需要的观点或采取行动，在组内有效整合不同的个人贡献，提高集体决策能力，迅速推进任务完成的进程。

二、把握小组合作学习各类实践形态的关键点

小组合作学习在课堂教学中基本呈现出操练、探究、评鉴、分享、设计与开发五大类实践形态，它们对于完成教学任务的意义各有不同。对每一类合作有意识地加入促进高阶思维的任务或要求，能够发挥小组合作学习的更大价值。

（一）操练类：提升认知策略

操练类小组合作学习的目的，是让学生之间互相检测知识技能的掌握情况，能够直接促进课堂教学目标的实现，提高学生的成绩，如生词默写、英文对话背诵、数学习题计算等。小组操练时若全部正确，表明教学的成功；但若有学生出现了错误，则需要学生对问题进行解析，找到问题的原因和今后避免的方法。例如，有学生将 scissors（剪刀）误拼成 scisors，原因就是没有记准确。在这里发音规则并不能帮助准确记忆，于是有学生提出形象记忆法：剪刀两边要对称，所以要有 4 个 s，少一个就不对称了。可见，对于错误的解析不仅要阐述知识技能要点，更要推动学生反思和发展自身认知策略。当操练类小组合作学习从学会知识点提升为找到掌握知识点的方式时，学生的高阶思维就得到了锻炼。

（二）探究类：学会逻辑论证

探究类小组合作学习本身就具备较高的思维含量，需要学生通过假设、筛选、判断、推测、验证、归纳、提炼等多种思维活动去获取答案。在探究类小组合作学习中，关注的重点在于各组的探究过程而不是结果：探究的思路与方法是否多元、探究中对问题的考虑是否全面、探究推断

的证据是否充足、探究的论证过程是否逻辑严密、探究结果的提炼是否简明……这些要点可以作为小组报告的要求之一，也可以通过自测表格等让各组自行反思。为了保障探究过程的充分，首先要在问题设计上留出学生发挥的空间，使任务包含更多的信息要素；其次要有充分的时间支持，不能将其作为课堂点缀匆匆了事。

（三）评鉴类：进行理性判断

评鉴类小组合作学习的目的是培养学生的评价与鉴别能力。其对象可以是本组成员或其作品（作文、图画等），也可以是其他人的作品或行为。评价与鉴别包括水平判断、价值评估、特点提取、趋势揭示、取舍决策等行为，评价的做出要有一定的标准。因此，如何设定评价的维度、如何确定评价的标准、如何对评价对象做出判断，体现着学生对评价目的以及被评价事物发展特征的客观把握能力。评鉴类小组合作学习，不是让学生简单地选出自己最喜欢的人或作品，而是要在集体讨论中根据评鉴的目的确定本次评鉴的关键指标，然后通过例证分析每个对象在该指标上的表现（也包括特点、趋势等）。若有需要则逐一分析后通过比较选出代表性最强的对象。有理有据地做出判断，是评鉴类小组合作学习的核心。

（四）分享类：基于审辩的传意

小组分享，是在大班额教学背景下增加学生学习收获交流的一种形式，也是一种学生之间相互学习的方式，具体内容如好书推荐、拓展知识介绍等。简单的复述并不能提升学生的高阶思维能力，因此我们对分享方式提出进一步要求：第一，分享者要从吸引听众的角度设计导入语；第二，分享者要通过海报、思维导图、绘本制作、图表模型等方式重新整理和呈现介绍内容；第三，分享者要说明自己对分享内容的评价，比如好与不足的地方、对自己的启示等；第四，分享者介绍后开设讨论环节，听众从收获和质疑两方面对介绍内容发表意见，进行沟通。在这个过程中，学生对知识信息进行了基于审辩的传意，学生的自我学习能力得到增强。

（五）设计与开发类：尝试创造与实践

设计与开发类小组合作学习，较之前几种形态具有更强的综合性与实践性。其任务往往与实践密切结合，包括了从设计到实施再到总结的全过程，其跨度也超越了传统课堂的边界，如社区调查、园林探秘、原创游戏征选、口号与标语设计等。此类活动除涉及上述探究、分享、评价等合作形态中的高阶思维培养外，还在创新性思维的培养方面具有特殊价值。在这类活动中，学生面临的任务本身就具有一定的创新性要求，学生之间需要借助经验、洞察力及创造力来发现和解决新问题，产生新观点、新作品、新行动。设计与开发活动中时刻伴随学生的核心问题就是"我还有什么好主意"。教师在行动中可以用阶段性追问的方式不断提示学生思考这一问题。

三、开发支持小组合作学习的策略工具

在小组合作学习中，学生高阶思维能力的提高是一个渐进过程，在开始阶段需要一定的策略工具作为支持。特别是探究类小组合作学习，由于其对生生互动的要求最多，对策略工具的需求也更为突出。

（一）三色记录笔

第一色笔，记录（画或写）合作开始前自己认为的关键信息和问题解决思路，也包括疑问与困惑；第二色笔，记录讨论中受到他人启发而补充的新内容；第三色笔，记录不同意见或自己遗留的问题。实践证明，自我解决问题中没有想到的方法，恰恰是思维上容易被遗忘和忽视的内容。换一种其他颜色的笔记录，是在暗示学生要关注这方面的内容，在下一次解决同类型问题时要格外注意。由此日积月累，学生的思考会更加全面。

（二）分工卡片

分工卡片是为保障每名学生真正投入小组合作学习的核心内容而设计的。在四人小组中，分工卡片一共有四种，分别是审题卡1张，解题卡4张，提问卡4张，总结卡1张。每种卡片都有对学生的行动要求。

审题卡的要求：一是通读题目，说清题目中的文字信息、图片信息；二是找出关键信息做标画；三是理解题意，表明探究问题。在审完题目后，学生可以询问组内其他同学是否还有补充。

解题卡的要求：一是明确问题，说出对问题的分析和答案；二是解答题目时思路要清晰，语言简洁准确，逐一解答；三是解答完题目后，需要询问组员是否理解。

提问卡的要求：可以从三个角度提出问题，一是提出自己要探究的问题；二是提出组员讲解过程中出现的不理解的问题；三是听别人发言后产生的新问题。学生提问时要做到问题明确、语言清晰、逐一提问。

总结卡的要求：用概括性的语言来归纳总结本组的各种方法、策略、类型等，以及存在的争议与问题，提醒需要注意的地方；总结要做到有层次、有方法，思路清晰，有侧重点。

（三）语言模板

在学生不熟悉如何进行沟通与讨论的时候，教师要提供相应的语言模板帮助学生形成沟通与讨论的思路，将学习逐步推向深入，最后实现脱离模板学会合作。在使用基本模板的基础上，针对不同任务类别，教师可以进一步开发更为具体的语言指导模板。如小组汇报的基本语言模板如下："我们组的结论有……条，分别是……我们的这些结论可以分成几类，各自的特点是……我们想特别提醒大家的是……我们还有……的问题不是很清楚，需要帮助。"

（四）倾听思维模型

小组合作学习强调学生之间的交流与互动，交流互动的结果或是形成共识，或是形成几类不同结论。这一过程需要个体对他人意见的倾听以及在此基础上的进一步筛选和加工。通过个体倾听思维模型的引导，学生不仅能够学会有序分析他人的观点，更是形成了团体决议的基础。图 9-2 为倾听思维模型。

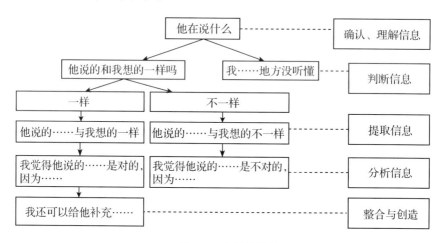

图 9-2　倾听思维模型

(二)特色课程安排

1. 拓展课程

拓展课程主要有国学经典诵读课程、攀登阅读课程、中文绘本阅读课程、英语绘本阅读课程、数码钢琴课程、双排键课程、跑酷课程、少先队活动课等。表9-5和表9-6分别为"国学经典诵读"书目和攀登阅读分级阅读书目。

表 9-5 "国学经典诵读"书目

年级	第一学期	寒假	第二学期	暑假
一	《弟子规》	《三字经》	《千字文》	《百家姓》
二	《笠翁对韵》	《笠翁对韵》	《声律启蒙》	《声律启蒙》
三	《唐诗三百首》五言	《唐诗三百首》七言	《唐诗三百首》五律	《唐诗三百首》七律
四	《大学》	《中庸》	《老子》	《中庸》
五	《诗经》	《诗经》	《诗经》	《诗经》
六	《论语·学而》	《论语·里仁》		

备注:

1.《弟子规》《千字文》:上学期《弟子规》全部;下学期《千字文》全部

2.《声律启蒙》《笠翁对韵》:上学期《笠翁对韵》全部;下学期《声律启蒙》全部

3.《唐诗三百首》:五言、七言、五律、七律

4.《老子》《大学》《中庸》:上学期《大学》全部;下学期《老子》全部

5.《诗经》:上学期国风7首,小雅5首;下学期国风10首

6.《论语》:学而篇讲务本的道理;里仁篇主要讲仁德的道理

表 9-6　攀登阅读分级阅读书目

主题	类别	低年级	中年级	高年级
欢宝悦享达人	文学	《蝴蝶·豌豆花》	《亲爱的汉修先生》	《西游记》
		《我想去看海》	《三毛流浪记》	《城南旧事》
		《猜猜我有多爱你》	《宝葫芦的秘密》	《草房子》
		《小猪稀里呼噜》	《一个孩子的诗园》	《我的妈妈是精灵》
		世界四大童话:《豪夫童话》《王尔德童话》《安徒生童话》《格林童话》;《中国传统童话故事》	世界四大神话:《埃及神话》《波斯神话》《希腊神话》《印度神话》;《中国古代神话故事》	世界四大寓言:《拉封丹寓言》《克雷洛夫寓言》《莱辛寓言》《伊索寓言》;《中国古代寓言故事》
		《北京的春节》(绘本),《北京,中轴线上的城市》(绘本),《北京记忆小时候的故事:水牛儿》(绘本)	《三国演义》《天使的花房》《夏洛的网》	《巴金散文集》《老舍散文集》
	科学	《第一次发现》	《科学家故事100个》	《地心游记》
		《神奇校车》	《让孩子着迷的77×2个经典科学游戏》	《昆虫记》
	人文	《千字文》《三字经》《弟子规》《笠翁对韵》	《唐诗三百首》《大学》	《论语》《老子庄子选》
			《林汉达历史故事集》	《孔子的故事》

主题	类别	低年级	中年级	高年级
欢宝善学达人	文学	《百岁童谣》	《窗边的小豆豆》	《寄小读者》
		《寻找快活林》		《福尔摩斯探案全集》
		《熊梦蝶　蝶梦熊》	《让太阳长上翅膀》	
		《月光下的肚肚狼》	《彼得·潘》	《我要做好孩子》
		《了不起的狐狸爸爸》	《雪花人》	《狼王梦》
		《让路给小鸭子》	《时代广场的蟋蟀》	《狼獾河》
		《我和小姐姐克拉拉》	《稻草人》	《铁丝网上的小花》
		《木偶奇遇记》	《丁丁历险记》《爱丽丝漫游奇境记》	《汤姆·索亚历险记》《鲁滨孙漂流记》
		《父与子》	《爱的教育》	《三国演义》
		《昆虫记》图说版	《冯骥才作品集》《一百个中国人的十年》	托尔斯泰小说:《战争与和平》《安娜·卡列尼娜》《复活》;《故土》《水浒传》《毛泽东诗词》
	科学	《一粒种子的旅行》	《生命的故事》	《森林报》
		《鼹鼠博士的地震探险》	《最美的科普·四季时钟系列》	《万物简史(少儿版)》
	人文	《动物王国大探秘》	《101个神奇的实验》	《科学家工作大揭秘》
		《成语故事》	《图说中国节》	《我们的母亲叫中国》
		《人》	《儿童哲学智慧书》	《居里夫人的故事》

2."学科＋"课程

依据《教育部关于全面深化课程改革 落实立德树人根本任务的意见》,以及《北京市基础教育部分学科教学改进意见》《北京市实施教育部〈义务教育课程设置实验方案〉的课程计划(修订)》,在基础教育研究中心和课程中心的引领下,学校将各文件上下贯通,左右相连,选准"学科＋"课程为切入点,推进新课程计划的有效落实。

(1)"学科＋"课程的定义

"学科＋"课程是指以学科知识为基础,在真实的社会生活情境中,进行学科实践(活化)、学科拓展(深化)、学科间融合(立体化)的综合实践活动课程,是旨在体现学生自主探究、自主应用各学科知识、自主建构知识的学习活动。"学科＋"有机地融合社会生活、学生经验、相关学科、相关资源等。所谓的"＋"绝不是简单的加法,而是丰富的乘法,体现了课程的开放性、综合性、实践性、创新性。"学科＋"课程有基于学科和基于主题两个维度。

(2)"学科＋"课程的安排

按照文件规定,"学科＋"课程的实施主要是在每周四的"半日课程"时段进行。每学期15周,每周半天(3学时),校内外共同实施。每学期组织5次校外实践活动(市级1次,区级2次,校级2次)(共15学时)和10次校内实践活动(共30学时)。

(3)"学科＋"课程的分类

基于学科的"学科＋"课程为学生基础课程的学习拓展空间,旨在加强对学生动手操作、合作交流、自主探究等能力的培养,在实践活动中增强学生的创新意识与能力,完善学生的知识结构。目前学校开发出了"语文＋"和"体育游戏＋"系列活动课程。

"语文＋"实践活动课程体现语文学科本体内容,坚持实践性、综合性、开放性和创新性四大特点,形成体系化、系列化的课程结构。我们通过制定学习目标、规划活动内容和评价量规,搭建立体、丰富的课程内容,打通学科之间的内在联系,把语文核心素养进行深度落位,促进学生语文素养的发展,如表9-7所示。

表 9-7 "语文＋"实践活动课程体系

核心素养	核心课程支撑	学生需求	课程主脉	课程领域	课程实施目标	课程主题
语言理解能力＋语言运用能力＋思维能力＋初步审美能力	低年级	它是谁 蛋能生出小生命吗？	传承中华优秀传统文化，为学生生命成长打下民族底色	生命成长	1. 感受生命的神奇、伟大；感悟成长的美好、喜悦；感受生活的趣味、美妙；激发热爱生活、珍惜生命的情感 2. 丰富语言积累；提高听懂大意的能力；提高读、写能力，能够运用几句话表达完整的意思 3. 发展懂得欣赏的审美情趣、勇于创新的思维能力；学会与人交流、沟通、合作，锻炼动手能力，培养爱生活、会生活的能力	蛋文化课程
		落叶、秋叶飘飘 叶子落下就是生命完结吗？				叶文化课程
	中年级	墨渍 书法是怎么产生的？		文化浸润	1. 了解优秀传统文化中意象的丰富内涵，感受文化的历史，积淀文化底蕴，激发文学艺术创造力，增强民族自豪感 2. 提高阅读能力，理解优秀传统文化中语言的表达特点；学习表达，能够运用语言表达情感 3. 能够欣赏古典诗歌、书画创作，提高审美情趣；提高合作学习、与人交流的能力	墨文化课程
		九月九日忆山东兄弟 为什么诗人都写咏月诗？				月文化课程
	高年级	董存瑞舍身炸暗堡、军神 什么样的人是民族的脊梁？		文化传承	1. 深入了解中华优秀文化，理解民族精神，树立理想，初步建立正确的价值观 2. 提高阅读和理解语言的能力，体会语言表达的效果，学会运用语言表情达意 3. 学会与人合作、交流，能够独立思考，具有初步的批判性思维	龙文化课程
		母亲、梅花魂 怎样做有根的人？				根文化课程

"体育游戏＋"跨学科主题课程是基于"体育游戏"并融入体育学科、语文学科、数学学科、美术学科的内容形成的课程。它是以"体育游戏"为核心，达成不同学科学习目标的综合课程，使学生通过"体育游戏"在运动健身、语言表达、书面写作、数据统计、人物绘画等方面得到综合发展，为学生的全面发展提供更多的空间和路径。图 9-3 为"体育游戏＋"跨学科主题课程内容框架。

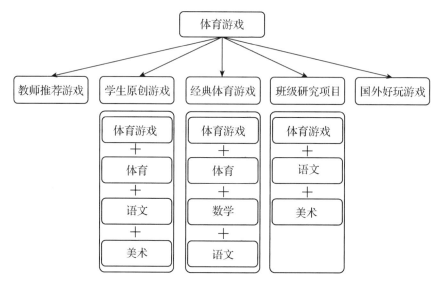

图 9-3　"体育游戏＋"跨学科主题课程内容框架

基于主题的"学科＋"是学校对照《中小学综合实践活动课程指导纲要》，挖掘校内外的教学资源，确立探究主题，开展的探究实践活动。在教师的指导下，学生尝试运用所学的探究方法，完成相关的专题任务，在真实的情境中进行学习和解决问题，发展多元智能。目前学校建构了"欢宝看世界"系列主题。

3. 个性课程

个性课程是指在学校的统一管理和协调下，由体育、科技、艺术等社团开设的课程，旨在加强对体育、科技、艺术特长生的培养。每个特色社团均要编写课程计划，制定教学目标及学期训练规划，以课程化建设推动特色发展制度化、规范化。

4. 动力课程

动力课程以思考力课程为突破口，将抽象的思维过程物化表达，形成了"麦博十大思考法则""八大思考策略"，通过思维游戏培养和训练学生的思维。教学中教师会以游戏为介质，模拟问题情境让学生解决问题，由此教会学生各种解决问题的思维方法。学生在游戏中组织和建构自己的思维过程，意识到我们的思维过程、我们的行动以及我们解决问题时所处的形势，帮助学生建构思维模型。

思考力课程使"有意思"和"有意义"达到了高度的统一，让学生在游戏中获得了思考力的提升。图 9-4 为思考力课程的课堂教学模式。

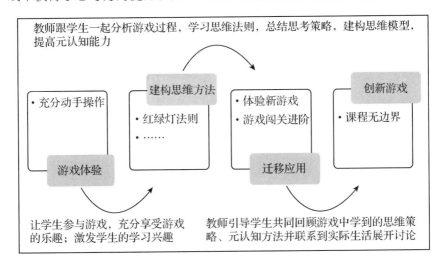

图 9-4　思考力课程的课堂教学模式

(三)完善课程管理机制

1. 建立课程建设领导和管理组织制度

课程领导是学校课程发展的方向和组织保障。学校课程领导的第一责任人是学校校长。为加强学校课程领导和组织工作，学校成立专职机构：课程教学中心。课程教学中心是学校课程组织管理的职能部门，组织和指导学校全体教师落实课程设置方案。它具体负责学校课程设置方案的编制与组织落实工作，负责课程制度建设，负责课程开发的组织、研究与评审工作，负责课程评价与修订工作，负责干部教师课程领导力的培训工作，负责与学校课程建设的其他工作。目前学校已经形成 6 人工作团队，统筹学校的课程实施、课程管理与课程评价工作。

2. 形成申报、开发、审议、实施、评价等校本课程建设的管理制度

校本课程评审工作由学校课程教学中心在学校课程领导小组的领导下统一组织。学校要建立校内外专家兼顾的学校课程评审专家库。每学年末从专家库中抽取一定数量的专家组成学校校本课程评审专家组，由专家组实施专业评审工作。

(一)课程开发的基本模型

教师在课程开发之初，如何在学科教学或主题研究中整合其他学科？整合什么内容？整合后怎样落实？思之无方，思之无法，教师无从下手。因此在研究中，学校总结了综合实践活动课程建构的一般模型，即两个实用性工具：整合模型(理论层)和实践模型(实践层)。

1. 整合模型(理论层)——怎样设计课程

表 9-8　课程的整合模型

项目	"4C＋1"目标 学科核心目标	人文与历史	评论	创造	整合其他学科
学科研究主题	"4C"包括合作与协作、沟通与交流、创新能力、批判性思维；"＋1"为信息素养；"学科核心目标"是指各学科课程标准要求培养的最主要能力	文化 事件或故事 文学家 趋势	描述 分析 解释 评价	产生 计划 生成	整合其他学科知识 整合社会生活经验 整合社会资源

表 9-8 反映出如下几方面的内容。

①"4C＋1"目标和学科核心目标：之所以在这一栏目中设立了两个目标，是因为教师在具体操作的过程中，往往出现重视本学科或现阶段的培养目标，而忘了初心"学科＋"课程的培养目标。确定研究项目时两个目标缺一不可，要相互结合进行确定。

②人文与历史：任何一项研究都要有追根溯源的严谨态度。因此在课程设计之初，能整合人文与历史的内容，要尽可能考虑在范围之内。

③评论与创造：在《布鲁姆目标分类学》中，评论与创造属于高阶思

维。而教师在设计"学科＋"课程时，往往忽视高阶思维的培养。因此为了使学生在"学科＋"课程中真正走向"高能"，我们在整合模型中融入了评论与创造。

评论涉及基于外部的准则和标准对产品或工作进行的判断，是我们称为批判性思维的核心。其关键词是描述、分析、解释、评价。创造分为三个阶段：问题表征（学生试图理解任务并产生可能的问题解决方案——产生）；方案计划（学生审视可能的方案后形成可行计划——计划）；方案执行（学生建构的问题解决方案得以执行——生成）。因此其三个关键词是产生、计划、生成。

2. 实践模型(实践层)——怎样实现课程

当教师应用整合模型进行发散性思维的设计之后，课程怎样实施？这时我们研制出了实践模型，即怎样实现这一课程。图9-5为课程的实践模型。

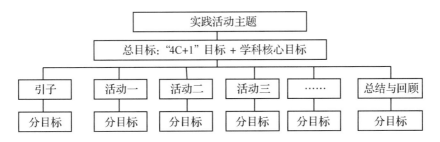

图9-5 课程的实践模型

图9-5反映出如下几方面的内容。

①引子：所有引子都是基于教材、基于学科内容，由学科引发出的深度化、系列化的课程。

②活动一、二等活动串：活动之间呈递进关系或并列关系。值得关注的是每一个活动，又可以应用整合模型进行二次开发。

③分目标：不同的活动有不同的目标，分目标是总目标的具体落实，与总目标要高度契合。

(二)建立"高卷入＋结构引导型"校本教研模式

这种教研模式是心智深度卷入的校本教研模式。高卷入是指全员卷入、全面卷入、全程卷入、全方位卷入、深度卷入。结构引导型是以提要素、理关系、建结构为导向，使成熟度相对较低的教师快速把握学科核心本质。它不是受训教师与授课教师之间单维的、浅层次的联系，而是通过研前——卷入式原行为阶段，研中——建结构、出模型阶段，研后——实践反馈阶段，使受训教师与专家团队之间产生多维度的心智共振，达到深层次的智慧整合。它是将每个人的智慧火花收集起来，彼此交织，相互融合，生成新的教学创见的过程。我们称这样的教研为教师之间灵魂深处的相遇和思考者之间的聚会。

1. 研前——卷入式原行为阶段

它是教师根据已有经验围绕校本教研主题全身心卷入，进行全面、深入的准备，充分展示教师本人的教学经验与风格，不受任何干扰的行为阶段。

2. 研中——建结构、出模型阶段

它是以学科大组为单位，由教学主任(或市区级教研人员)以及各年级合作伙伴适时介入与沟通合作，帮助教师梳理、概括、提炼知识结构，融入学科核心素养，产生结构化模型的培训阶段。

带着问题听汇报：全体学科大组教师带着问题听汇报。比如，一到六年级"图形测量单元分析"中，提出的问题是相同的教学元素是什么？共同的教学特点是什么？教师需要提炼出来。这一提炼，提的是图形度量的核心、图形度量的魂，是图形度量课堂教学中必须要落实的内容。

共同提炼核心要素：各教研组汇报后，共同提炼出核心的要素有哪些？在"图形测量单元分析"中，全体教师共同提炼出的核心要素有：单位、进率、估计、公式、工具、比较、统一单位、表象、解决实际问题(应用)、方法等。

建立一般模型：一般模型就是适合一类知识的结构化模型。就本次培训来讲，它是指适合一至六年级"图形测量"内容的共性核心要素的模型。建立这一模型的关键是教学主任(专家)与教师进行多次、多维度的心灵共振，将大家的智慧进行深层次的整合，将原本零散的点状知识建构成系统的网状知识结构。遵循知识本身的规律，建构出清晰的知识体系结构图，是对知识的深加工和理解。

融入核心素养内容：校本教研中，不仅仅是依据学科特点、学科本质、学科规律建立知识体系的结构模型，还要实现培养学科核心素养这一核心任务。因此建立知识体系的结构模型后，更为关键的是根据哪些

知识点，发展学生的哪些核心素养，从而将学科核心素养与学科知识进行有机整合。

建立特殊模型：有了融入学科核心素养的一般模型之后，最关键的一步是每一个年级组教师根据自己所教年级的图形测量知识点要求，建构自己组的结构模型，我们称为特殊模型。所谓特殊模型是只针对某一个年级某一个知识点的结构模型，它不能应用于一类知识。这样做的目的是让教师通过自我的实践、感悟、反思、建构、应用，把实践与一般模型联结起来，提升教师的迁移应用能力以及学科核心能力。

3. 研后——实践反馈阶段

此阶段注重将模型转化为教学设计、教学实践，强调学用结合，力图把培训内容转化为实实在在的教学行为，在实践中提升教师的专业能力。

四、结束语 »»»»»»»

在课程建构过程中，学校借《北京市实施教育部〈义务教育课程设置实验方案〉的课程计划(修订)》出台的东风，加快课程建构的步伐。由于学校的研究在全市具有较强的引领作用，2015年12月4日在学校召开了"北京市落实义务教育新课程计划研讨会——'每一个生命独特绽放'暨'学科＋'综合实践活动研讨会"，以及三场分学科的"学科＋"系列现场会。之后多所学校请该学校干部传经送宝，大家共同的反馈是好用，特别针对一线教师的实际。2015年，我们将成果传递到友好校唐山市曹妃甸某小学。半年后，2016年召开了唐山市的"学科＋"课程改革经验交流会，得到了地区政府的高度认可。2018年5月，学校又承办了北京市"落实《指导纲要》规划 落实特色实践课程"现场会，同时学校被批准为北京市中小学综合实践活动特色学校。除此之外，学生、教师、学校都在课题研究中快速发展。

一是学生的关键能力显著提升。学生走向了"问题解决"的思维方式。"绽放"课程更加关注"问题解决"的学习方式，旨在让学生在"发现问题—确定问题—收集资料—研究问题—发表成果—总结反思"中应用知识、锻炼能力、发展思维、彰显个性。在"数学＋"课程的"开放空间可以摆下几块展板"的探究中，学生自己设计解决问题的计划书，解决办法各具千秋。参会教师普遍反映，我们学校学生的思维特别灵活，总是处在自己积极想办法解决问题的状态。此外，学生还走向了深度学习。深度学习意味着理解与批判、联系与建构、迁移与应用。几年来，有家长将我们的学生与幼儿园时其他学校的小伙伴进行对比，发现学生在看问题时的思维深度、关联多方面知识解决问题的意识上显著优于其他的小伙伴。

二是学生个人的省思意识和沟通交流能力显著提升。在整个课程实施过程中，我们更加关注学生反省意识的培养。学校将省思分为三个阶段：事实省思、差异省思和整合省思。经过一段时间的培养，学生的省思意识已经传递给了家长。家长说："校长，这种回顾以前做的事，什么是有用的，以后可以再用的思维方式是我儿子教我的。这种方法对于成人也会有作用！谢谢学校培养孩子的这种能力。"沟通交流包括发出信息和接收信息两部分。该课程关注学生的交流能力培养。一个个活动，一次次沟通交流，学生的状态悄悄地发生了变化。过去在众人面前说话声如蚊蚋的学生，开始以嘹亮的声音发言；过去兴趣不能持续、对活动不能集中精力的学生，都能持续地、精神饱满地参与活动……

三是教师走向课程开发的自觉。由于明确了课程开发的目标，有了课程开发的工具，教师在实践层面上知道了为什么融合、怎样融合、融合后如何落实。解决了教师的困惑后，教师自觉地走向了课程开发之路。教师的教育观念发生了极大的改变，由知识导向向能力导向、价值导向转变。"学科＋"课程促进了课堂教学方式的转变，传统意义上的教师教学生学，不断地让位于做中学、体验中学、探究中学。这种学生喜爱的教学方式已成为课堂教学设计的自觉。

四是学校的知名度、美誉度迅速攀升。研究只有短短 6 年，但学校迅速成长。由于"学科＋"课程的开发与建构，学校学生的综合素养显著提升。人们对学校的态度由最初的质疑观望转变为赞赏向往；学校先后被评为 2016 年京城教育课改领军小学、2017 年京城最具幸福感小学、北京市校园文化建设示范校、北京市课程建设先进校、北京市综合实践活动特色校等。

2017 年 12 月，教育部教师工作司王定华司长到学校调研时用 5 个精彩的短语概括了学校 6 年的建校史：一枝独秀宋家庄，特色办学提质量，以生为本促发展，中西合璧理念新，面向未来展宏图。王定华司长的高度评价成为学校继续奋进的动力。

总之，教育不仅仅是"教书育人"，更重要的是要"立德树人"。未来，我们亟须培养学生能"带着走"的核心素养。北京教育科学研究院丰台实验小学的"绽放"课程为学生综合素养的提升提供了平台。这个平台在未来将会融合"立德树人"与"核心素养"的目标，让每一名学生的生命独特绽放！

第十章

小学阶段"学科＋"实践课程的构建——北京市房山区阎村中心小学的探索

    北京市房山区阎村中心小学坐落在北京市西南，是一所规模较大的农村中心校。阎村中心小学下辖大董村小学、后十三里小学、北坊小学、绿城小学四所完小，2019 年有 68 个班、2200 名学生、161 名教职工，其中市、区骨干教师有 30 人。学校始终贯彻党的教育方针，坚持立德树人的根本任务，以社会主义核心价值观为统领，以区教委"1123"工作思路为指导，践行"用心做教育，做心中有人的教育"理念。2015 年，学校确立了"勤雅教育"办学特色，以构建"勤奋于行，优雅于心"的学校文化为抓手，用精神文化引领师生成长，引领学校不断发展。

    学校课程建设大致经历了三个阶段。第一阶段（2001—2007年）是课堂教学变革阶段。2001 年，教育部颁发《基础教育课程改革纲要（试行）》，明确提出"实行国家、地方、学校三级课程管理，增强课程对地方、学校及学生的适应性"，开启了 21 世纪基础教育课程教材改革的征程。在这一阶段，作为一所农村中心校，学校将课程改革的重点落位在课堂教学改革上。第二阶段（2008—2015 年）是校本课程研发阶段。《国务院关于基础教育改革与发展的决定》等一系列文件的相继出台，进一步将基础教育课程改革引向深入。在此期间，学校积极探索校本课程研发途径，先后开设了 20 多门校本课程，其中"快乐阅读""校园足球"等精品校本课程获北京市课程建设评选二等奖；学校于 2011 年也被评为"北京市基础教育课程改革先进单位"。然而这一阶段的校本课程研发缺乏学校的整体设计和规划，三级课程之间相对孤立。第三阶段（2015 年至今）是三级课程一体化建设阶段。2015 年 7 月，《北京市实施教育部〈义务教育课程设置实验方案〉的课程计划（修订）》出台，在课程的设置和安排上给了学校更大的自主权，并明确指出各学科平均应有不低于 10％的课时用于开展校内外综合实践活动课程。学校抓住这一契机，在学校的办学理念和办学目标引领下，确定了"整体构建、协调发展、打造亮点"的课程建设思路，重新思考三级课程之间的关系，制定了《三级课程一体化建设方案》，构建了"勤雅教育"课程体系。2017 年开始了北京市教育学会课题"农村中心校学科实践活动研发与实施研究"，2018 年加入"十三五"市规划课题"北京市中小学课程改革与综合化实施的理论与实践研究"课题组，构建了"学科十"特色实践课程体系并开展扎实的研究工作。在研究过程中，"节气的奥秘"实践活动课程、英语学科实践活动课程分获北京市课程建设优秀成果一、二等奖。学校将"学科十"特色实践课程相关经验在北京市房山区中小学年度课程总结会上分享。

第一节

推动学校课程建设的背景与问题

一、学校课程建设的背景

（一）国家政策层面

实践能力对于人的发展有着极其重要的意义，我们获取知识的目的就在于将知识运用于社会实践中，从而创造出更多、更好的价值。1999年，《中共中央 国务院关于深化教育改革全面推进素质教育的决定》，明确提出了把培养"创新精神"和"实践能力"作为深化教育改革和全面推进素质教育的重要内容。2014年，《教育部关于全面深化课程改革 落实立德树人根本任务的意见》发布，指出了实践中存在的一些问题，如"重智轻德，单纯追求分数和升学率，学生的社会责任感、创新精神和实践能力较为薄弱"等，提出"整合利用各种资源，统筹协调各方力量，实现全科育人、全程育人、全员育人"。党的十九大报告明确指出，要全面贯彻党的教育方针，落实立德树人根本任务，发展素质教育，推进教育公平，培养德智体美劳全面发展的社会主义建设者和接班人。

（二）课程改革层面

2001年，教育部颁发了《基础教育课程改革纲要(试行)》，规定综合实践活动为必修课程，强调学生通过综合实践增强探究和创新意识。2015年7月，《北京市实施教育部〈义务教育课程设置实验方案〉的课程计划(修订)》出台，提出要加强学科实践活动课程建设，中小学各学科平均应有不低于 10％的课时用于开展校内外综合实践活动课程。

(三)学校层面

2015 年，北京市课程计划的修订关注的是课程的综合化、主体化发展，扩大区县和学校课程的自主权，对学校课程的领导能力提出严峻挑战。分析学校学科实践活动的开展现状，我们发现主要存在以下问题。

①认识不足，综合实践活动课程形同虚设。在学校具体操作层面，综合实践活动分解成为信息技术、劳动技术、综合实践三个独立学科，研究性学习、社区服务、社会实践没有明确落位，形同虚设。综合实践活动没有体现综合性、开放性、实践性、探究性的特点。

②重视不够，教材实践内容纸上谈兵。语文、数学等学科教材上的实践活动内容，没能引起干部、教师的足够重视，大部分还是在课堂上教师讲实践，学生说实践。

③充满困惑，10％如何落位一头雾水。学科实践活动的时间有了，活动内容从哪里来？活动形式有哪些？怎样设计活动更有效？活动方案如何有效实施？如何与农村小学实际相结合？教师提出的一个个困惑，都是需要深入研究的问题。

④有待对接，"勤雅"课程体系需丰富完善。学校围绕"勤雅立人"的办学理念，构建了"博、健、尚、雅""勤雅教育"三级课程体系，即基础课程、拓展课程、个性课程三个层次。学校的学科实践活动研发，要与学校课程体系深度对接，不断丰富完善"勤雅教育"课程体系。

二、研究问题的定位 >>>>>>>

伴随着义务教育新课程方案的颁布，我们在确定办学核心理念的基础上构建了学校"博、健、尚、雅"课程体系。学校的课程从最初的校本课程开发，到国家、地方、校本整体推进，开始走向了课程一体化建设阶段。但由于对课程的认识仍然比较肤浅，所谓的"一体化建设"也大多停留在体系框架构建上，还没有真正找到让课程有效落地的抓手或者突破点。

2016 年以来，随着中高考改革系列文件的出台、学生发展核心素养的颁布、党的十九大报告的发布、全国和北京市教育大会的召开，我们越来越感受到"立德树人"的迫切性，越来越感受到"课程"这一育人核心载体的重要性。我们开始寻找让课程体系有效落地的"触点"，使之能够达到牵一发而动全身的效果。经过一段时间的研磨以及专家的点拨，我们最终将课程实施的"触点"定位在"学科实践"上。

为什么会选择这样一个"触点"呢？主要是基于对学科实践价值的理解与思考。2015年，义务教育新课程方案做出的重要调整就是"学科实践"，这种改革的精髓是什么？为什么会做出这样的调整？它的价值导向又是什么呢？

①学科实践活动基于学科又超越学科，能够打通学生学习世界和生活世界的联系，改变学习性质。让学生动起来的同时把学科知识和生活联系起来，并运用这种联系更好地理解事物、认识事物，指导自己的学科学习。让学生学以致用，体现实际获得，体现核心素养的培育，最终提升学生的学习品质。

②学科实践活动能够撬动学科以及学校课程结构的变革，使学校通过转变教与学的方式，优化课程，实现减负增效。走过十几年的课程改革，地方、校本课程轰轰烈烈，而国家课程则岿然不动，国家课程恰恰是学校课程建设的核心和重中之重。所以，北京这次采用小切口的方式，用10％来试着撬动学科，目的就是让我们去重新思考学科的价值，实现学科育人和课程育人。

③学科实践活动尤其是跨学科学习能够使知识的建构更加立体、多维、厚重。而这也正与当今中高考改革的导向相契合。

第二节

学校的办学理念与课程结构

一、构建"勤雅教育"的办学理念体系 >>>>>>>

(一)对"勤雅教育"的解读

2015 年，秉承学校多年的办学传统和积淀，结合小学教育的规律和要求，遵循"教育的出发点基于学生，教育的落脚点为了学生"的指导思想，学校确立了"勤雅教育"办学特色，构建了以"勤·雅"为核心的办学理念体系。

"勤"代表过程和方法，是一种行为方式，是人取得成功、建立自信的基石；"雅"代表目标和结果，是内外兼修的气质，是内在学识品位不断提升而外显的行为举止高雅。我们对"勤"和"雅"的内涵分别进行了四个层次的划分：勤学、勤养、勤行、勤修；雅识、雅习、雅健、雅艺。

综合起来说，"勤雅"指学生有勤之行又有雅之品；教师既有勤之教又有雅之德；学校既有勤之育又有雅之境。概括起来，即勤学(获得雅识)＋勤养(获得雅习)＋勤行(获得雅健)＋勤修(获得雅艺)＝勤雅立人。

(二)"勤雅教育"办学理念体系

办学理念：勤雅立人。

办学目标：勤行立雅，创办一所房山区最美的生态教育学校。

"勤雅立人""勤行立雅"指的是，我们把"勤和雅"作为学生立身和做人的根本，从培养学生勤奋的行为和态度开始，最终实现由内到外的优雅，进而搭建学生幸福美好的未来。

育人目标：培养"勤学雅识、勤养雅习、勤行雅健、勤修雅艺"的自信少年。

"勤学雅识"指学生通过勤奋学习，了解古今中外有价值、有意义的知识，成为根基牢固、博学多才的诗书少年。"勤养雅习"指学生在教师的引导下了解良好的行为习惯标准，并努力践行，成为品行高尚、雅韵翩然的文明少年。"勤行雅健"指学生通过坚持不懈的培养运动兴趣和健身习惯，成为身心健康、阳光自信的有志少年。"勤修雅艺"指学生在教师的指导下，通过不断的学习实践，成为兴趣高雅、心灵手巧的优雅少年。

学校以此为基础提出校训、校风、教风和学风。①校训：始于勤、立于雅。"始于勤、立于雅"，即勤是必经之路，雅是最终目标。②校风：勤奋于行、优雅于心。③教风：勤教善导、儒雅示范。④学风：勤学善思、雅行雅量。

（三）勤雅教育实践体系

在长期的实践过程中，我们不断探索"勤雅教育"的实践体系：逐步形成"以人树勤，以文养雅"的管理文化，"勤而有行，雅而有致"的环境文化，"始勤终雅，生本构建"的课程文化，"合而有序，雅而自主"的课堂文化，"勤而立学，雅而有爱"的教师文化，"勤学善思，雅而自信"的学生文化和"知勤行勤，知雅行雅"的家长文化。

"以人树勤，以文养雅"是学校的管理文化。"以人树勤"是指通过对师生的有效管理而营造一种积极向上、勤奋乐观的学校氛围。"以文养雅"是指通过文化知识的学习来培养一种幽雅的校园环境、具有高雅境界和优雅气质的师生群体。

"勤而有行，雅而有致"是学校的环境文化。"勤而有行"主要是通过对"勤文化"的宣传和展示，从而使全校师生都受到熏陶和感染；在"勤文化"的影响下，全体师生能够真正做到有所行动、有所实践，勤奋工作、努力学习。"雅而有致"是指营造温馨和谐、优雅舒适的书香乐园，使全体师生在优雅环境的熏陶下培养高雅的生活情趣和审美眼光，能够养成典雅有致的外在行为举止。

"始勤终雅，生本构建"是学校的课程文化。"始勤终雅"是指学校课程文化的主要内容和实施路径。"生本构建"是指在构建勤雅课程体系的过程中要始终坚持以学生为本，尊重学生身心成长和学习发展的规律。

"合而有序，雅而自主"是学校的课堂文化。"合而有序"主要是指在合作学习中，通过小组成员的不同分工合作而实现学习效率的最大化。这种合作是一种有序的协作，是一种高效的合作。"雅而自主"指的是在自主学习中，学生能通过独立分析、探索、实践、质疑、创造等方法来实现学习目标。

"勤而立学，雅而有爱"是学校的教师文化。"勤而立学"是从教师自身学习、工作、成长的角度来讲的。教师的职责是教书育人，每一名教师必须勤奋学习，刻苦钻研专业文化知识，不断总结教育教学经验，才能保障自身在不断变化的教育教学工作中站得住脚，并且能够不断完善自己、提升自我。"雅而有爱"是从人际关系、教师对他人特别是学生的态度、作风来讲的。教师内心精神世界是高雅的，外在行为举止是优雅的，对待学生是宽仁有爱的。只有做到"勤而立学，雅而有爱"，教师才能成为引领学生自信成长的勤雅导师。

"勤学善思，雅而自信"是学校的学生文化。"勤学善思"是从学生学习思考的角度来讲的。学生重要的任务是学习，而勤奋学习、刻苦努力则是取得优异成绩的前提和基础。只有实现"学与思"的结合，勤于思考、善于思考，才能实现自身的成才和成长。"雅而自信"是从学生思想品德和人格修养的角度来讲的。"雅而自信"的"雅"是指培养高雅的境界和高尚的情操，"自信"则是指树立正确的世界观、人生观和价值观，树立坚定的理想信念，自立、自信、自强。

"知勤行勤，知雅行雅"是学校的家长文化。家长在孩子成长发展的过程中起到至关重要的作用，对他们的言传身教更可能会影响其一生的发展。在"勤雅文化"的指导下，家长不仅应该做到知勤知雅，又要做到行勤行雅；既对"勤雅文化"有比较深刻的理解和认识，又能认真践行"勤雅文化"，做到知行合一，从而为孩子树立自信成长的勤雅楷模。

二、构建"勤雅教育"的课程结构体系 >>>>>>>

(一)"勤雅教育"的课程目标体系

围绕学校的育人目标，我们确定了课程的总目标：以课程标准和社会主义核心价值观为导向，建立"勤雅教育"课程体系，完善管理制度，变革教与学的方式，努力培养勤学雅识、勤养雅习、勤行雅健、勤修雅艺的自信少年，促进学生的全面健康成长。

在落实人文底蕴、科学精神、学会学习、健康生活、责任担当、实践创新六大核心素养的同时，我们重点培养学生"四习、四品、四能"，即养成四种好习惯：喜欢读书、善于思考、乐于合作、自信表达；具有四种好品质：爱心、勤奋、责任、诚信；拥有四项技能：一笔端正好字、一项体育技能、一种艺术爱好、一项生活技能。课程目标体系如图 10-1 所示。

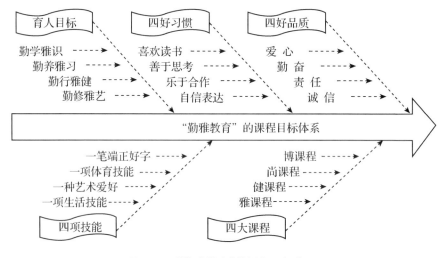

图 10-1　"勤雅教育"的课程目标体系

(二)"勤雅教育"的课程结构体系

围绕"勤雅教育"课程总目标，我们构建了"博、尚、健、雅"四个课程模块。每个模块又分为三个课程层次：基础课程——以国家课程为主，面向全体学生开设的课程；拓展课程——以地方课程和校本课程为主，整合校内外的课程资源；个性课程——以校本课程和社团活动为主，结合学校育人特色的精选传统课程，面向有志于形成一定专长的学生。这一结构体系具体如图 10-2 所示。

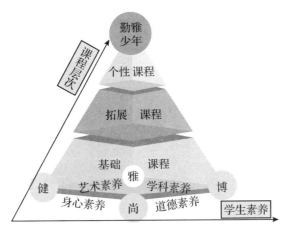

图 10-2　"勤雅教育"的课程结构体系

（三）"勤雅教育"的课程内容体系

围绕课程目标，我们依据课程结构，设置了各模块、各层次的具体课程内容。如围绕学校育人目标"勤学雅识"，我们构建了博课程，培养基础扎实、博学多才的勤雅少年。博课程又分为国家课程、拓展课程、个性课程三个层次。基础课程和拓展课程属于必修课程，个性课程属于选修课程。博课程中的基础课程包括语文、数学、英语、科学课程，还包括相关学科的实践活动课程；拓展课程包括中华优秀传统文化、中小学专题综合课程等地方课程，还包括节气的奥秘、勤阅、尚雅阅读课程等校本课程；个性课程包括科乐思拼插模型、诵读、英语剧等社团课程，如表 10-1 所示。

表 10-1 "勤雅教育"的课程内容体系

学校育人目标	课程目标	基础课程	拓展课程		个性课程
		必修课程			选修课程
		国家课程	地方课程	校本课程	社团课程
勤学雅识	博——培养基础扎实、博学多才的少年	语文、数学、英语、科学、学科实践活动课程	中华优秀传统文化、中小学专题综合课程	综合课程：节气的奥秘阅读课程：勤阅、尚雅	科乐思拼插模型、诵读、科技、英语剧、小发明家……
勤养雅习	尚——培养品行高尚、雅韵翩然的少年	道德与法治、学科实践活动课程	房山我为你骄傲	雅习课程节日课程实践课程	小记者、小主持人、礼仪操……
勤行雅健	健——培养身心健康、敢于拼搏的少年	体育与健康		校园足球、追梦篮球、安全在身边、心理健康专题教育	武术、健美操、跆拳道、体育舞蹈、乒乓球……
勤修雅艺	雅——培养兴趣高雅、多才多艺的少年	美术、音乐、劳动技术、信息技术	书法	种植体验、开心农场	舞蹈、音乐剧、民乐团、管乐团、合唱团、沙画、超轻黏土制作、衍纸、茶艺……

三、构建"学科+"实践课程体系 >>>>>>>

（一）相关概念界定

1. 综合实践活动

综合实践活动是国家义务教育和普通高中课程方案规定的必修课程，

与学科课程并列设置，是基础教育课程体系的重要组成部分。其课程总目标是学生能从个体生活、社会生活及与大自然的接触中获得丰富的实践经验，形成并逐步提升对自然、社会和自我内在联系的整体认识，具有价值体认、责任担当、问题解决、创意物化等方面的意识和能力。主要活动方式及其关键要素为考察探究、社会服务、设计制作、职业体验。

2. 学科实践活动

学科实践活动隶属综合实践活动，是指为实现学科核心素养与学生成长目标，在各学科的教学过程中，基于学科教学内容而设计的突出实践性、探究性，主要依托参观、调研、制作、实验等形式而逐步形成的学科内的单学科实践活动，以及跨学科多主题和多层次(知识类、体验类、动手类、探究类)的系列活动。与综合实践活动比较，学科实践活动更突出学科性，它是传统学科教学与综合实践活动之间的桥梁。

3."学科十"实践课程

"学科十"实践课程隶属学科实践活动。"学科十"是学校研发学科实践活动的一种整体架构的方式，主要包括四个模块。模块一：学科十拓展——基于国家课程的学科课堂教学和教材内容拓展的学科实践活动；模块二：学科十学科——基于国家课程的整合两个或多个学科的跨学科主题实践活动；模块三：学科十生活——基于日常生活的知识经验化的问题解决的主题实践活动；模块四：学科十技术——基于 STEM 理念的技术应用主题实践活动。

(二)"学科十"实践课程的总目标和整体建构

"学科十"实践课程的总目标为：学生在学科学习过程中，依托参观、调研、制作、实验等形式，参与"学科十"系列实践课程，在实践、探究中动起来的同时，巩固学科知识，提高运用学科知识解决生活实际问题的能力，学以致用，全面提升学科核心素养，提升学习品质。

"学科十"实践课程整体上由四个模块构成：学科十拓展、学科十学科、学科十生活、学科十技术。该课程的主要类型包括单学科实践课程和跨学科实践课程。在课程内容上，一是基于国家课程单学科的教材内容拓展；二是基于国家课程的整合两个以上学科的主题实践活动；三是基于日常生活的知识经验化的问题解决的主题实践活动；四是基于STEM 理念的技术应用主题实践活动。该课程的研发包括学科教师研发、年级教师研发、专长教师研发、学生自主研发、学校统一研发这几种形式。

四、"学科＋"实践课程体系的内容框架 >>>>>>>>

我们需要明确"3545""学科＋"实践课程体系的构建思路。它立足三个基于：基于学科本质、基于学生生活、基于学生兴趣；体现五个特性：自主性、综合性、实践性、开放性、连续性；构建四个模块：学科＋拓展、学科＋学科、学科＋生活、学科＋技术；发展五种能力：实践能力、创新能力、提出问题和解决问题能力、合作互助能力、沟通交往能力。

(一)数学学科

数学学科课程分为三类：基础课程、拓展课程、综合课程。基础课程中的综合与实践，以及所有的拓展课程、综合课程都是数学学科实践活动课程。其中综合课程属于跨学科实践活动，其余都是单学科实践活动。拓展课程是基于教材某一知识内容拓展出的学科实践活动课程，主要包括做数学、生活应用、数学文化三个层面的内容。综合课程主要包括走进校园、走进家庭、走进社会三个层面，是基于年级多学科教材和学生日常生活中自主发现的问题开展的专题实践活动。数学学科课程结构如图 10-3 所示。

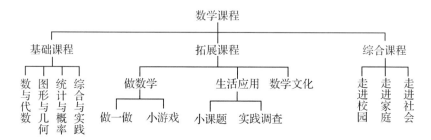

图 10-3 数学学科课程结构

数学学科综合课程的内容如表 10-2 所示。

表 10-2　数学学科综合课程内容

册数	跨学科实践活动主题	相关学科	教学目标
一年级上册	制作钟表	数学 劳动技术 美术	1. 学生通过对不同钟表的欣赏，了解钟表的文化以及造型特点，激发对美术学习活动的兴趣，提高审美能力 2. 学生通过钟表的设计与制作，形成创新意识，以及设计与制作能力 3. 学生通过本课的学习，利用自己设计制作的钟表，认识表盘上的时间，形成时间观念
一年级下册	神奇的七巧板	数学 劳动技术 美术	1. 在操作活动中，学生能认识长方形、正方形、三角形、圆，体会"面在体上" 2. 学生能运用七巧板拼出有趣的图形 3. 学生形成初步的观察、比较和动手操作能力，以及初步的空间观念
二年级上册	小小设计师	数学 美术	1. 学生能围绕"装扮教室"这个话题大胆设想，广泛交流；经历实际操作的过程，在解决问题的过程中加深对对称、方向的认识 2. 学生可以获得一些初步的数学实践活动经验，感受数学在日常生活中的作用，知道能够运用所学的知识和方法解决简单的问题 3. 学生在欣赏数学美、创造数学美的活动中，形成创新意识与实践能力
二年级下册	我是质量监督员	数学 语文	1. 学生通过调查、统计活动，了解一些生活中经常遇到的质量问题，感受知识与现实生活的联系，加深对千克和克的认识，提高应用意识及估算能力 2. 学生在实践活动中形成解决实际问题的能力 3. 学生通过活动中小组同学的相互配合，形成群体意识及合作意识
三年级上册	小小测量员	数学 美术	1. 学生通过测量卧室、客厅、厨房的实践活动，能够综合使用所学知识，解决生活中的实际问题 2. 学生在测量过程中通过与同学合作共同完成任务，学会与他人合作，学会交流与分享 3. 学生通过对测量结果的评价，提高反思意识，形成认真做事、严谨学习的良好习惯

册数	跨学科实践活动主题	相关学科	教学目标
三年级下册	制作万年历	数学 信息技术	1. 学生通过参加制作年历的实践活动，进一步巩固所学的年、月、日的有关知识，加深对所学知识的理解 2. 学生知道年历的结构，懂得看年历，初步掌握年历的制作方法，会用简单推算的方法制作年历 3. 学生通过活动，形成收集、整理、分析信息的能力，并形成交流借鉴、资源共享的合作意识 4. 学生能产生对数学的兴趣和对美好生活的热爱之情
四年级上册	生活中的编码	数学 道德与法治	1. 学生通过收集丰富的生活素材，在分析、交流和调查活动中了解数字信息在日常生活中的广泛应用，体会它们的实际价值 2. 学生结合现实、有趣的生活素材，探索数字编码的思想和方法，发展实践能力 3. 学生通过知识的实践与综合运用，拓宽知识面，提高数学素养，激发对数学学习的兴趣
四年级下册	制作电子报刊	数学 信息技术	1. 学生在设计和装饰电子数学小报的活动中，进一步熟悉各种图形变换的特征，掌握各种图形变换的基本方法，巩固所学的相关知识 2. 学生在实践活动中提高灵活运用所学知识解决问题的能力 3. 学生在分工合作完成实践活动任务的过程中，增强合作意识；学习合作方法，感受合作的价值，享受合作的成果
五年级上册	节约调查与行动	数学 道德与法治 语文 信息技术	1. 学生能结合实际情境，进一步掌握小数乘、除法的计算方法及混合运算的运算顺序，体验发现和提出问题、分析和解决问题的过程 2. 学生在家庭用水、用电、用气调查的实践活动中，感受针对节约用水问题提出设计思路、制定简单的解决方案的过程，获得解决问题的经验与策略 3. 学生通过应用与反思，进一步感受数学与现实的密切联系，提高科学用水、自觉节水、保护资源的意识

册数	跨学科实践活动主题	相关学科	教学目标
五年级下册	生活垃圾的研究	数学 道德与法治 语文 信息技术	1. 学生通过开展"家庭生活中的碳排放"的综合与实践活动，发展综合运用数学知识和方法解决实际问题的能力，感受数学在生活中的作用，了解低碳的知识，懂得低碳生活的意义与价值 2. 学生增强珍惜环境、保护环境的意识，从小养成节能、环保的良好习惯 3. 学生通过自主、合作、探究，提高沟通、合作的能力
六年级上册	做个理财小能手	数学 道德与法治 语文 信息技术	1. 学生通过实践活动进一步了解有关储蓄的知识，认识储蓄的重要意义 2. 学生能掌握银行存款、取款以及填写存款凭条和取款凭条的方法 3. 学生进一步加强对百分数知识的理解，体验所学的数学知识在生活中的运用 4. 学生能形成解决简单的实际问题的能力
六年级下册	我是校园小主人	数学 语文 信息技术 美术	1. 学生在综合与实践活动中发展学生综合运用测量、平面图形、比例尺知识与方法解决简单的实际问题的能力 2. 学生通过"测一测""问一问"等活动，形成实际操作能力和实践活动能力 3. 学生在活动中形成团结协作精神，观察和认识周围事物中所包含的数学知识，感受到数学与现实生活的密切联系

275

(二)语文学科

语文学科课程分为基础课程、拓展课程和综合课程。基础课程中的"口语交际"等相关内容，以及所有的拓展课程、综合课程都是语文学科实践活动课程。其中"项目阅读"属于跨学科实践活动，其余都是单学科实践活动。拓展课程是基于学生年龄特点开设的阅读课程，一至二年级是绘本阅读，三至六年级是整本书阅读。综合课程主要包括擂台赛、嘉年华、项目阅读三个层面，具体包括常规开展的朗诵比赛、古诗词比赛等与课外阅读相关的竞赛和展示活动。项目阅读是基于学生感兴趣的中华优秀传统文化开展的跨学科专题实践活动。语文学科拓展课程内容如表 10-3 所示。

表 10-3　语文学科拓展课程内容

年段目标		年级	学习主题	成长主题	题材	学期	必读书目	选读书目
爱读书	勤学：激发兴趣、养成习惯、勤学善思	一年级	快乐学习	友爱	童话神话故事	一年级上	《小魔怪要上学》《我爸爸》	《小海螺和大鲸鱼》《一园青菜成了精》《我家是个动物园》《安徒生童话》注音版：《拇指姑娘》《小意达的花儿》《红舞鞋》；《中国神话故事》注音版：《哪吒闹海》《后羿射日》《盘古开天地》；《弟子规》
				勤奋		一年级下	《面包店的猫伙计》《猜猜我有多爱你》	《好饿好饿的小蛇》《母鸡萝丝去散步》《晚安月亮》《安徒生童话》注音版：《丑小鸭》《卖火柴的小女孩》《皇帝的新装》《中国神话故事》注音版：《八仙过海》《精卫填海》《嫦娥奔月》；《三字经》
		二年级	快乐思考	诚实	成语故事寓言故事	二年级上	《爷爷一定有办法》《短耳兔考0分》	《爱思考的艾伯特》《小黑鱼》《蚯蚓日记》《我想去看海》；《成语故事》彩图注音版：《启迪篇》和《智慧篇》；《中国寓言故事》；《百家姓》
				坚强		二年级下	《勇敢的艾玛》《大脚丫跳芭蕾》	《图书馆老鼠》《小猪变形记》《大卫不可以》《一粒种子的旅行》；《成语故事》彩图注音版：《道理篇》和《励志篇》；《伊索寓言》；《千字文》

年段目标	年级	学习主题	成长主题	题材	学期	必读书目	选读书目
会读书 勤养：养成习惯、习得方法、勤问善省	三年级	学会质疑	奉献	科普常识	三年级上	《昆虫记》《夏洛的网》	《高士其科普童话》《神奇校车》《小鹿班比》《尼尔斯骑鹅旅行记》《郑渊洁十二生肖童话》
			合作		三年级下	《宝葫芦的秘密》《爱丽丝漫游奇境记》	《亲爱的汉修先生》《绿野仙踪》《我的第一本科学漫画书》《时代广场的蟋蟀》《中华优秀传统文化故事》
	四年级	学会积累	独立	科幻小说	四年级上	《神秘岛》《爱的教育》	《地心游记》《一片叶子落下来》《绿山墙的安妮》《哈利·波特与魔法石》《小王子》《希腊神话故事》
			尊重		四年级下	《海底两万里》《窗边的小豆豆》	《格兰特船长的儿女》《秘密花园》《八十天环游地球》《草原上的小木屋》《我要做个好孩子》《中国名胜古迹故事》
好读书 勤修：习得方法、形成能力、勤悟善研	五年级	理性思维	沟通	外国文学	五年级上	《鲁滨孙漂流记》《草房子》	《福尔摩斯探案全集》《青铜葵花》《童年》《格列佛游记》《狼獾河》《铁丝网上的小花》
			感恩	中国文学	五年级下	《城南旧事》	《假如给我三天光明》《小橘灯》《寄小读者》《狼王梦》《稻草人》《有老鼠牌铅笔吗?》
	六年级	探索阅读	乐观	人物传记	六年级上	《居里夫人传》《苏东坡传》	《西游记》《钢铁是怎样炼成的》《雾都孤儿》《诺贝尔奖获得者与儿童的对话》《西顿动物小说》《朝花夕拾》《呼兰河传》
			担当	红色经典	六年级下	《小兵张嘎》《红岩》	《三国演义》《史记》《林海雪原》《小英雄雨来》《中国古代名将与名相故事》《中国古代帝王与名士故事》《人类的故事》

(三)英语学科

英语学科课程分为三类：基础课程、拓展课程、综合课程。基础课程中的相关内容，以及所有的拓展课程、综合课程都是英语学科实践活动课程。其中综合课程属于跨学科实践活动，其余的都是单学科实践活动。拓展课程是开设的阅读课程，包括绘本阅读和篇章阅读。综合课程主要包括节日课程和戏剧课程。英语学科课程结构如表 10-4 所示。

表 10-4　英语学科课程结构

类别	主题		内容
基础课程	生活类 (Life)	家庭生活 (Family Life)	性格、习惯、爱好(Living, Habit and Hobby)
			起居(Daily Life)
			购物(About Shopping)
			计划(Making Plan)
			出行(About Travel)
		学校生活 (School Life)	学习(Learning)
			友谊(Friendship)
			活动(Activities)
		社会生活 (Social Life)	规则(Rules)
			礼貌(Politeness)
			社会活动(Social Activity)
	文化类 (Culture)	问候语言(Greeting)	
		跨文化交际(Cross-Culture)	
	科普类 (Science)	自然界 (About Nature)	动物(Animals)
			植物(Plants)
		科学探索(Scicence exploration)	
拓展课程	阅读类 (Reading)	英语绘本(English Picture Books)	故事类绘本(Story Picture Books)
			科普类绘本(Science Picture Books)
			知识类绘本(Picture Books for Knowledge)
		篇章阅读 (Passage Reading)	

类别	主题	内容
综合课程	传统节日类（Traditional Festival）	**中国传统节日课程（Chinese Traditional Festivals）**：春节（The Spring Festival）、元宵节（The Lantern Festival）
		清明节（Tomb-Sweeping Day）、端午节（The Dragon Boat Festival）
		中秋节（The Mid-Autumn Festival）、重阳节（The Double Ninth Festival）
		西方传统节日课程（Traditional Western Festivals）：圣诞节（Christmas Day）
		万圣节（Halloween）
		感恩节（Thanksgiving Day）
	戏剧类（Drama）	课本剧（Text-based Drama）、情景剧（Scene Play）
		童话剧（Fairy Tale Story）、戏剧（Theater and Drama）

（四）科学学科

科学学科课程分为三类：基础课程、拓展课程、综合课程。基础课程涉及生命科学、物质科学、工程技术。科学学科课程是一门实践性较强的课程，我们重在做好基础课程中的各类观察、实验、操作等实践课程。在此基础上，我们适当研发了年级主题课程和科乐思拼插等综合课程。

（五）道德与法治学科

道德与法治学科课程分为三类：基础课程、拓展课程、综合课程。基础课程中的实践相关内容，以及拓展课程、综合课程都是学科实践活动课程。拓展课程包括丰富多彩的生活、我为祖国点赞、我是守法小公民三个主题内容。综合课程包括启航课程、毕业课程、节日课程、实践课程。道德与法治学科综合课程内容示例如表 10-5 所示。

表 10-5　道德与法治学科综合课程内容示例

课程内容	册数	跨学科实践活动主题	相关学科	教学目标
启航课程	一年级上册	我是小学生啦	语文、数学、美术、音乐	能够用自己喜欢的方式分享上学以后的收获和感受
节日课程	一年级上册	勤雅少年过大年	语文、美术、音乐	知道过春节的礼节和风俗习惯,能够分享自己是怎样过春节的
实践课程	一年级下册	我和春天合个影	语文、美术	能够分享自己在春天里的见闻和感受
节日课程	二年级上册	迎国庆展风采	语文、美术、音乐	知道国庆节的来历,能通过朗诵、唱歌、绘画等表达对祖国的热爱
节日课程	二年级上册	勤雅少年过中秋	语文、美术、音乐、手工	1. 和家人一起了解中秋节的来历、习俗的相关故事传说,能够讲给同学听 2. 学唱儿歌《八月十五月儿圆》,唱给家人听 3. 用自己喜欢的方式为爸爸妈妈、爷爷奶奶创作一个漂亮的月饼
实践课程	二年级下册	我是环保小能手	美术、科学、手工	能够分享家里的环保小妙招,召开废物再利用展示会

第三节

"学科＋"实践课程的实施

一、课程实施的基本策略 >>>>>>>

（一）"学科＋拓展"

"学科＋拓展"学科实践活动，是基于国家课程的学科课堂教学和教材内容拓展的学科实践活动。对于语文、数学、英语、道德与法治、科学五个学科，学校对教材内容进行梳理，提炼出本册、本学科教材中的学科实践活动主题，依据教材内容拓展延伸活动主题。

1. 数学学科

我们梳理了《数学 1～6 年级"学科＋拓展"学科实践活动内容汇总表》，对"学科＋拓展"学科实践活动课程进行系统研发，依托学科教研组，制定课时活动方案。

2. 语文学科

除梳理教材内设计的相关实践活动外，我们以阅读、写作实践活动为突破口，大胆尝试拓宽语文学科实践活动路径，立足于学生语文素养的落位，构建了以"1＋X"为主线的"勤阅·尚雅"语文课程群。"1"指的是国家课程，"X"即由国家课程内容拓展出来的阅读实践课程和以名著在线、课本剧表演及故事会为主要形式的阅读活动课程。我们明确了《学校勤阅·尚雅阅读课程框架》，确定了各年级课外阅读的必读书目和选读书目，并尝试开展了绘本教学、思维导图、1＋X 阅读教学研究。

3. 英语学科

我们结合北京版教材展开语言应用性实践，以提高学生的语用能力为核心，形成了基于国家课程的生活类、文化类、科普类的紧贴学生生活实际的课堂实践活动体系，以课本剧、情景剧、童话剧为内容的英语戏剧小课程群，以及以中国传统节日为统领的主题课程群。

4. 道德与法治、科学学科

我们初步构建了学科课程群，依据教材内容设计、开展学科实践活动。对于道德与法治学科，学生对交通拥堵等问题展开调查、研究，以寻求解决问题的办法；对于科学学科，学生研究紫甘蓝的秘密。

(二)"学科＋学科"

"学科＋学科"学科实践活动，是基于国家课程年级教材内容，设计整合两个或多个学科内容的跨学科主题实践活动。完小同年级教师通过合作，共同研究实践主题，设计实践活动方案。主要有跨学科主题活动和学科间的相互渗透两种途径。

途径一：跨学科主题活动。数学学科梳理了各年级跨学科实践活动主题。其他学科也根据教材内容研发了跨学科实践活动，如四年级语文、科学学科教师共同研发的主题探究活动"奇妙的盐"，是在语文学科"神秘的死海"一课后，开展的"学科＋学科"主题实践活动。"走进京剧"是语文、音乐、美术教师共同研发的实践活动，让学生在研京剧、唱京剧、画京剧的过程中，体会国粹的魅力。

途径二：学科间的相互渗透。如在足球文化的引领下，美术课画足球场上的精彩瞬间，数学课借助足球比赛的进球数量统计学习平均数；劳动技术课将衍纸内容与读名著人物联系起来等。

(三)"学科＋生活"

"学科＋生活"学科实践活动，旨在让学生把所学知识与实际生活密切联系、走进自然、走进社会、走进自我，善于发现生活中感兴趣的问题，筛选能综合运用本年级所学知识解决的生活问题，开展基于问题解决的小课题实践研究，撰写研究报告。

一是依托精品校本课程，整合开展主题实践活动。如"节气的奥秘"校本课程，让学生在参与农耕实践，观察、记录物候气候现象的过程中，了解与节气相关的人文知识，感受节气与生活的关系。又如六年级在二十四番花信风的学习中，开展了围绕水仙花的系列活动和研究。再如依托"节日课程"开展以春节、清明节等中国传统节日为主题的综合实践活动。

二是激励学生善于发现日常生活中感兴趣的问题，开展小专题研究。如"认识雾霾""铁生锈了"都是学生感兴趣的问题。如在"铁生锈了"课上，学生通过寻找发现校园、家庭中铁生锈的现象，引发自身的思考。学生在教师的指导下开展铁钉生锈的对比实验研究，经过多次观察、记录的实践过程，最终探究出铁钉生锈背后的道理。此项研究我们也正在起步阶段，是后续研究工作的重点。

三是与日常生活联系紧密的相关应用主题。如语文学科课程要求学生学写说明书、留言条等。

(四)"学科+技术"

"学科+技术"学科实践活动，是基于 STEM 理念的技术应用主题实践活动，涉及工程、设计、信息技术等。教师通过科学、劳动技术、信息技术学科实验让学生开展专题研究。

一是程序设计与创意传感器应用研究。如《我爱小猫咪》程序设计，让可爱的小猫动起来，舞起来。

二是科乐思拼插模型课程研究。根据科乐思机械套材的特点及分类，教师将内容分为认识科乐思、杠杆、滑轮等 7 个单元，每个单元又有不同的课时内容。如第二单元"杠杆"就包含拼插剪刀和导弹发射器、拼插天平、拼插模型杠杆车、学生创作课、拼插跷跷板、拼插投石器 6 项内容。

三是设计制作课程。学生通过用身边的材料，设计、创作出丰富多彩的作品，激发创新的意识，培养创新的能力。如"衍纸"课程和"节气的奥秘"校本课程中也融入了设计制作的内容。

(一)学校整体构建"学科十"学科实践活动课程体系是课程实施的前提

学校学科实践活动体系的构建要基于国家要求、地域特点、学校文化、学生需求、师资状况，要整合国家、地方、校本课程。对于学校来讲，这是一项既庞大、系统、复杂又非常重要的工作，必须整合人力物力，系统思考，反复研磨。

(二)调动教师研发实施学科实践活动的积极性是保障课程质量的基础

学科实践活动要基于学科，因此学科教师是课程内容研发、课程实施的主力军。让学科教师认识到学科实践活动的重要性，自主研发适合本班学生的实践活动课程并有效实施，是保障学科实践活动质量的基础。最终，通过10％的有效实施，转变教师观念、转变学习方式，撬动90％以深度落位。

(三)搭建研究展示学科实践活动的平台是提高课程质量的有效手段

一是研究平台。学科教研组重点对"学科十体验"模块进行研究，包括主题设计、活动设计，分工合作、资源共享。同时，学科教研组通过组内磨课，探索学科实践活动课堂教学的有效方式。

二是指导平台。我们聘请区级教研员走进学科实践活动课堂，引领方向，打造精品课例。

三是展示平台。我们开展以学科实践活动为主题的学校课堂教学评优活动，开展学科实践活动成果评选活动，提高教师开展学科实践活动的意识，增强教师组织实施学科实践活动的能力。

(四)扎实有效的多元评价跟进是落实学科实践活动课程的保障

为保障学科实践活动的效果，学校形成了评价主体多元、评价形式多样的动态持续的评价体系。

对学生的评价：我们本着公平、公正、科学的原则，结合新课程改革评价的思想与要求，注重激励和发展、注重教育与开发、注重质性评价，打破单一的量化评价形式。因此对学生在活动中的表现以及所得成果，采取师评、组评、自评相结合的方式。

对教师的评价：我们通过听课，了解教师的课堂实施情况，对课堂教学进行评价。对学生参与活动的情况进行评价，包括参与人数、参与率、参与活动的巩固率、学生的参与态度等。对学生在活动中的地位评价，如学生的主体性、自主性、独立性等方面。培养目标的达标评价，如是否达到了培养目标中的具体目标，是否达到了预期对学生的教育作用。对安全工作的评价，如活动中是否出现安全隐患和不安全因素以及排查、处理情况。

对学校的评价：我们构建以"课程内容、课程实施、课程评价、课程效果"为重点的学校评价体系。我们通过听课、座谈、过程性材料、活动效果等，评价活动实施效果，并将评价结果纳入对学校的综合评价成绩。

建设效果与反思

一、建设效果 >>>>>>>

（一）教师的课程研发和实施能力明显增强

经过两年的实践与探索，我们欣喜地看到"学科＋"实践课程带来的变化。我们的干部教师变了，学习研究实践的意识更强了；教师之间主动交流，跨学科合作的意愿更强了。部分教师"学科＋"的内容从关注内容逐步走向关注学科逻辑。教师在日常教学中，使学生体验、实践的意识明显增强，让学科实践活动的主题、方案的设计更加合理完善。英语学科实践活动成果获 2017 年北京市二等奖，并入选北京市房山区课程建设优秀成果集。2018 年 12 月，学校在北京市房山区中小学年度课程总结会上，做《构建"学科＋"实践课程 促进学生综合素养提升》典型发言。

（二）学生的实践能力和创新精神明显增强

在各级各类比赛中，成绩突出，实践成果作品丰富且富有创意。2019 年 5 月和 12 月，衍纸社团的纸服装设计、步摇制作主题研究分别在北京市第二届中小学生技术创意设计展示活动中获北京市一等奖。

（三）学校课程体系得到丰富和完善

"学科＋生活"模块中的"节气的奥秘"校本课程，获 2018 年北京市课程建设优秀成果评选一等奖。

二、反思与展望 >>>>>>>

(一)进一步完善"学科十"学科实践活动体系

随着各学科"学科十"学科实践内容的逐步增多，学科间有重叠现象。如何进一步加强学科间的沟通、整合，进一步完善"学科十"学科实践内容体系，是我们进一步重点研究的问题。

(二)进一步研究学科实践活动与课堂教学紧密结合的策略

北京市设置 10％的学科实践活动时间，是为了增强教师的实践意识，并有效落实到课堂教学。因此如何让 10％反哺课堂，实现课堂教学与学科实践活动的有机融合，是需要我们进一步深入探索的。

(三)进一步将学科实践活动与综合实践活动有机整合

如何将《中小学综合实践活动课程指导纲要》的落实与"学科十"学科实践活动研究有机整合，整体构建学校实践活动课程体系，是我们需要进一步深入研究的问题。

第十一章
基于办学理念和核心素养的学校课程体系构建——北京教育科学研究院丰台学校的实践

北京教育科学研究院丰台学校是一所创建于 2015 年的新建学校。学校在创立之初依据党的教育方针和学校办学的实际情况确立了"尊重教育"的办学理念。2016 年 9 月,《中国学生发展核心素养》正式发布,成为我国学校育人的重要指南,也为学校发展提供了方向。课程作为实现教育目标的主要载体,如何以课程改革为突破口,践行尊重教育理念和推进学生发展核心素养的落实,就成为学校探索与实践的重要课题。

第一节

研究背景

一、学校背景分析 >>>>>>>

　　学校系北京市丰台区南苑棚户区改造项目的配套学校，是北京教育科学研究院与丰台区人民政府合作成立的九年一贯制公办学校。学校于 2014 年 1 月开始筹建，2014 年 4 月签订合作办学协议；2015 年 6 月首次招生，9 月正式开学；2016 年 3 月 15 日正式搬入阳光星苑校区办学。2019 年，在职教职工 60 人，平均年龄为 33.4 岁，在校 20 个教学班、512 名学生。学生主要来源于丰台南苑地区的南庭新苑和阳光星苑小区，大多来自拆迁居民家庭，学业基础相对薄弱，家长近 60％为高中及以下文化程度。

　　学校是一所九年一贯制学校，学生需要在校学习生活九年。这一学龄段正是学生良好习惯、学习品质和学习能力形成的重要时段，也是学生"扣好人生第一粒扣子"的关键时期。因此，基于学生的来源及其生活状况，学校结合学生的身心发展规律，在课程建设方面注重优秀传统文化与现代科技教育，重视培养学生的尊重品性与品质，努力提高学生的核心素养。

　　学校在创立之初，在北京教育科学研究院相关领导的建议和全校领导及教师的讨论下，在北京师范大学杨明全教授的指导下，结合学校所处的社区文化环境，确立了"尊重教育"的办学理念，并积极开展基于办学理念的课程实践与实验，取得了积极的效果。

(一)理论依据

没有尊重就没有教育,尊重就是爱。有许多的心理学家和教育家都强调了尊重在教育中的重要性。

1. 马斯洛的需要层次理论

尊重教育是人心理发展的需要。美国心理学教授马斯洛提出了心理需求理论,即人的心理需求由低到高分别是生理的需要(physiological needs)、安全的需要(safety needs)、爱和归属感的需要(love and belonging needs)、尊重的需要(esteem needs)和自我实现的需要(self-actualization needs)。其中人的尊重的需要既是人的本质需要,也是人的较高层次的需要。

2. 卢梭的自然教育理论

法国教育家卢梭的自然教育理论也体现了"尊重教育"的思想。卢梭的教育思想是从他的自然哲学观点出发的。按照这种观点,他认为人生来是自由的、平等的;在自然状态下,人人都享受着这一天赋的权利,只是在人类进入文明状态之后,才出现人与人之间的不平等、特权和奴役现象,从而使人失掉了自己的本性。为了改变这种不合理的状况,他主张对儿童进行适应自然发展过程的"自然教育"。他倡导让儿童接受自然的教育,尊重儿童自然成长的规律,尊重每位儿童的个性特点,让儿童获得自然的、自由的成长。教育学、心理学以及其他科学的研究都表明,人的差异是客观存在的,不以人的意志为转移。教育者应尊重学生的个性及优势智能差异,并且给每种个性发展提供支持。

3. 中国优秀传统文化历来强调尊重

尊重教育是弘扬优秀传统文化的需要。中国是礼仪之邦,五千年的灿烂文明蕴含着丰富的教育智慧,尊重教育就要从先贤的教育智慧中汲取营养,提升教育水平。荀子曰:"人无礼则不生,事无礼则不成,国家无礼则不宁。"孔子曰:"非礼勿视,非礼勿听,非礼勿言,非礼勿动。"这里"礼"的核心就是尊重。人所处的位置不同，尊重的表现形式也不同。《大学》曰："为人君，止于仁；为人臣，止于敬；为人子，止于孝；为人父，止于慈；与国人交，止于信。"孔子曰："己所不欲，勿施于人。"这是指对他人的尊重。古代先哲多次提出的"格物致知"指的是对自然规律的尊重。"诚于中，形于外，故君子必慎其独也。"这指的是对自己的尊重。古代先哲和文学经典为尊重教育的实施提供了丰厚的文化教育土壤。

（二）现实依据

在世界教育发展史上，尊重教育成为众多国家政府和社会的关注点。如英国学生发起了尊重教育运动，这股运动目前已经形成了世界性的尊重教育组织，旨在促进性别的教育平等、种族的教育平等、社会阶层的教育平等。美国于 1994 年通过的修正案《改善美国学校法》(*Improving America's School Act*)明确要求，美国教育部门每年可以给 10 个州发放经费推动品德教育。其品德教育包含了思想自由、学会尊重两个层面。2005 年，《联合国教育促进可持续发展十年国际实施计划》颁布实施。该计划所倡导的核心价值观是"尊重"，即"尊重人、尊重多样性与差异性、尊重自然、尊重资源"。

"尊重教育"在教育实践活动中具有多维体现。为了准确把握"尊重教育"在我国中小学实施及发展的现实情况，我们以"尊重教育"为主题词，在中国知网进行学术研究成果搜索，同时采用多种搜索方式对全国范围内的中小学"尊重教育"办学理念公开信息进行搜索。结果显示：一方面，尊重教育的学术研究成果主体绝大多数为高校学者，然而依然有一些研究成果是中小学校长的实践经验总结；另一方面，我们发现明确提出以"尊重教育"为办学理念的学校有以下 6 所，具体情况如表 11-1 所示。

表 11-1　全国以"尊重教育"为办学理念的中小学概况（部分）

学校名称	核心价值观	提出时间
北京市宣武师范学校附属第一小学	承认和尊重生命的独特性，为生命独特性的实现创造条件，促进其成长、发展和完善 办学目标：以人为本，促进师生共同发展	2002 年

学校名称	核心价值观	提出时间
北京市顺义区高丽营第二小学	尊重生和谐，和谐促发展 尊重润心，管理于行	2004 年
北京市朝阳区白家庄小学	尊重自己 尊重所有的人(包括未来的人) 尊重事物的发展规律 尊重文化差异性和多样性 尊重资源和环境	2005 年
南京市第五十中学	尊重教育规律、尊重学生生命 尊重教师价值、尊重管理法则	2008 年
山东省潍坊中学	尊重学生、尊重家长 尊重教师、尊重教育规律	2009 年
北京市昌平区昌盛园小学	尊重所有人、尊重文化多样性、尊重自然、尊重科学	2015 年

注：表中所呈现有关"尊重教育"的学校信息，皆是通过中国知网以及网络搜索引擎途径能够在网络上查到的公开信息。其他以"尊重教育"为理念但未在网络上公开宣传的学校未涉及。

三、中国学生发展核心素养的提出 >>>>>>>>

为促使党的十八大和党的十八届三中全会提出的关于"立德树人"的要求落到实处，2014 年《教育部关于全面深化课程改革 落实立德树人根本任务的意见》指出，教育部组织研究提出各学段学生发展核心素养体系，明确学生应具备的适应终身发展和社会发展需要的必备品格和关键能力。

2016 年 9 月，中国学生发展核心素养研究成果发布会在北京师范大学举行。中国学生发展核心素养以培养"全面发展的人"为核心，分为文化基础、自主发展、社会参与 3 个方面，综合表现为人文底蕴、科学精神、学会学习、健康生活、责任担当、实践创新六大素养，具体细化为国家认同等 18 个基本要点。各素养之间相互联系、相互补充、相互促进，在不同情境中整体发挥作用。

第二节

"尊重教育"课程体系的探索

一、学校文化分析 >>>>>>>

（一）办学理念：尊重教育

学校一直秉持着"尊重教育"的理念，"尊重教育"就是学校教育整体育人功能的集中体现。我们坚信，"尊重"的社会品质并不是自发形成的，而是学校教育的必然结果。人要形成"尊重"的社会品质必须通过学校教育的积极培养和引导，这也是儿童从"自然人"成长为"社会人"的必由之路。

"尊重教育"的核心，是尊重学生、尊重教师和尊重规律。尊重学生即尊重学生的主体地位，激发其自我发展的内在动力；尊重学生的差异，做到因材施教；尊重学生的学习需求，满足其学习需要；尊重学生的选择，做好因势利导；关注学生的成功体验，激发其潜能；注重学生的实际获得，实现其全面而有个性的发展。尊重教师即尊重教师工作的自主性、创造性、复杂性和专业性，尊重教师工作方式的个体性、独立性和工作价值的迟效性和间接性，为教师的专业成长与自主发展提供支持、搭建平台。尊重规律即尊重客观事物的发展规律和社会运行的规则，尊重教育教学的规律、尊重学生身心发展的规律，并在此基础上掌握规律的最高表现形式——各门学科知识。

（二）"尊重教育"的基本原则

1. 尊重主体

学生是学习和发展的主体。在课程建设中，我们必须尊重和凸显学生的主体地位，珍视学生的生存状态与发展姿态，尊重每名学生的学习和思维方式，关注学生学习与生活的心理感受，给予学生自主学习和自由争鸣的时空，激发学生终身学习的愿望和主动探究的意识，为他们全面而和谐、自由而充分、独特而创造地发展搭建好舞台，以实现学生的主体发展。

2. 尊重差异

在课程建设中，我们要重视学生不同的学习需求，尊重和满足学生多样化的学习需要，尊重学生的课程选择权，为学生提供丰富的课程供给。在课程实施上，我们要尊重学生间的个性差异，坚持以"学"为中心，关注学生的"在学习"和"真学习"，尊重学生自主学习的权利，尊重学生多样化的学习方式，为每名学生的健康成长提供指导、帮助和服务。在课程评价上，我们要采用生成性、多元性、鼓励性和发展性评价等措施，体现出对学生个性的尊重，激励每名学生实现全面而有个性的发展。

3. 尊重规律

学校课程建设必须遵循学生的年龄特点、身心发展规律和课程建设规律，必须尊重学科或领域的特点与规律，体现社会、文化以及现代科技发展的时代特征与未来趋势，遵循国家课程标准，以科学的精神和严谨的态度做好课程整合和二度开发，切实解决课程改革推进中遇到的实际问题，边实施边总结，不断丰富和完善尊重教育课程体系。教师在课程开发的过程中，必须使开发的每一门课程与相应学段学生的身心发展特点相适应，使课程的难度与学生的实际学习基础和学习能力相匹配。开发的选修课程必须与学生的兴趣特长相对接。我们要让学生在自主学习中不断增强自信，以激发其兴趣，培养其志趣，并逐步培养未来发展的志向和能力。

（三）育人目标：培养"尊道敬学、立己达人"的阳光少年

确立"培养'尊道敬学、立己达人'的阳光少年"育人目标，是实施尊

重教育的行动遵循。所谓"尊道敬学、立己达人"，尊道就是尊重自然规律、社会规则、优秀文化传统和道德规范；敬学就是敬重学习，树立正确的学习观念，培养良好的学习态度和科学的学习方法；立己即认识自我，尊重自我，进而培养自信、自强的品格；达人指的是尊重他人、关心他人，与他人能平等交往、友好合作，成为一个有益于社会的人。

"尊道敬学、立己达人"有着深刻的文化内涵。"尊道敬学"出自《礼记·学记》中的"道尊而后民知敬学"。我们在尊重原有含义的基础上，结合时代和学校的需求，对其内涵进行了扩展。"尊道"指向的是对于学生的培养内容，而"敬学"指向的是对学生学习态度和方法的培养目标。"立己达人"出自《论语·雍也》中的"己欲立而立人，己欲达而达人"，指向的是培养目标中最核心的育人目标。"尊道敬学、立己达人"这一培养目标中的逻辑是层层递进的，要求学生先学习丰富的课程内容，尊重自然规律、社会规则、优秀文化传统和道德规范，并且在这一过程中树立正确的学习观念、培养良好的学习态度和掌握科学的学习方法。"尊道敬学"本身不仅是目标，也是实现"立己达人"的手段。学习丰富的课程内容和养成良好的学习观念和习惯，最终都是为了让学生认识自己，尊重自己，自立自强，与他人良好相处，并有益于社会。

"尊道敬学、立己达人"回应了"尊重教育"的四个基本向度，蕴含着学生全面而有个性的发展的核心素养结构：①尊重自我的向度，要求学生具备勤学自爱、健康自信的素养；②尊重他人的向度，要求学生具备沟通交往、同情理解的素养；③尊重自然的向度，要求学生具备科学知识、信息技术的素养；④尊重社会的向度，要求学生具备人文艺术、社会伦理的素养。

二、"尊重教育"课程体系的构建 >>>>>>>>

以国家课程改革"全科育人、全员育人、全程育人"的理念为指导，将"尊重教育"的办学理念与学生发展核心素养相结合，落实培养"尊道敬学、立己达人"的阳光少年这一育人目标，是学校构建"尊重教育"课程体系的基本思路。

学校将学生发展的三大核心素养领域(文化基础、自主发展、社会参与)有机整合到学校课程的育人目标之中，根据"尊重教育"的四个向度提炼出学生发展的素养结构，对每个向度都从两个方面予以描述。我们以该素养结构为导向，将相关课程予以匹配和开发，并在每一个向度上将课程划分为基础型课程、拓展型课程和个性化课程三个板块。我们对学校所有课程进行梳理和分析，逐一配置到对应的板块之中，最终形成"一元目标、二重素养、三种类型、四个向度"的"一二三四"课程结构。我们以该结构为依据，对学校课程进行通盘开发和调整，最终形成学校特色化课程体系。基于此，我们确立了如下课程图谱，如图 11-1 所示。

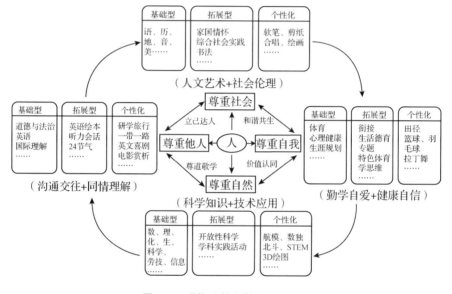

图 11-1 "尊重教育"的课程结构

"一元目标"：学校在各个领域的育人追求集中表现为一元的育人目标，即培养"尊道敬学、立己达人"的阳光少年。

"二重素养"：我们用二重素养来描述"尊重教育"的每个向度对学生发展的要求。它涵盖了学生发展的六大核心素养(人文底蕴、科学精神、学会学习、健康生活、责任担当、实践创新)，是对"尊重教育"育人目标的具体化描述，即①尊重自我——勤学自爱的素养、健康自信的素养；②尊重他人——沟通交往的素养、同情理解的素养；③尊重自然——科学知识的素养、技术应用的素养；④尊重社会——人文艺术的素养、社会伦理的素养。

"三种类型"：三种类型的课程不是从课程管理上进行的划分，而是从课程育人功能和课程实施的角度对国家课程、地方课程和校本课程进行通盘设计，在"尊重教育"的每个向度上都进行对应的课程设计，形成三种基本的课程类型，即基础型课程、拓展型课程和个性化课程。

"四个向度"：从四个方向描述"尊重教育"的具体内容，即尊重自我、尊重他人、尊重自然和尊重社会。不同向度间的课程与学生核心素养的对接不是一一对应的关系，它们间既有主要对应关系，也有交叉关系。同一向度中的基础型课程、拓展型课程和个性化课程间，与学生核心素养的对接同样如此。

"尊重教育"课程的实践策略

一、"尊重教育"课程设置及实施 >>>>>>>>

在保证开齐开足国家课程、落实国家课程标准的基础上，保证各类课程的开设和学时要求，确定整体课程安排。制定学期学科课程纲要，科学进行课程整合，并按照"低难度、缓坡度、慢速度、勤反馈、个性化、多鼓励"的策略开展课程实施工作，以此提升课程的适应性和实施效益，促进学生全面而有个性的发展。

（一）基础型课程的设置与实施

基础型课程的功能是体现、国家教育意志和课程改革理念，为学生提供公共性和基础性的科学文化素养，涵盖绝大多数国家课程和少部分地方和校本课程的公共必修部分，是落实"尊重教育"办学理念的基本课程形态。在课程实施上，基础型课程面向全体学生，属于必修课程。

基础型课程主要是按照国家课程标准要求开设的必修课程。其实施主要是按照课程目标、课程内容、课程实施、课程评价四要素相一致的原则，通过组织教师对国家学科课程标准的解读，参加课程纲要撰写培训，指导教师以编写学期或学年学科课程纲要为载体，依据学生的实际认知基础，进一步细化和具化学科课程标准。并且在国家课程标准允许的前提下，采取删、减、增、合等课程整合方式，对基础型课程进行二度开发，实现对课程有"根"的再造，为课程的校本化、生本化实施提供保障。

在基础型课程校本化、生本化的实施过程中，遵循"先学后教、以学定教、以教导学、以学改教"的课程改革理念，积极构建凸显"问题导学、少教多学、自主学思、合作互学"为特征的以"学"为中心的尊重课堂。从改变课堂组织形式、课堂结构和实施深度教学三方面入手，把关注学生的学习状态和学生发展的实际获得放在首位，给足学生自主学习、主动思考、合作互助、交流提高的时间，让学生真实参与到课堂学习之中，创建"每个学生动起来、思维活起来"的课堂学习样态，真正实现由"教"向"学"的转型升级。

按照"问题设计为主线、自主学习为主体、小组互助为载体、交流展示为平台、能力提升为根本"的基本要求，我们建立和完善学生互助学习管理办法，借助每年北京教育科学研究院的教学视导开展了主题式"一人一课"展示活动，借助学思维课程的实施，以情境与问题为导向，启发学生思考，通过思维碰撞和问题解决，培养学生的思维品质。

(二)拓展型课程的设置与实施

拓展型课程的功能是在学校层面上对基础型课程拓展、延伸、具体化与实践化。它是基于学生发展的核心素养和学校育人目标，在学科课程范围内对相关课程在内容广度和深度上进行调整和拓展，以升级学科课程的教育价值与育人功能。此外拓展型课程还涵盖国家课程的综合实践活动和部分地方课程和校本课程的公共必修部分，是实现尊重教育的重要途径和手段。它在课程实施上属于必修，但部分课程内容上属于选修。必修类课程着力落实综合社会实践、开放性科学实践(内容可选择)和学科实践课程的内容，主要体现为学科实践活动和跨学科主题实践活动；选修类课程主要是根据学生不同的学科认知基础而设置的差异性课程。

拓展型课程依据课程方案要求安排的内容属于必修课，部分学科加深或拓宽的内容属于选修课。拓展型课程中的必修部分，如生活德育课程中的生活技能课程属于必修课，主要由班主任负责安排，家长配合实施，一般通过活动的形式进行，实践放在课余时间进行。学科实践活动课程也是必修课。此课程由市、区县、学校三级采取 1：2：2 的模式共同组织落实。学校的学科实践活动按照市级建设的课程占学科实践活动总学时的 20％，以及丰台区和学校建设的课程分别占学科实践活动总学时的 40％的要求进行管理和运行。各学科平均应有不低于 10％的学时用于开设学科实践活动课程，在内容上以某一学科内容为主开设学科实践活动课程，也可选择某个主题，综合多个学科内容，开设跨学科的主题实践活动课程；在课时安排上，与劳动技术、信息技术、研究性学习、社区服务和社会实践活动、地方课程、校本课程的学时等统筹使用。

对于拓展型课程中部分学科加深或拓宽的内容，学生可以依据自己不同学科的基础情况进行自主选择学习。开放性科学实践活动课程是学生根据自己的选择，到社会资源单位进行自主学习，按要求完成相应的学习任务后将自己学习的成果上传管理平台，由教师对其选学情况做出评价。这样，教师通过尊重差异，落实分层分类施教措施，以满足不同基础学生的学习需要，并确保课程实施效果。

一方面，学校支持与鼓励教师从本学科的拓展出发，研发并实施了语文分级阅读、英语听说会话、旅游、体育舞蹈、数学史、航模、演讲与口才等课程。比如，北京教育科学研究院基础教育课程教材发展研究中心刘宇新、王彤彦老师结合具体课例对学校初中语文组分级阅读项目进行了指导。在实际的课堂操作中，教师通过对文本的研读明确具体阅读层级的教学目标，设计了富有梯度的问题和真实的课堂情境来达成目标。张艳英老师的"桃花源记"一课重点落实了信息提取、整体感知和解释说明这三个层级。霍莹老师的"卖油翁"一课重点落实了感悟品味、评价鉴赏这两个层级。教师对文本阅读层级的把握各有侧重，找到了达成层级目标的切入点和突破口，有力提升了学生的阅读层级水平。另一方面，学校把各种专题教育与综合实践主题有机结合，把学科实践与综合实践活动选课结合，通过行前准备、行中体验和行后展示等环节，促进了综合实践活动的有效落地。

（三）个性化课程的设置与实施

个性化课程的功能是为学生的个性化发展提供机会，满足学生个性化的学习需求。它是基于学生学习兴趣而开发的校本化课程。在课程实施上，它面向全体学生，属于选修课程。

学校每学年通过学生的兴趣爱好调研，通过组织教师研发、购买社会服务和家长志愿者提供服务等途径，开设了近 30 门个性化社团课程，最大限度地满足学生兴趣爱好与个性发展的需要。

个性化课程是基于学生兴趣爱好而开发实施的社团课程和选修课程。教师每学年按照学校课程方案中规定的学段课程要求和个性化课程的开设原则，自己申报开发的个性化课程，编写课程纲要，在学校课程委员会审定通过后，组织课程开发，并为新学年开学做好准备。开学后，在学生选择的基础上，学校以学习班为单位，采用走班上课的方式组织该类课程的实施工作。任课教师担任每个学习班的辅导员，全面负责学生的学习等管理工作，并对学生的学习出勤、学习状态及成果展示等情况进行评价。表 11-2 为学校"尊重教育"课程设置。

表 11-2　学校"尊重教育"课程设置

课程类型		课程名称	开设年级	学习形式	备注
基础型课程	科学基础课程	数学	1～9 年级	必修	
		物理	8～9 年级	必修	
		化学	9 年级	必修	
		生物	7～8 年级	必修	
		科学	1～6 年级	必修	
		信息技术	4、5、7、8 年级	必修	
		劳动技术	3～7 年级	必修	
		拓展趣味数学	1～9 年级	必修	
		专题教育（科学部分）	1～5、7～8 年级	必修	
		科技游戏	1～2 年级	必修	
		开放性科学实践活动课程	7～8 年级	选修	内容选修，课程必修
		研究性学习（物理、化学）	7～8 年级	必修	
	人文基础课程	道德与法治	1～9 年级	必修	
		语文	1～9 年级	必修	
		英语	1～9 年级	必修	
		历史	7～9 年级	必修	
		地理	7～8 年级	必修	
		我爱北京、北京精神	3、7 年级	必修	与班会整合
		中国梦	4、7 年级	必修	与道德与法治课程整合
		我们的城市	4 年级	必修	与综合实践活动整合
		我爱丰台	1 年级	必修	与班会整合
		探索丰台	7 年级	必修	与历史、地理整合
		英语绘本	1～6 年级	必修	
		听力课程	7～9 年级	必修	
		专题教育（人文部分）	1～5、7～8 年级	必修	
		微写作	1～3 年级	必修	与语文课相结合

课程类型		课程名称	开设年级	学习形式	备注
拓展型课程	自我发展课程	体育	1～9 年级	必修	
		美术	1～9 年级	必修	
		音乐	1～9 年级	必修	
		心理健康教育	3～9 年级	必修	与班会整合
		衔接课程	1、7 年级	必修	幼小、小初衔接课程
		生活技能课程	1～7 年级	必修	家庭教育与学校教育结合
		主题教育课程	1～9 年级	必修	德育系列主题教育
		安全教育课程	1～9 年级	必修	德育系列主题教育
		职业生涯规划	8～9 年级	必修	与道德与法治课程整合
		尊重特色课程	1～9 年级	必修	与班队会整合
		学法指导	5～9 年级	必修	
		体育游戏	1～3 年级	必修	
		花样跳绳	2～9 年级	必修	
		弹力带操	4～8 年级	必修	
		拉丁舞	1～6 年级	必修	
		啦啦操	1 年级	必修	
		航海模型	3～5 年级	选修	科技社团
		合唱	2～8 年级	选修	合唱社团
		拉丁舞	2～8 年级	选修	舞蹈社团
		绘画	1～6 年级	选修	美术社团
		中国工笔花鸟画	7～8 年级	选修	美术社团
		田径训练	3～8 年级	选修	
		篮球训练	3～8 年级	选修	
		羽毛球	4～8 年级	选修	
		电影赏析	7～8 年级	选修	
		动漫鉴赏	7～8 年级	选修	
		健康指导	7～8 年级	选修	
		旅游资源和地方文化特色	7～8 年级	选修	
	社会交往课程	综合社会实践活动课程	1～9 年级	必修	主题教育活动
		综合实践课程	1～9 年级	必修	10％学科实践课程
		研学课程	5～9 年级	选修	

续表

课程类型		课程名称	开设年级	学习形式	备注
个性化课程	现代国际课程	北斗启航课程	4～8年级	选修	航天集群课程
		STEM项目	7～8年级	选修	航天集群课程
		国际理解教育	7～9年级	必修	与英语课程整合
		英文戏剧	7～8年级	选修	
	优秀传统文化课程	中华优秀传统文化	1～9年级	必修	
		国学诵读	1～9年级	必修	
		悦享经典	1～9年级	必修	晨读、午诵、升旗仪式
		书法	1～7年级	必修	
		书法	4～8年级	选修	书法社团

二、课程实施的具体要求 >>>>>>>>

学生是具有独立人格的学习者,他们是学习的主体,课程的有效实施必须建立在学生自身的主观能动性基础上。学生能否积极主动地参与到课程学习之中、能否在主动学习和自主学习中获得更好的发展,决定课程实施的成败。

第一,对具有弹性学时的学科课程,学校根据实际情况、学科特点和课程学习内容等因素,采用长短课、大小课相结合的方式做好课程安排,进一步优化课程的时空管理。周总学时时长应在相应年级规定的学时总量之内。

第二,在七、八年级开设开放性科学实践活动课程,重点提高学生的科学探究能力。建立开放性科学实践活动课程的资源准入、选课、记录、评价与认定机制,将学生课程学习情况的认定作为中考综合实践课程成绩的计入依据,并规范其管理。

第三,优秀传统文化课程包括北京市地方课程中的中华优秀传统文化、书法等课程,家国情怀课程包括中国梦、我们的城市、我爱北京等市级地方课程和丰台区的我爱丰台、探索丰台等地方课程,一至八年级每周安排1学时。小学国学经典诵读与市级中华优秀传统文化专题相结合,利用地方课程时间实施。市级地方课程——职业生涯规划与道德与法治课整合实施。

对于学校自主开发与实施的课程，本学年小学在一、二、三年级开设英语绘本、舞蹈(含体育舞蹈)、航模等课程，每周安排 1 学时；中学在学生自主选择的基础上，开设北斗启航、STEM 及其他选修课程，每周安排 2 学时(不包括安排在课后一小时内学习的社团课程课时)。

第四，根据目前学校教师的实际情况，对北京市的有关专题教育课程，依据内容相近原则分别与相关学科和综合实践课程内容进行整合。学校将毒品预防、预防艾滋病专题、礼仪教育、安全自救互救教育、健康教育等专题教育课程和道德与法治课程或生活德育课程进行整合。学校将环境与可持续发展课程与小学科学课程、初中地理和生物学科课程进行整合，对其他学科做好渗透教育工作。与此同时，学校开发了九年一贯的德育一体化课程——尊重进阶课程，对上述内容进行了有效融合。

第五，贯彻"健康第一"理念，开好小学体育和初中体育与健康课程。学校充分利用体育学时、早操、课间操、课外体育活动和体育社团等形式，切实保障中小学生每天体育锻炼时间不低于 1 小时。此外，为加强羽毛球项目的特色发展，从小学四年级开始，每班每周上一节羽毛球课(占周体育课时)。

第六，整合少先队教育和主题班队会课程，并采取实践育人的方式，在规定的地方课程学时中，统筹落实少先队教育每周 1 学时的要求。

第七，一至六年级要在课内留有作业时间。低年级作业要在课内完成，不得布置课外书面作业；其他年级书面形式的课外作业，要求一周布置一次，且教师全批全改。在实践类课程中，小学各年级开展跨学科、跨年级的综合类、探究类作业改革。初中的课后作业严格控制在规定时间内；同时倡导布置实践性、探究性和体育锻炼等多样化的作业，积极推进学生自主作业改革。

三、课程评价 >>>>>>>

学校基于核心素养和"尊重教育"办学理念构建的课程体系，不仅注重结果评价，更强调过程性评价，包括课程开发评价、课程实施评价和学习结果评价。

(一)课程开发评价

我们主要从课程目标、课程内容、课程实施和课程评价等方面对教师开发课程进行评价。表 11-3 为拓展型课程与个性化课程的开发评价标准。

表 11-3　拓展型课程与个性化课程的开发评价标准

项目	内容	分值	自评	校评
课程目标	1. 依据学校培养目标,科学定位课程,制定《课程纲要》 2.《课程纲要》中的课程目标设置要科学合理	15		
课程内容	1. 内容选择具有针对性和综合性,即适合学生的认知水平与年龄特点,多学科综合,内容设计有弹性 2. 内容符合尊重课程体系建构的有关要求,并彰显学校或师生的个性特色	30		
课程实施	1. 教师须制定学期课程实施纲要,撰写课时教学计划 2. 教师应按学校课程安排上课,达到规定的课时与教学目标要求 3. 教师应保存学生的作品或其他学习成果及在活动竞赛中取得的成绩等资料	30		
课程评价	1. 拓展型课程和个性化课程不采用书面考试或考查,但要做好考勤、学生参与学习、实践操作、成果展示等评价记录 2. 教师根据课程目标进行评价,按"优秀""良好""合格""待改进"评定等级,作为优秀班级、优秀学生评比的重要依据之一 3. 学生成果通过实践操作、作品鉴定、竞赛评比、汇报演出等多种形式展示,成绩优秀者可将其成果记入学生个人成长档案	25		
总评 等级		总分		

备注:90 分以上为"优秀",80～89 分为"良好",60～79 分为"合格",60 分以下为"待改进"。

（二）课程实施评价

学校重视教师的教育教学行为、态度和工作质量的评价，重视教师对自我的管理和评价，从而强化教师的反思意识和行为。考核内容包括课程实施能力、反思和改进能力、评估学生学习效果能力等。考核形式以学生欢迎和受益程度问卷、授课教师自评和课程考核领导小组综合评价为主；考核采用阶段评价与结果评价相结合的方法进行。学校逐步建立校长、教师、学生、家长共同参与的课程实施评价制度。

1. 基础型课程实施评价

学校结合育人要求和基础型课程的校本化实施，改革各学科的尊重课堂评价标准，对课程目标、课程内容、实施方式、实施效果进行评价，如表11-4所示。

表11-4　尊重课堂评价标准

项目	评价指标	权重	评价标准
学生	学习目标	5	目标准确、具体，尊重学生的认知基础
	学习准备	5	课前准备充分，预习好
	学习氛围	10	课堂气氛民主、平等、融洽、和谐，学生有充分的话语权
	学习过程	20	学生的学习态度主动、兴趣浓厚、精力集中，思考、学习活动紧凑有序，直接针对目标达成
	学习效果	10	学生的实际获得多，目标达成度高
教师	教学目标	10	关注学生的差异，体现三维目标的要求，全面、准确、具体，可操作性强
	教学设计	10	突出"学"为中心，贯彻"问题导学、少教多学、自主学思、合作互学"的要求，对学情了解全面，教材处理得当，教法符合学生实际，凸显学生的学习过程
	教学组织	10	面向全体，尊重差异，小组合作有效，教学策略灵活
	教学评价	10	评价及时，方式多样，有较强的激励性
	教学资源	10	合理选择和利用教学资源

学校对教师实施的评价采取以下方式：①通过常态推门听课和课后评课形式进行评价。②借助每学期开展的尊重课堂"一人一课"和研讨课、

展示课、示范课等活动进行评价。③开展学生欢迎和受益程度问卷调查。④由学生与家长共同评选"我最喜爱的老师""教师尊重之星"。

2. 拓展型课程和个性化课程的实施评价

根据教师填写的课程申报表、活动过程记录、成果展示、课程评价和学校开展的调查问卷进行评价。同时将市区级优秀课程评选的情况、市区各级各类竞赛情况、市区评选的特色学生社团提升项目审批情况、校内优秀社团评选情况等纳入评价范围。

(三)学习结果评价

在课程评价的过程中，教师要贯彻落实好及时性评价和鼓励性评价原则、过程与结果评价相结合的原则以及等级评价、教师多元评价和发展性评价等原则。教师对学生的课程学习实施综合发展性评价，以充分发挥评价的正向引领、激励导向和育人功能。

1. 基础型课程的学习结果评价

基础型课程的学习结果评价采取形成性评价和学期、学年终结性评价相结合的方式进行。每学期或学年过程性评价采取灵活多样的方式进行，占每学期总评价的30%；学期或学年终结性评价占总课程评价的70%。英语、语文等学科可开展分项评价改革。最终评价按照学校制定的《北京教育科学研究院丰台学校学生学业成绩等级评价办法》实施，以等级评价的方式呈现(共12等级)。教师将评价结果填写在学生综合素质评价手册中。

2. 拓展型课程的学习结果评价

由任课教师参考基础型课程的学习结果评价方式进行，考核以作业、学习体会(收获)、表演、成果展示等形式呈现。评价按照学校制定的《北京教育科学研究院丰台学校学生学业成绩等级评价办法》的规定执行，以等级评价的方式呈现。教师将评价结果填写在学生综合素质评价手册中，并按上级要求及时上传到中小学综合素质评价平台。

3. 个性化课程的学习结果评价

个性化课程的学习结果评价包括四个方面：一是学生自评。学生评价自己在个性化课程学习中的得失，特别强调在学习过程中的深刻体会和感悟。学生可以从自己主体性的体现、参与的程度和态度、体验感悟的深度与广度、相互协作的情况以及资料收集整理情况、学习成果等方面进行评价。二是互评。学生之间的相互评价，使学生的团队合作精神得到培养，相互尊重精神得到发扬。三是教师评价。教师针对学生的学习兴趣、学习习惯和成果展示等方面对学生进行多维度评价。评价可以采用动手制作、实验或小论文、小制作、表演、才艺和成果展示等多种方式。四是其他人员评价。其他人员可以是学生家长，也可以是与该类课程实施相关的合作单位教师或其他参与课程管理的人员。最终教师将评价结果填写在学生综合素质评价手册中，并按上级要求及时上传到中小学综合素质评价平台。

第四节

学校课程建设的效果与保障

一、学校课程建设的效果 >>>>>>

(一)学生的核心素养显著提升

自办学以来，学生参加区级及以上航模、科技、艺术、体育、英语演讲、作文等比赛活动有 447 人次获奖。其中，学生参加区科技艺术节获团体二等奖；学生夹包队参加北京市第十届民族传统体育运动会获体育道德风尚奖；学生体测的合格率从办学初的 65％提高到97.76％。尤其值得注意的是，2019 届初中毕业生在 2019 年中考中取得了较为理想的成绩。

学生经过"尊重教育"课程体系的学习，无论是在核心素养显性方面的学业表现和各项才艺比赛上，还是在隐性的学习方法与态度、沟通和合作能力方面都取得了显著进步，真正实现了全面而有个性的发展。

(二)教师的专业能力不断发展

在"尊重教育"的学校文化侵染和学校民主、开放、互助的组织氛围的影响下，所有教师都积极参与学校"尊重教育"课程体系的构建与实践，为学校课程体系的实施贡献自己的智慧。并且学校经常组织相关研修会让教师相互讨论和相互借鉴。在每学期的"一人一课"公开展示课活动中，学校鼓励教师把自己对于尊重教育和核心素养的一些创见融合在公开课中。在教师不断参与课程建设的过程中，教师的职业热情和创造性得到了激发，职业倦怠感明显减少。学校课程体系的构建及实践的这一过程，也是教师专业能力不断发展的过程。目前，学校已经初步建成年富力强、充满活力、甘于奉献、具有较好专业素养、受到学生欢迎的教师团队，拥有了市、区、校三级18名骨干教师。

（三）学校形成浓厚的尊重文化氛围

学校课程体系与学校文化是相辅相成的关系，学校课程体系的构建要基于学校的文化理念。而贯彻学校文化理念的课程体系的构建和实施，也有助于学校尊重文化的进一步形成。学校尊重文化的理念深入课程设置和教学过程的每一个环节，文化的形成自然而然，而非刻意而为。学校师生基本都能秉持校训"尊道敬学、立己达人"，形成尊重科学、尊重社会、尊重自己和尊重他人的良好品格。

（四）学校的社会声誉明显提升

在学校对家长和学生的问卷调查中，中小学学生家长的满意和比较满意的比例为100％，中学学生喜欢和比较喜欢学校的比例为100％，家长没有不满意的，学生没有不喜欢学校的。学校连续三年获得丰台区教学绩效评价优质校称号，并先后荣获北京中小学文明校园、北京市义务教育学校管理标准化首批达标学校、北京市优秀班主任研究室基地校、北京市语言文化联盟基地校、丰台区优秀基层党组织、丰台区国际合作与交流基地校、丰台区平安校园、丰台区落实《体育工作条例》优秀学校等荣誉。2019年11月，在北京市教科研部门支持中小学发展工作会议上，张广利校长做了题为"坚持学生本位，在普通社区实现办学突围"的典型发言，向全市教科研支持发展的中小学介绍了学校的办学经验。近几年来，前来学校交流、挂职、参观的全国各省市的中小学校长和骨干教师已有500多人。学校已在社会上树立了良好的办学形象，初步实现了在"普通社区办不普通的教育"的目标。

二、学校课程建设的保障 >>>>>>>>

（一）成立学校课程建设领导团队

学校成立由校长、副校长、课程中心主任和教师发展中心主任等组成的学校课程建设领导团队。同时，学校聘请北京教育科学研究院、北京师范大学和北京教育学院丰台分院的有关专家做课程建设领导团队的顾问。领导团队成员做到职责明晰、任务明确，强化课程审议、课程开发、课程实施和课程评价等的领导，不断提高学校课程建设管理的领导力。

学校课程建设领导团队的主要职责是，负责学校课程的管理与决策，研究制定学校课程方案并组织实施。建立课程管理的各项制度，协调校内以及年级组、教研组的各项工作，审议学校课程开发过程中的重大决策，制定有关拓展型课程和个性化课程开发与管理的制度，检查与督导相关制度的执行与落实情况。张广利校长负责学校九年一贯课程的整体设计工作；崔彦梅副校长主要负责有关德育方面的课程整合和建设及小学课程的建设工作；王渤主任负责初中课程建设工作；李伟主任负责有关课程资源供给、设备配备和经费保障工作。

（二）成立学校课程研发执行团队

学校成立课程研发执行团队，负责学校"尊重教育"三类课程的研发、实施和评价工作。这一团队由张广利校长牵头，涵盖了副校长、年级组组长、教研组组长和备课组组长等人员。

学校课程研发执行团队的主要职责是，负责学校"尊重教育"课程中的基础型课程、拓展型课程和个性化课程的研发、实施与评价工作。

组长张广利校长负责学校"尊重教育"基础型课程、拓展课程型和个性化课程实施与评价情况的督查与指导工作。副组长崔彦梅和分管小学教育教学的干部、年级组组长、教研组组长和备课组组长具体负责各类课程研发、实施与评价的落实工作。副组长王渤和分管初中教育教学的干部、年级组组长、教研组组长和备课组组长具体负责初中各类课程的研发、实施和评价的落实工作。

（三）加强学校课程建设的人力资源保障

一方面，学校组织全员课程培训，积极提高管理者的课程领导能力和全体教师的课程开发和实施能力，促使学校干部、教师在课程价值定位、课程规划设计、课程开发、课程实施、课程评价导向、课程管理决策、课程整体推进、课程特色创新等方面的能力得到全面提升。另一方面，学校支持教师参加专业素质提升活动。学校选派教师参加市区级做课、说课、讲座，选派教师前往校本课程建设先进学校考察学习。学校积极协调北京教育科学研究院、区教委和政府教育督导室的有关专家到校指导课程建设工作；加强学科、校际及集团、集群间的互动交流，及时总结经验、发现问题，不断改进学校课程方案，创造性地抓好新课程方案的落实工作。

（四）加强学校课程建设的物力资源保障

1. 经费保障

学校从经费、时间、空间和其他设备、物资等方面给课程开发和实施工作提供切实保障。课程开发和实施方案中应附课程开发和实施经费预算，在课程评审过程中，经费预算一同评审。学校每年安排固定的课程开发和实施经费预算，保证学校课程开发和实施工作正常运行。

2. 空间课程资源保障

学校规划拥有两个校区。小学部是阳光星苑校区；中学部是南庭新苑校区。学校空间作为课程资源的一部分，学校充分发挥所有空间资源的课程与教学功能。一是统筹学校图书阅览资源，充分发挥班级图书角、阅览室和开放式阅览空间等的作用，为学生提供丰富的阅读课程空间。二是统筹学校科学和技术课程资源，建设设备先进的科学专用实验室和劳技教室，为科学基础等课程的实施提供条件。三是统筹学校美术、合唱、音乐和舞蹈等专用教室，为各类艺术课程提供专业空间。四是统筹体育馆、操场、地下体育活动区等运动课程空间，为各类专业体育项目提供场地。五是充分发挥普通教室的课程育人作用，使其成为多种功能性教室，拓展学校课程实施的空间。

3. 社会课程资源保障

学校充分挖掘家长及学校周边"外脑""外场"的优势资源，积极寻求与武警某支队、阳光星苑社区、南苑一分地种植园、北京星光影视基地、南苑机场、东高地青少年科技馆、中国运载火箭技术研究院等的合作共育。结合综合社会实践课程和开放性科学实践课程的开展，学校在充分利用好市教委统一提供的有关单位供给的课程资源的基础上，自主联系一批社会课程资源单位，主动寻求实施尊重课程的资源支持。

三、结束语 >>>>>>>

目前，学校的宏观课程顶层设计已经基本完成；对于微观课程，教师做了一定的探索；对于中观课程，需要进一步完善。今后，在北京教育科学研究院等外部智力资源的支持下，一方面从宏观层面进一步优化"尊重教育"课程体系；另一方面从中观维度大力加强基础型课程的生本化实施和基础型课程中延伸出的拓展型课程的开发与实施，努力将尊重进阶课程做成特色的课程，并不断丰富个性化课程，以进一步满足学生多层次、多样化发展的需求。

未来，学校还将进一步促进课程和教研的有机融合。在研究和实施尊重进阶课程中，学校设立专门的项目研究小组，每学期针对课程领域内的1～2个主题进行专题教研。在教研方面，学校不仅关注学生的认知发展，同时也关注学生的心理和德育层面，以求更好地实现课程的教育性。课程项目组在每学期形成一定的科研成果，促进尊重进阶课程的有效实施，提高教师的教育教学能力和科研能力。学校未来争取实现由课程带科研、以科研促教师发展、用教师发展引领学生成长的发展道路。

第十二章
基于"生命成长"的综合化课程体系建设——北京市陈经纶中学保利分校的探索

在课程建设过程中，该学校不断进行完善，在实施过程中逐渐形成了"跨学科综合实践活动、依托信息化建设的学习方式变革和生涯规划课程"三大特色。并且课程建设不断下沉，在学校课程建设顶层设计的引领下，各教研组分别结合课程标准和学科实际，深入推进教研组层面的课程建设研究。下面就以学校文综组的课程建设为例进行阐述。

第一节

研究背景

一、国家课程改革的要求 >>>>>>>

2001 年秋季，新课程标准提出课程改革的六项具体目标，分别是"实现课程功能的转变，体现课程结构的均衡性，综合性和选择性，密切课程内容与生活和时代的联系，改善学生的学习方式，建立与素质教育理念相一致的评价与考试制度，实行三级课程管理制度"等。

2014 年 4 月，《教育部关于全面深化课程改革 落实立德树人根本任务的意见》提出，课程研究要以现代化人才的培养为核心，对课程内容与设置、课程实施的方式和方法进行深入研究，提出符合教育现代化要求的课程形态并进行课程理论创新，探索符合我国教育情境的课程运作规律，并确立相应的课程理论体系和实践模式。

二、北京市中小学课程改革的现实需要 >>>>>>>

在国家课程改革的指导下，北京市也出台了一系列的文件，对北京市中小学的课程设置和实施提出了一系列具体的指导意见。比如，各学科平均应有不低于 10％的学时用于开设学科实践活动课程，在内容上可以某一学科内容为主，开设学科实践活动，也可综合多个学科内容，开设跨学科综合实践活动；进一步下放课程自主权到学校，鼓励学校根据学科、课型等积极开展长短课、大小课相结合的课程实验，周总学时时长不得超过相应年级规定的学时总量；等等。这既是对课程实践的具体指导，同时也对中小学的课程实施提出了巨大的挑战，改革过程中出现的问题亟待得到研究和解答。

三、学校发展的需要 >>>>>>>

北京市陈经纶中学保利分校是陈经纶中学新建的社区配套学校。为了促进朝阳教育的均衡发展，满足人民群众享受优质教育的需求，扩大陈经纶中学优质教育的示范和辐射作用，经朝阳教委批准，陈经纶中学保利分校于 2011 年 5 月正式建立。学校在秉承陈经纶中学提出的"五化办学目标"(办学个性化、施教科学化、校园数字化、规模集团化和学习国际化的办学目标)和"三施教文化"(科学施教、因材施教和快乐施教)的基础上，确立了以课程建设为核心的学校发展思路，并且以综合实践活动课程为突破口，构建"生命成长课程体系"。

早在 2014 年 8 月，学校就发布了《保利分校新三年发展规划》，明确提出以课程建设为核心促进学校不断向更高水平迈进。同年 11 月《保利分校课程建设方案》第一稿出台。学校在此基础上经过几年的完善和调整，特别是 2016 年之后在北京师范大学杨明全教授的带领下进行课程建设的讨论，并于 2017 年年底最终确定这一课程建设方案。

第二节

学校课程结构及综合化实践

一、"生命成长课程"的基本结构 >>>>>>>

　　围绕"促进学生生命成长"这一办学理念，学校提出了培养学生的六大素养的育人目标。这六大素养即身心健康、创新发展、诚信友善、责任担当、自信自律、善于交往。为实现这一育人目标，学校在整合国家课程、地方课程和校本课程的基础上，提出了五大板块的课程，即"科技与创新"课程板块、"人文与社会"课程板块、"语言与阅读"课程板块、"健康与阳光心理"课程板块、"艺术与审美"课程板块；每一个板块的课程都分为基础型课程、兴趣型课程和专长型课程三个系列，由此构建出完善的课程体系，具体参见图 12-1。

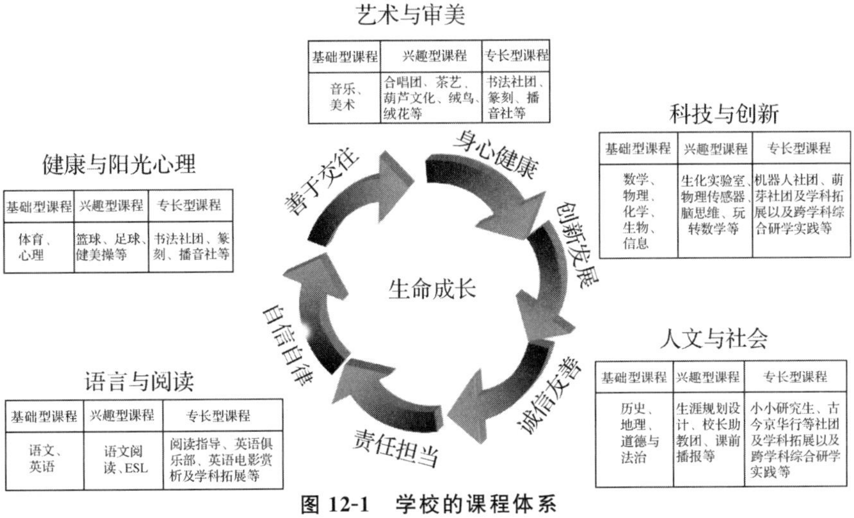

图 12-1　学校的课程体系

学校围绕学生的"身心健康、创新发展、诚信友善、责任担当、自信自律、善于交往"六大核心素养，基于"关注生命成长"，建立科技与创新、人文与社会、语言与阅读、健康与阳光心理、艺术与审美五大板块课程，培养学生的批判性思维和创新思维，提升学生发现问题、解决问题、合作研究、与人交往等综合能力。

基础型课程指国家规定的必修课程，是每名学生都要全程参与的课程，实行"N＋1＋e"模式。即中考学科每周利用 5 课时(每课时 40 分钟)完成教材内容的教学；利用 1 课时(每课时 60 分钟)进行学科知识的拓展和延伸；"e"指教师根据教学内容，适当开展 Pad 教学研究。教师在完成课堂教学任务的同时，积极开展研学活动，通过学科小课题的研究，培养学生发现问题、解决问题、调查研究、撰写论文等综合能力。

兴趣型课程是以拓宽学生的视野、拓宽学生的知识领域、满足学生的兴趣爱好为目标的课程。主要以校本课程的形式开展，每周安排 1～2 课时。

专长型课程是为在学科、科技和文体等方面具有特长的学生开设的课程，是以发展学生的专长、提升学生的专业能力为目标的课程。主要以校本课程的形式开展，每周安排 1～2 课时。

学校全面统筹 10% 的综合实践活动课程，在分析所有各学科课程标准的基础上，对教材进行重新梳理后，结合工作进度和学科特点开展学科综合实践活动和跨学科综合实践活动，逐步形成系列化、模块化。学校构建了"三三三"综合实践活动体系：①确立三级实践范围，即省外、市内、校内；②实施三维研究思路，即研前、研中、研后；③形成"三跨"(跨学科、跨学段、跨领域)研究课题。

二、文科综合课程体系建设 >>>>>>>>

(一)文科综合课程体系的总体框架

就传统而言，历史课程、地理课程、道德与法治课程这三门课程是文科类课程。我们以综合化的思路对这三门课程进行调整，设计了文科综合课程体系。这一课程体系以落实"立德树人"的根本任务为宗旨，在关注学生核心素养的基础上，整合了国家基础课程、拓展提升课程、兴趣培养课程和学段衔接课程这四个板块，有机融合历史、地理和道德与法治三个基本的课程领域，最终形成学科校本课程、学科融合校本课程、学科实践课程、学科社团研学课程、综合实践研学课程等系列课程，体现出跨学科、跨学段、跨领域的鲜明特点，具体如图 12-2 所示。

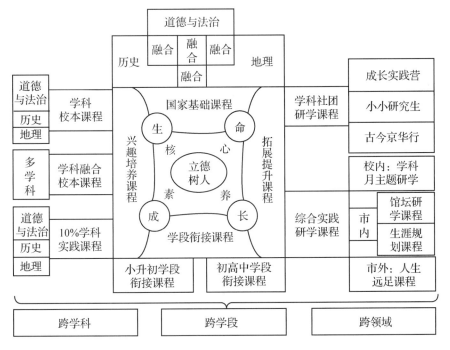

图 12-2 文科综合课程体系

文综组在学校"生命成长课程体系"框架的指导下，结合文综组的学科特点，将人文与社会课程进一步延伸、拓展，形成了文综组的课程框架。

文综组的课程框架分为四部分，分别为国家基础课程、拓展提升课程、学段衔接课程和兴趣培养课程。国家基础课程包括史地政学科课程和史地政学科融合课程两部分。拓展提升课程分为学科社团研学课程和综合实践研学课程两类。在学科社团研学课程中，目前文综组有三个研学社团，分别是道德与法治学科的成长实践营研学社团、地理学科的小小研究生研学社团和历史学科的古今京华行研学社团。综合实践研学课程分为校内研学实践（以学科月主题研学活动为主），市内研学课程（以馆坛研学课程和生涯规划课程为主），市外人生远足综合实践研学课程等。

学段衔接课程分为小升初学段衔接课程和初高中学段衔接课程。兴趣培养课程分为学科校本课程、学科融合校本课程和10％学科实践课程三类。文科综合课程体系在构建过程中体现着"跨学科、跨学段、跨领域"的设计理念，无论哪种课程都是围绕着学校的生命成长的发展目标，通过课程学习渗透核心素养，最终实现立德树人的总的育人目标。

(二)文科综合课程体系建设的基本内容

1. 研究目标

①提升教师设计学科活动的能力及自身的专业素养，真正达到"一专多能"。加强教师的跨学科教科研意识和提升教师的跨学科综合教科研能力，转变教学方式。

②提升学生的学习力，提高学生的综合素养，转变学生对非中考科目的错误认识，让学生在综合性学科活动中体会到运用各个学科知识提高学习实效的必要性，进而激发学习动机。

③改变教研组活动的形式化，探索跨学科、跨领域、跨学段合作的综合教研的有效形式、方法与途径。

④通过合作教研指导下学科综合实践活动的开展，初步尝试学科实践活动向课程化转变，完善课程结构，适应课程改革的新要求。

2. 研究内容

①理解课程标准对各学科活动设计与实施的要求，学习学科实践活动设计与实施相关理论。

②了解师生对学科实践活动的需求。

③梳理历史、地理、道德与法治和其他学科相通的知识与能力要点及各学科现有的课内外实践活动方式，做各学科实践活动有效融合的研究，提升综合实践活动的实效性。

④研讨跨学科、跨领域、跨学段合作的综合教研的有效形式、方法与途径。

⑤进行课内外学生综合实践活动方案和研学手册的设计。

(三)文科综合课程体系建设的过程

文科综合课程体系的建设经过三个大的阶段：实践探索阶段(2014年7月—2016年7月)、改进完善阶段(2016年7月—2018年7月)和内涵提升阶段(2018 年 7 月至今)。

1. 实践探索阶段

该阶段的主要任务是，确立以"跨学科""跨领域""跨学段"三跨为主的校本课题，倡导学校各教研组之间打破学科壁垒，年级组之间消除学段隔阂，学校与社会大课堂之间沟通配合，进行合作教研，积极组织开展学生学科综合实践活动。

在该阶段，我们以行动研究的方法开展实践探索，产出了一些积极的成果，包括《人生远足活动手册》《学科综合实践活动方案》和学科综合实践活动案例光盘等。

2. 改进完善阶段

该阶段的主要任务包括：申报市规划课题，深入研究，完善综合实践活动课程；深化框架式备课流程，梳理各学科核心知识与核心素养，归纳整理学科融合点；在综合教研的基础上，整体构建学科综合实践活动体系，打造精品综合实践活动课程；落实研前任务辅导、研中实践探究、研后反思总结等活动环节，完善学科综合实践活动课程的研学流程。

在该阶段，我们开展了一些问卷调查和案例分析，取得了一些积极的成果，如设计了跨学科活动框架、跨领域活动框架；学生、教师在国家核心期刊发表论文，还在国家、市区级比赛中获奖等；文综组有 1 项市级课题获得立项。

3. 内涵提升阶段

该阶段的主要任务为：一是进行学科融合，由学科综合实践活动向课堂教学学科融合延伸(学科融合由课外向课内延伸)，提高课堂教学品质，提升学生核心素养，助力学生的全面发展，有效落实全人教育；二是精选研学主题，课外课内、教学教育有机结合，打造主题化、系列化的多学科融合研学课程，形成学科活动内涵发展新模式。

在该阶段，我们也取得了积极成果，包括撰写多学科融合课堂教学学科活动案例，如历史与道德与法治、地理与物理学科融合课案例；研制《跨学科活动课程整体框架》；开发主题式学科融合校本化课程资源包、规范的综合性学科活动课程研学手册、系列化多学科融合综合实践活动课程案例等。

（四）文科综合课程体系建设的案例分析

下面，我们以"锦绣中华，智耀神州"中华人民共和国成立七十周年主题学科月活动课程，"情系西藏，大爱无疆"主题实践活动课程和"二十四节气与土地利用"多学科融合校本课程为例，分析文科综合课程的具体内容和实施策略。

文科综合课程案例分析

中华人民共和国成立七十周年主题学科月活动课程围绕"锦绣中华，智耀神州"的主题，联合了历史、地理、语文、音乐、书法、体育舞蹈、道德与法治等学科，由"指尖上的中国——智慧拼图"开启，共分为"盛世辉煌""百年抗争"和"巨龙腾飞"三个篇章。依照历史的时序性，我们用诗文朗诵、三句半、历史剧、脱口秀、书法展示、礼仪舞蹈、新闻播报、视频制作、歌曲联唱等丰富多彩的表演形式向广大师生再现中国古代文明的辉煌、近代中国人民保卫家国的反抗以及现代中国在中国共产党领导下的伟大复兴。师生在观看过程中感受到了古代先贤和人民的智慧共同谱写了中华民族的盛世华章；感受到了面对列强的入侵，中国人民同仇敌忾、共赴国难的英雄史诗；更感受到了中华儿女的自强不息、使命担当，为实现中华民族伟大复兴的中国梦而不断努力，使中国一步步走向富强。活动在全校师生高唱《我和我的祖国》的歌声中落下帷幕。本次活动通过合作教研设计学科活动，对广大师生进行了一次爱国主义教育，效果很好。本次活动还首次进行了系列化尝试。在本次展示活动结束后的一个月之内，我们又围绕着"锦绣中华，智耀神州"的主题分别在七、八年级设计了史地政多项学科实践活动，把这一主题延向纵深。比如，弘扬中华传统美德活动、制作历史模型活动、手绘中国政区图活动、拍摄最美中国活动以及录制文明中国人活动、学习中国榜样活动等，不仅让学生全方位了解了我们的祖国，增强了爱国主义情感，还提升了学生的综合素养和能力。

"情系西藏，大爱无疆"主题实践活动课程源于学校团委组织的一次针对西藏地区的捐赠活动。活动开始后，虽然学生有了捐赠行动，但我们与学生交流后发现，学生对西藏知之甚少，也不能领悟援助西藏的真正原因。基于这样一种状况，我们按照综合教研的活动流程设计了这样的一次跨学科的主题实践活动，并进行了学生研学成果的展示，通过歌曲、舞蹈等展示藏族地区的风土民俗；通过分析西藏地理环境特征以及经济发展现状等让学生进一步走进西藏。不同学科可以从不同的角度切入：生物学科的切入点是从西藏生态与环保的角度出发，阐释了尊重生命的真谛，倡导人与自然和谐相处，共促西藏发展；历史学科的切入点是通过讲解让学生明白西藏自古以来就是中国领土不可分割的一部分，藏族人民是中华民族大家庭的一员；道德与法治学科的切入点是从承担社会责任、关爱他人的角度明确捐赠活动背后的意义与价值。最后在各个学科的联动渲染之下，我们将本次活动推向高潮，师生共挂五彩经幡，一起为西藏祈福，共祝西藏的明天会更好。

活动之后，按照语文学科的设计，学生给西藏地区的孩子写信，架起了友谊互助的桥梁。在字里行间，无论是在知识上、情感态度价值观上，还是在学习方法与思维习惯上，学生都有所启发，取得了良好的育人效果。这是我们继"魅力黄河"之后，围绕培养学生核心素养来开发"祖国在我心中"系列学科实践活动课程的又一次有益尝试。沿着这样的思路，我们还研讨了"宝岛台湾行"学科活动的设计方案，希望将实践活动向实践课程转变。

"二十四节气与土地利用"多学科融合校本课程具有跨学科的特点，围绕二十四节气与农业发展的土地利用问题，打破学科界限，运用多学科知识解决现实问题。这一课程从语文学科的角度出发，引导学生从诗歌、散文等出发认识二十四节气与农业的相关知识；从地理学科的角度出发探究二十四节气的物候成因；从历史学科的角度出发引导学生了解农业沿革和有关二十四节气的历史故事等；从生物学科的角度出发，让学生了解植物生长、作物耕种等；从物理学科的角度出发引导学生分析农具发展和工作原理；从化学学科的角度出发，让学生在实验中认识土壤成分、酸碱度等。这一课程不仅有课堂理论讲解，还有课外动手实践，让学生将理论与实践相结合，在学习和实践的过程中，培养和提升学生的综合学习力、解决问题能力、责任担当意识、创新实践能力、自我管理能力、乐学善学、自主思考能力、动手实践、自主探究、意志品质、互助协作等，促进学生的全面发展，落实国家立德树人的总目标。

三、理科综合课程体系建设 >>>>>>>

(一)理科综合课程体系的总体框架

根据课程综合化的设计理念，理科综合课程体系分为三个大的课程领域，即基础课程领域、兴趣课程领域和发展课程领域。每个领域对应不同的课程形式：基础课程领域对应学科融合课程和传感器课程，兴趣课程领域对应基于项目的课程，发展课程领域对应初高中衔接课程，具体如图 12-3 所示。

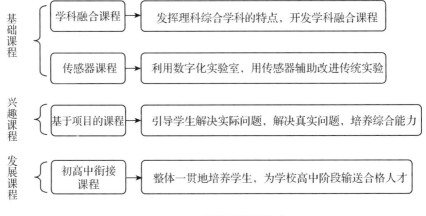

图 12-3　理科综合课程体系

(二)理科综合课程体系建设的基本要点

1. 通过学科融合落实教学内容

物理学研究的是自然界最基本的运动规律，初中物理课程是让学生在综合科学课程的基础上学习物理分科课程。因此，初中物理学科校本课程应以学生活动为中心组织该学科课程的开发，应贴近学生的生活，让学生从生活、身边的自然现象中探究并认识物理规律。同时我们将物理知识及科学技术与社会实践结合起来，让学生体会到物理知识就在生产、生活、社会、科技之中。物理课程与学生生活和 STS（科学、技术、社会）教育相融合具有潜在的优势和可行性，不仅充实了物理课程的内容，而且有助于优化物理课程，使素质教育的内容在物理课程中得到落实。STS教育内容融入物理课程建设，具有多样性、开放性、综合性和参与性等特征。

2. 通过挖掘寻找融合素材

随着科学技术的发展，现代物理学正影响着人们的物质和文化生活的各个方面，不断为人类创造着物质文明和精神文明。因此，在物理教学中，我们要向学生介绍物理与交通、物理与通信、物理与能源、物理与材料以及物理与其他日常生活密切相关的内容，让学生进一步理解物理知识在社会和生活中的应用，让学生在尽情领略物理带给人们的便捷与舒适的同时，增强回报社会、服务社会的责任感和义务感。同时，应该看到，科学技术的发展也带来了一些负面影响。在教学中，我们也要毫不回避地向学生说明：由于对科学技术应用的考虑欠缺，人类正面临着如环境污染、温室效应、人口膨胀、能源枯竭等的威胁。让学生理解这些问题的出现并不是物理本身造成的，但这些问题的解决必须要依靠物理的方法。要让学生去理解人与自然、人与社会和谐发展的重要性，树立可持续发展的科学意识。

3. 通过项目式学习渗透科学的研究方法

物理实验的方法本身就符合人的认识规律：实践—认识—实践。在物理教学过程中，我们要注重展示科学的客观真实性，培养学生以实事求是为基础的科学求真精神。实验教学时，要求学生充分尊重实验事实，向学生开展"实践是检验真理的唯一标准"的教育；要求学生按照一定的程序规范操作，有目的、有计划地观察实验现象，如实记录实验现象和数据，不弄虚作假、臆造事实。当实验现象与自己所学理论不相吻合时，学生更要认真分析、寻找原因，大胆质疑，培养一丝不苟的求实态度。

在比较复杂的物理问题中，我们常常忽略一些次要的因素，抓住事物的主要方面来研究问题，即建立理想化模型，如用点电荷代替真实带电体，用理想气体代替实际气体等。这样的方法就是体现了"矛盾论"思想，在复杂事物的发展过程中，同时包含着许多矛盾，其中起领导和决定作用的是主要矛盾。此外，在物理学的解题方法中，如隔离法、对称法、转换法等，都反映了辩证法的许多观点和处理问题的方法，对形成良好的科学精神和生活态度，非常有帮助。

325

(三)理科综合课程体系的实施效果

1. 调动了学生学习的积极性

尽管学生在学科融合课程中不是想研究什么就可以研究什么，想怎样研究就可以怎样研究，但比起学科课程，综合实践活动课程没有规定的必学内容。它的设计和实施是基于学生的兴趣和直接经验，学生在这个课程里有更多选择的机会和权利，他们总能找到自己感兴趣又能研究的问题。学生在教师的指导下去研究、去探索，这样就极大地调动了他们参与活动的积极性和主动性。综合实践活动课程之所以在短时间内取得了这么理想的效果，主要是由于这种活动激发了学生的兴趣，调动了他们的主动性，从而使他们用顽强的毅力战胜了活动过程中的各种困难，达到了预期的目标。

2. 发展了学生的个性

综合实践活动课程充分尊重学生的教育主体地位，坚持学生的自主选择和主动参与。学生在观察生活的过程中，提炼出感兴趣的研究对象，作为综合实践活动课程的主题。在活动准备阶段，学生自主进行合作分工，明确各自的责任。在活动过程中，大家根据分工各负其责；可是每个人的活动又不是独立的，大家必须随时互通信息，分享信息，合作完成任务。综合实践活动课程通过综合性的实践学习，改变了学生单一的知识接受性的学习方式或生活方式，为学生的成长打开了另一扇窗，使学生的学习生活丰富多彩起来，为学生的个性化发展提供了空间和可能。

3. 提高了学生的能力

由于学科课程以掌握系统知识为主，即便现在也开始重视培养学生的实践能力了，但由于受学科教学时间的限制，学生也很少有机会真正放开手脚参与实践。而综合实践活动课程的实践性、开放性及自主性给学生提供了真正放开手脚参与实践的机会，让学生既可以亲自动手制作，也可以亲自参与社会调查、参观、采访等活动。在这些实践活动中，学生的问题意识、创新意识、合作意识和观察能力、动手操作能力、与人交往与合作能力及创新能力等都有机会得到发展。

(四)理科综合课程体系建设的案例分析

我们以校本课程"开心小农场"为例,阐述理科综合课程的内容及其实施策略。

案例:开心小农场

一、课程开发的背景

在新课程改革的浪潮下,科学探究校本课程旨在从初中生物教学内容出发,与学生尝试从材料、实验方法等各方面改进课本实验,并且根据已学的知识自主尝试设计并实施新的拓展实验。该课程旨在培养学生对于生物学的喜爱,让学生习惯观察身边的生物,学习科学的思考问题的方法、基本探究思路,学习设计实验的方法,并能运用到生活当中,从而提升自主解决身边的问题或寻找解决方法的能力。探究的方法是生物学乃至整个自然科学的基础方法,是作为新时代的人必备的能力。

经过上一学年"开心小农场"的试运营,教师和学生都得到了很多的宝贵经验,丰富了校园生活,为学校教育增添了乐趣。学生在课下或者课余时间可以到现实的农场之中浇水、施肥、除草,享受劳动的快乐,从而放松身心,释放心情,调节心理压力,以便更好地投入学习。在进行高效率的学习活动前,学校已经开辟三小块地作为实验用地,在秋季种植冬小麦;也进行过小油菜、向日葵、番茄等生物的种植。此后本活动可以作为社团活动,一直延续下去。本学期延续上学期,将科学探究实验加入校本课程,与开心小农场间或进行,为学生节省时间并让他们得到收获。

二、课程开发的目标

学生通过课程的学习,达到如下目标:①丰富校园生活,为学校教育增添乐趣;②享受劳动的快乐,从而放松身心,释放心情,调节心理压力,以便更好地投入学习,进行高效率的学习活动;③具备基本的劳动常识和习惯,学会简单农作物的种植和管理方法;④在种植的基础上,利用这片试验田,进行研学活动设计,并进行研究性学习。

三、课程的基本内容

1.种植部分。

第1课时:确定种植植物,设计种植位置,确定人员、分组。

第2课时:回家查阅播种方法等,组长分配任务,拔草、翻地、播种。

第 3 课时：翻地、施肥。

第 4 课时：播种适宜温度为 15～25℃ 的植物。

第 5 课时：播种适宜温度为 18～25℃ 的植物。

第 6 课时：播种适宜温度为 20～25℃ 的植物。

第 7 课时：田间管理(间苗、追肥、浇水、记录长势)。

第 8 课时：田间管理(间苗、追肥、浇水、记录长势、采收 30 天成熟植物)。

第 9 课时：盆栽番茄。

第 10 课时：田间管理(追肥、浇水、记录长势)。

第 11 课时：田间管理(追肥、浇水、记录长势、采收 60～70 天成熟植物)。

2. 科学探究部分。

第 1 课时：学习制作植物名牌。

第 2 课时：观察种子的萌发，并设计观察表。

第 3 课时：观察菜地周边的节肢动物。

第 4 课时：调查菜地周边生物的生活。

第三节

课程建设的效果与反思

一、提高了学校课程建设的能力 >>>>>>>

通过开展基于"生命成长"的综合化课程体系建设和项目研究，学校的领导干部和全体教师的课程建设能力得到了明显提升，领导干部的课程领导力得到了提高，教师也培养了课程意识、提高了课程开发的能力。项目研究的过程也是一个规划学校发展、形成办学特色和办学理念的过程，也是一个形成共识、凝聚人心的过程。学校通过办学找到更多的新的生长点，也焕发出蓬勃的生机和活力。几年来，围绕课题研究，学校积累了大量的研究成果，为下一步的研究和发展奠定了良好的基础。尤其在基于办学理念的课程整合、综合实践活动课程开发、校本课程开发、跨学科教学设计等方面，学校积累了经验，凝聚了更多的信心去迎接未来的改革和挑战。例如，我们经过几年的探索，提出了综合实践活动课程开发的流程(参见表 12-1)，这为我们更好地开发综合实践活动课程奠定了良好的基础。

表 12-1 学校综合实践活动课程开发的流程

流程	内容	备注
活动主题的确定及原则	体现育人原则；能力培养为先；关注热点；关注综合性(学科综合与跨学科融合)	依据准备及与其他学科组的交流后确定

流程	内容	备注
主题说明（活动的目的、目标、意义等）	为什么开展此主题的活动？（分总体说明、具体说明两部分；具体说明部分要解释培养学生的哪些意识和能力，包括但不限于学习方式、学习习惯、思维习惯、探究能力、合作意识、规则意识、解决问题的能力等）	
确定开发人员及其职责	包括提前踩点人员及要求、手册研发人员及要求	可由学校协助确定
研讨手册内容	确定各自的职责，确定出题标准（考虑课程标准的要求）；学情分析（建议确定主题后先做学生问卷，了解学生的兴趣点）；分学段和学科设计（建议七年级以体验和基础为主，八年级重在学科拓展，九年级重在研究，同时考虑学生的兴趣点和提升点）；内容要考虑系列性、整体性、针对性	
集中研讨	安排不少于3次的集体交流；完成手册内容的编写	提前上报，相关领导参加
制定并实施活动方案	包括前期准备、具体实施、后期展示等环节的时间、人员、设备、资金等方面的要求	学校统筹调配人员、设备及资金
后期跟进	活动结束后，思考如何将活动内容延续下去以及以何种方式呈现等	在前期活动构想时即开始考虑
档案整理	包括但不限于学生问卷及分析，体现全过程的精选照片、视频、手册、学生作品、活动反思等	建立专门的资源库

二、促进了教师的专业发展 >>>>>>>

（一）教育教学新理念在学科实践活动设计与实施中得到逐步落实

学校通过跨学科综合教研设计实践活动，使教师从教学实践层面认识到学科整合的重要性，意识到跨学科整合可以打破各学科间知识与能力的割裂现象；通过学科间的知识互动、综合能力培养，满足教学互需，促进师生合作，落实以人为本的全人教育新理念。此外，学校通过跨领域综合教研设计学科实践活动，帮助教师树立了课程资源的开发意识，丰富了学科教学的内容与形式，拓展了学科研学的渠道，改变了教学方式，使学科教学更有魅力。学校通过跨学段综合教研设计学生实践活动，帮助教师树立人才培养的可持续发展意识，做好小升初和初高中的顺利衔接工作。

（二）教师的专业知识、理论水平、学科站位迈上了一个新台阶

学校通过跨学科综合教研设计实践活动，使学科教师了解了本学科以外的学科知识，弥补了在学科教学上单一知识的不足，扩充了自己的知识面。而且，学校通过跨领域综合教研设计学科实践活动，让教师与领域专家面对面交流研讨，使自己的专业知识得到延伸、拓展，对自己的学科教学有更深刻的认识，进而提升教学质量。学校通过跨学段综合教研设计学生实践活动，使初中教师与高中教师一起研讨，站在学段衔接的角度来认识自己的课程。这种高站位更有利于学科教师把握学科知识与能力的重难点，进而更好地驾驭自己的课堂教学。

（三）教师的教科研能力在"三跨"课题的实施中有了显著提升

教师在课题研究的过程中共同研讨交流，汲取他人的智慧，弥补自己的不足，同时在实践过程中积累了大量的课题资料，撰写相关论文，在互帮互助中共同提升教科研水平，也激发了教师之间的合作共赢意识。

（四）师生关系更加和谐

在"三跨"课题的实践中，教师由三尺讲堂走到了学生中间，了解学生的心声，和学生一起发现问题、研究问题和解决问题，使学生认识到教师不是高不可攀的施教者而是陪伴他们成长的引领者，进而拉近师生的距离，增进了师生情感，促进了师生关系的和谐发展。

三、提升核心素养，助力学生成长 >>>>>>>

（一）学生的思维品质得到了提升

学生通过跨学科实践活动的开展，学会了多层次、多角度地思考、分析和解决问题，提升了学生的综合思维力，有助于学生将碎片化的零散知识系统化，进而梳理出自己的知识网络，构建自己的知识体系，帮助自己从表象到本质去更深刻地认识和理解每一个事物或现象。学生思维品质的提升有助于他们应对中高考改革的发展变化。

（二）学生的学习方式发生了明显的转变

学生在学科实践活动的过程中不再满足于被动地接受知识，而是积极主动地获取知识。在活动中，他们积极发现问题，选取研学课程，并通过各种途径收集查找资料，围绕研学课题进行资料的筛选与甄别，在合作探究中完成研学内容，在展示交流中相互借鉴，提升了学生的综合实践能力和综合学习力。

（三）学生的综合素质得到了提升

学生的非智力因素得到了充分的发展，综合素养得到提升，符合国家对人才培养的需求。在学科实践活动的过程中，学生互帮互助，在亲身体验与感受中，积极传递向上的正能量。学生在学习动机、态度习惯、理想目标、意志品质、团结合作、责任意识、礼仪规范等方面都有着明显的变化。这些变化促进了学生的全面发展。

四、课程建设趋于完备，丰富了课程类型，完善了课程结构 >>>>>>>

通过这一课题的研究，我们积极尝试开发学科实践活动课程，落实课程改革精神，完善学校的课程结构，丰富学生的学习生活。此外，学校与社会大课堂等社会资源实现自下而上的对接，丰富了课程资源，拓宽了学习渠道。

当然，我们的研究和探索也遇到了一些问题和挑战，综合化课程体系的建设存在改进与完善的地方，主要体现在如下几个方面。

一是课程建设还处于探索阶段，课程体系没有真正形成，在课时有限的情况下，还没有把国家课程、地方课程、学校课程有机结合起来，互为支撑与补充。二是课程的设计与开展还需要结合学生的具体需求进行调整与改进，使之更能凸显实效性，还要在涵养学生核心素养上进一步研讨可行的策略。三是课程开发流程需要进一步规范化，最主要的课程要素包括课程目标、课程内容、学生的学习活动设计以及课程评价等还需要进一步研讨，加快进行校本学习手册的研发。四是综合实践活动课程的流程还需要进一步落实并固化和细化，更好地体现学科融合，完善研前、研中和研后学习。五是根据形势的变化、学校办学思路的重新定位，学校的课程建设需要与时俱进，进行动态的规划和完善。

总之，综合化课程体系的建设为学校的发展提供了新的契机。我们再接再厉，在学校课程建设的道路上迈出更加坚实的步伐！

第十三章

"生命浸润"课程体系构建与实施的策略——北京师范大学亚太实验学校的探索

北京师范大学亚太实验学校是北京市"遨游计划"项目实验校,是一所实验性、创新性学校。构建科学的课程体系是学校发展、学生成长的需要。为此学校在坚持八年生命教育研究的基础上,努力探索构建"生命浸润"课程体系。

第一节

研究背景

ᐯ
ᐯᐯ
ᐯᐯᐯ
ᐯᐯᐯ
ᐯᐯᐯ

一、政策背景 >>>>>>>

　　研究制定适合学生发展的课程体系是基于国家教育改革发展的政策要求，也是从国家对于人才的培养需求方向看出统筹学段，统筹学科，统筹课标、教材、教学评价考试，统筹人员，统筹课程、校园、社团、家庭、社会，构建全方位、一体化的育人体系的需要性。

　　2014年，《教育部关于全面深化课程改革 落实立德树人根本任务的意见》。该意见在要求培养学生的道德情操、扎实的科学文化素质、健康的身心、良好的审美情趣的同时，突出强调要使学生具有中华文化底蕴，具有中国特色社会主义共同理想和国际视野，力求使立德树人的方向性、民族性和时代性更鲜明。

　　《北京市基础教育部分学科教学改进意见》强调依据课程标准开展教学，特别是小学阶段语文、英语学科要严格坚持基于课程标准开展教学，强调学业基础、扩大知识面，不得赶进度、增难度；培育和践行社会主义核心价值观，引导学生广泛阅读古今文学名著，传承优秀传统文化。在七、八年级解决好科学类学科教学的小初衔接问题，培养学生全面的科学素养。

　　《北京市实施教育部〈义务教育课程设置实验方案〉的课程计划（修订）》特别强调关注课程的整体育人功能以及学科内、学科间的联系与整合，加强综合实践活动课程的开发与实施，也即要统筹各学段、各学科、各育人环节、各方参与人员和育人环境，以实现全科育人、全程育人、全员育人和实践育人。

二、学校办学追求的需要和课程建设进一步改进的需要 >>>>>>>>

学校的办学追求：为学生的未来而来，为学生高尚与幸福的人生奠基。为此，学校需要建设高位的课程体系来推动办学目标的实现。

学校自 2002 年开始进行校本课程建设研究并取得一定成果。学校德育生命教育成果经过多年的实践也逐渐突显，国家基础课程校本化实施、课堂教学研究不断深入，特别是随着学科内涵建设、学生学科素养和学习力培养方面的研究不断深入，学科课程体系建构不断完善。

在多年的课程实践中，我们也发现学科间的过度封闭造成教师专业的局限问题，以及学科交叉内容融合不足、课程体系整体目标不清、课程设置过于烦琐问题。在课时安排设置方面，教材、课程标准要求的内容与具体学生掌握的实际情况有一定的差异，课程设置管理的具体空间不足，学生在学习过程中自主空间设置不足，学科素养、核心素养培养的操作、要求不清晰和评价难以操作等。

鉴于此问题，学校需要研究出可具体操作、落实的科学方法与途径，从而促进学生更好地发展。

第二节

"生命浸润"课程体系的构建及实践

一、"生命浸润"课程体系构建的原则 >>>>>>>

在学校原有课程建设的基础上，我们致力于寻求学校课程顶层设计的策略，以学校办学的核心价值目标为引领，力图创建浸润学生生命、促进其个性发展的整体系统的课程方案和育人环境。

(一)理论联系实际原则

我们借鉴国内外先进的课程理论与研究成果，结合学校发展的客观实际情况以及教师资源、学生特点，构建具有较强科学性的和能促进学生、教师、学校健康可持续发展的课程体系。

(二)系统整合融合原则

我们将现有国家课程的相关操作内容、评价要求进行系统整理，结合学校的实际情况进行整合，适度调整，并结合交叉内容以学科群方式进行适度融合。

(三)多元与选择原则

我们构建开放课程资源空间，适度借鉴国际课程资源，改进授课、课程设置方式，为学生提供更多的选择空间；拓展学习的时空，使学习变得更自然。

（四）指向未来原则

体系构建试图有一定的超前性，指向学生未来及学校的可持续发展，试图提高学生的学习潜力与社会的高适应、亲和能力。

（一）理念引领，育人为先

课程作为育人的载体，是学校办学理念和培养目标实现的重要途径。为此，学校在整体课程方案建设之初，带领课程开发团队进一步明晰学校的办学追求，确定了"教育浸润生命，为幸福与高尚的人生奠基"的办学理念，以及"培养身心健康、智慧理性、具有生命情怀和艺术涵养、优秀传统文化底蕴和国际视野的好少年"的育人目标。课程建设追求学生学科素养、思考力、创造力、团队合作、自主发展等核心素养的生成。

1. 生命与生命教育的内涵解析

生命特别是人的生命，应当由三个因素构成，即生理（自然属性）、心理（社会属性）和灵性（精神属性）。生命的自然属性，是建立在人的血缘关系基础之上的生理范畴，它主要涉及与人伦和人生（生命长度）有关的性问题、健康问题、安全问题和伦理问题等。生命的社会属性，是人伴随着一定的社会文化和心理基础而发展起来的符号识别和社会人文系统，它涵盖了人的成长、学习、交友、工作、爱情、婚姻等人文、人道的方面。生命的精神属性，是一个人"我之为我"的最根本体现和本质要求，也是生命最聚集的闪光点，它包含自性本我、低层本我、人文本我、形象本我和高层本我五个层次，涉及人性与人格。

生命具有不可重复性、独特性、丰富性、和谐性、生长性，而生命教育是教育的逻辑起点也是终点。生命教育更强调尊重自然、尊重事物发展的内在规律，尊重生命的各种性质，尊重人的精神需求，为其提供环境、机会及可能，呵护、浸润生命，使其自由、丰富、独特地发展，以达到自我实现的人生境界。因此我们对生命教育的核心理念进行了如下的梳理与诠释，如表13-1所示。

表 13-1　生命教育的核心理念及诠释

生命教育的核心理念		生命教育的核心理念诠释
自然的生命	肯定生命的奥秘性 培养生命的虔敬感 开发生命的潜在力	生命是一种美丽，要学会欣赏 生命是一种责任，要学会履行 生命是一种和谐，要学会相处 生命是一种理解，要学会宽容 生命是一种期待、希望和理想 要学会用勤奋劳动创造去实现
社会的生命	学习尊重生命 学习转化生命 学习超越生命	
价值的生命	文明、和谐、自由、平等 公正、爱国、诚信、友善	

浸润是尊重生命成长规律，遵循教育发展规律，在浸染、熏陶、潜移默化、逐渐渗透的过程中，让学生掌握扎实的基本知识与技能、科学的学习方法与思维，培养健全的人格，实现全面发展。教育是一个长期浸染、熏陶的过程，教与学是一个长期积累融合的过程。教师的指导方法、策略对学生的作用也是潜移默化、逐渐渗透的。生命浸润即将生存的基本规则、技能、对生命的感悟等相关内容、方法，融入学生成长发展的过程，滋润学生的心灵。

2. 学校的办学理念与育人目标

办学理念：教育浸润生命，为幸福与高尚的人生奠基。

育人目标：培养身心健康、智慧理性、具有生命情怀和艺术涵养、优秀传统文化底蕴和国际视野的好少年。具体来说，包括如下几方面。

身心健康：我们希望培养具有积极、乐观、阳光且健康、健美、舒展的具有自主、自觉、独立性的人格的好少年。

智慧理性：我们希望培养具有基础知识、思维思路深刻、视野开阔、潜力充足、擅长思考与反思的好少年。

生命情怀和艺术涵养：我们希望培养具有一定价值理想追求，善于自我完善、自我超越，有坚忍的意志品质，并有高雅的审美情趣、艺术修养的好少年。

优秀传统文化底蕴和国际视野：我们希望培养具有较强的民族自豪感和家国情怀，具有良好的公民道德素养，能够了解国际多元文化、尊重不同差异与人生的好少年。

学校的课程目标表述的依据包括如下几方面。一是学校的核心教育理念，即教育浸润生命；二是学校的核心教育目标，即为幸福与高尚的人生奠基；三是学校学生和家长的需求，即源于教育市场的自主、多元和个性化选择，家长和学生对教育环境、优质资源、特色品质和个性服务有着较高的要求；四是学校办学已有的资源、实力、特色和水平。

3. 学生发展核心素养及其内涵释义

学生发展核心素养，主要指学生应具备的、能够适应终身发展和社会发展需要的必备品格和关键能力。中国学生发展核心素养以培养"全面发展的人"为核心，分为文化基础、自主发展、社会参与3个方面，综合表现为人文底蕴、科学精神、学会学习、健康生活、责任担当、实践创新6大素养，具体细化为国家认同等18个基本要点。六大素养之间相互联系、相互补充、相互促进，在不同情境中整体发挥作用。

核心素养是关于学生知识、技能、情感、态度、价值观等多方面要求的结合体；它指向过程，关注学生在其培养过程中的体悟，而非结果导向；同时，核心素养兼具稳定性与开放性、发展性，是一个伴随终生、可持续发展、与时俱进的动态优化过程，是个体能够适应未来社会、促进终身学习、实现全面发展的基本保障。

中国学生发展核心素养提出后，在教育实践中落实的途径为：一是通过课程改革落实核心素养，二是通过教学实践落实核心素养。

(二)确定目标，建立体系

依据学校的办学理念、育人目标和对学生发展核心素养的价值追求，学校确立了"生命浸润"课程体系。

1. "生命浸润"课程目标的确立

课程目标为：学校充分运用多种课程资源，构建以学习为中心、师生共同成长并具有国际视野的多元、开放、个性化的课程体系。

2. "生命浸润"课程体系的构建

课程体系是指在一定的教育价值理念指导下，将课程的各个构成要素加以排列组合，使各个课程要素在动态过程中统一指向课程目标实现的系统。基于对上述概念的理解，结合学校的具体发展情况，我们进行了系统的思考，经历了校本课程的构建与实施、国家课程校本化的实践与研究、学科课程建设的实践与思考等不同的阶段。在每个阶段的实践过程中，我们对课程体系的构建有了更深入的思考，在教学研究深入的基础上试图将德育课程、家长互助课程、综合活动以及生命教育相关理念、成果融入体系，形成了富有学校特色的"生命浸润"课程体系。我们将课程的领域结构、国家课程的三级体系、国家基础学科课程、课程目标以及具有学校特征的基础学科课程结构融入体系，形成全方位、立体化、可操作的课程体系模型。

　　"生命浸润"课程体系采用四棱锥立体图形，将课程按门类划分为三大基本课程(语、数、英)和四大特色领域课程(品德与健康、人文与社会、体育与艺术、科学与技术)；再按功能划分为基础性课程(国家课程)、拓展性课程(校本特色课程)、应用性课程(融合性实践课程)三大类别，并且以"生命浸润"为核心教育理念一以贯之。其结构模型图采用四棱锥体，如图13-1所示，在此基础上加一底座，表示以德育为基石，顶点表示学校育人目标，轴心线表示学校的核心教育理念。

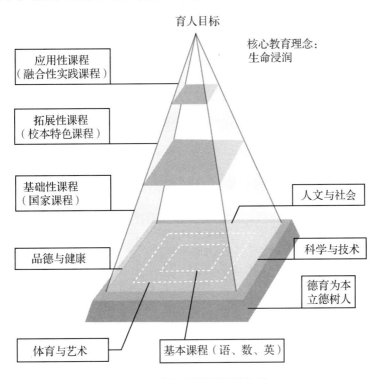

图 13-1 "生命浸润"课程体系

学校在各学科和领域进行特色课程和体系化建设，最终形成课程体系总表，如表 13-2 所示。

表 13-2　学校课程体系总表

类别	三大基本课程			四大特色领域课程			
基础性课程（国家课程）	语文	数学	英语	品德与健康	人文与社会	体育与艺术	科学与技术
				道德与法治 心理教育	历史 地理	体育 音乐、美术 形体舞蹈	理、化、生 信息技术
拓展性课程（校本特色课程）	人文阅读、优秀传统文化	数学思维能力拓展	听说能力斯坦福课程	公民教育 心理教育	生存教育 生命教育	游泳、太极 合唱、管乐 书画、舞蹈	科学探案 中医药文化
应用性课程（融合性实践课程）	读书、写作、演讲	数学游戏生活应用	英语角、英语戏剧和游学	志愿服务 品德实践	主题和专题实践活动	运动会、游泳赛、太极操、艺术节、舞蹈剧	雏鹰建言 科技实验
	特定主题的多学科融合课程（桑蚕文化、火场疑云、舌尖上的老字号等）						

学校课程体系构建的具体策略如下。

（1）多学科整合的共融课程的校本化构建

多学科整合的共融课程主要是指把国家课程、地方课程和校本课程作为一个整体来考虑和设计。一方面改进和完善国家课程、地方课程和校本课程的资源开发和实施，进一步加强校本课程特色化建设；另一方面落实学校国家课程、地方课程和校本课程三级课程相互整合，重点开展多学科整合的共融课程的实践研究和探索，具体如图 13-2 所示。

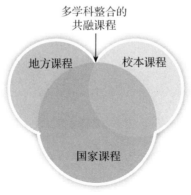

图 13-2　多学科整合的共融课程

　　我们试图打破国家课程、地方课程、校本课程的整合范围，以某个学科或学科领域为主导进行学科群的构建实践。如在桑蚕文化综合活动学习的项目中，我们在文学艺术学科领域进行绘本创编的设计活动；在科学学科领域中，我们通过科学探案综合学习活动将物理、化学、生物进行有机融合。

　　根据此结构，学校适度将课时设置进行整合，在教学时间分配上，在一定时间内进行适度微调以保障相关教学任务的完成，又能提高教学内容的丰富性、趣味性，提高教学的实效性。

　　(2)学科领域的校本化构建

　　在"教育浸润生命"的学校核心文化理念引领下，我们把"生命浸润"作为课程建设的核心理念和目标价值追求，贯穿于所有课程当中。根据国家课程领域划分的基本方向，学校把全部课程划分为语、数、英三大基本课程，品德与健康领域课程、人文与社会领域课程、体育与艺术领域课程等类别并形成结构特色，具体见图13-3。

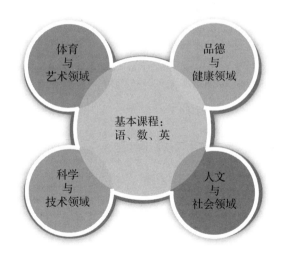

图 13-3　学科领域的校本化构建

　　根据此结构的设计与思考，我们试图引入学科群的思路，在学科领域内进行以某一学科为基础的学科群建设的研究，研究如何处理学科基础与学科拓展、学习的"博"与"专"之间的联系，使学生的知识结构、体系更加丰富、更具个性化，提升学生的学习力和综合运用、创新的能力。

(3)国家课程的校本化构建

国家课程的校本化构建是指学校在国家课程标准的指导下，对国家课程进行校本化改造的过程。学校国家课程校本化构建由多种教材资源整合的国家课程内容、学科课程拓展内容和学科应用实践内容三个层面组成。它体现了学校根据实际情况创造性地实施国家课程的经验和智慧，具体见图 13-4。

图 13-4　国家课程的校本化构建

基础部分是学生在研习国家课程标准的基础上，结合不同版本教材的特点进行系统整合，拓展教学资源空间，打破教材的局限性，真正做到用教材教学，从而进一步拓宽教师的视野，开发探索更好的课程资源，逐渐将课程资源转化为学生的学习资源，提高学生的学习自主性和积极性，让学生学得精深。拓展部分旨在转化学校长期积累的课程资源，提高学生的学习力，增强学科间的联系，让学生学得广博。应用部分旨在提高学生的实践能力，突出学以致用，提高学生解决问题的能力，密切联系学生的生活，提高学生学习的兴趣与原动力，让学生学得有用、有趣。

学校研究的课堂结构可以理解为一种教学的思想和工具，旨在增强教学的开放性和应用性。教师在日常教学中可以在同一节课内进行三维构建，也可以用一定的课时进行专项的拓展与应用。在基础、拓展、应用三个层次之间，学校提倡在基础融合贯通之中的自然拓展，和在自然拓展之后的有效应用。三个层次之间是自然深入的过程，也是相互照应、融合的过程。

三、学校课程体系的实施路径 >>>>>>>

(一)学校课程体系的理解与整体推进

学校采用如下方式推进课程：学习课程理论→提出学校学科课程构建思想→研究确定方向结构→分学科论证结构→实施→视导评价改进方式。

在确立了立体化的课程体系，明确了研究实践的方向之后，我们思考如何让教师理解体系的架构与内涵，如何将体系的思想、思路要求落实到日常的教育教学管理工作中并转化为教师自觉的行动，可以通过以下过程与方式推进：理论学习与体系理解→部分学科带头人和骨干教师研讨推进→全员全学科重点推进研讨落实→修订改进完善体系→学科内涵建设、学习力研究→学科群→体系完善改进。

学校组织教师学习相关的课程理论，推荐相关的理论书籍，请相关的作者、学者、教授一同探讨课程理论的内涵。校长主导科研落实，部分骨干教师开展相关主题的研究活动，采取部分先行、逐科推进的方式进行研究。教师进行课程理论学习，并能理解体系与学校、学生、自身发展之间的联系与重要性。各学科教师之间相互学习，借鉴课程的实践研究成果，逐渐进入自主、自觉的研究状态。学校在每学期开展不同专题的研讨活动，使课程体系的研究与推进不断深入。

(二)课程结构的落实与推进

学校确定了"基础—拓展—应用"的课程结构，在初期阶段主要针对一节课的课堂教学进程结构加以研究。基础部分由多版本教材的整合到多种资源整合。拓展部分从初期使用学校自主编写的学科校本教材(语文多水平阅读、数学思维拓展、英语斯坦福个性化网络资源)，逐渐发展为使用更丰富的相关课程资源。应用部分由简单的应用发展为更具现实环境特征的相对复杂的应用。

在课程设置上，我们打破每节课的固定时间界限，实行长短课时结合，以便于学科内容的安排。在授课方式上，我们采用分层走班与自然行政班结合的方式，更好地落实因材施教。在教师安排方面，我们在体育学科实施全校体育活动、年级体育教学、班级体育授课的多元方式，教师也采用灵活安排方式保障体育课的教学效果。在中小衔接和初高衔接课程中，我们适度安排了跨学段内容。

在"教育浸润生命"理念的引领下，学校的课堂结构和教学内容发生了较大的变化。以学习为中心的课堂构建更加关注学生的认知和学习效果。教师更加关注综合学习学科融合；教师站在更高的视角进行教学设计，以资源的视角灵活运用教材；教师更加关注学生的生命成长，师生真正做到教学相长；教师和学生的学习内驱力强，较好地培养了学生的潜力，为他们的终身学习奠定良好的基础。

（三）课程设置整体布局调整的推进

学校试图在课程体系推进的时间、空间改进和延展方面进行尝试和探索。学校采用以起始年级为重点的课程设置布局。小学的低年级起始阶段采用上午安排基础学科课程和下午整合安排音、体、美活动等方式进行实践并取得较好的效果。七年级安排分时段适度走班的形式进行实验，并在起始年级的班级进行国际课程选修的实验。在学习时空延展方面，学校运用信息技术，开展翻转课堂等网上在线学习、自主学习的探索，通过不断改进满足学生个性化学习、自主学习的需要。

（四）课程的内涵、资源和文化建设

学校充分运用多种课程资源，构建以学习为中心，师生共同成长并具有主体性、多元、开放、个性化、具有优秀传统文化底蕴和国际视野的课程文化。

1. 以学习为中心的课堂教学定期督导活动形成传统

学校课堂教学以"生命浸润"为理念，以课程标准为依据，以学习为中心，以"知识的积累、能力的形成、素养的提升"为目标，以"乐学""会学"和"学会"为导向，坚持在实践中不断改进，坚持引入外界力量进行视导评价。

2014 年，《课堂观察教学评价量表》的评价重点是"以学习为中心的课堂教学"和"基础＋拓展＋应用"三阶段课堂教学模式落实；2015 年，《课堂观察教学评价量表》的评价重点是"课堂学生学习力的培养"和"各学科内涵建设自主标准的落实"；2016 年，《课堂观察教学评价量表》的评价重点是"核心问题的设计与把握"和"高水平认知能力的体现"。这种外界视导和督导，对学校教师的专业化发展和新课程理念在课堂中的落实起到很好的推进作用。

2. 学校泛在理念下的图书馆资源建设

学校在"泛在图书馆"理念下构建多点分散式图书馆体系。第一层面是中心书库,馆藏图书 60000 余册,是学校图书馆资源管理中心。它还包括智慧电子图书馆,是运用多媒体技术手段打造的信息化、电子化图书馆。第二层面是学科领域阅览室,主要分为儿童文学(绘本)、青春综合、科技、艺术、英文、教育教学等八个阅览室。第三层面是桑蚕文化、生命的奥秘、博音书屋、科学探秘、北纬30度、视觉传达、跳跃的多巴胺、心与心的磁场、疯狂科学、数学智慧屋 10 个专题学习资源室。学校图书资源建设的核心要素是"书书相连""书人相连""人人相连",任何时间、任何地点、任何方式都可用。这样让学生与图书馆的物理距离更近,随时可以阅读,随时分享,减少烦琐的借还程序,基本实现"让学校在图书馆中"。

3. 中华优秀传统文化教育融入学校课程建设的实践

学校以"中华优秀传统文化教育融入学校课程建设的实践研究"为重大课题开展深入研究,分别从中华优秀传统文化教育融入国家课程、地方课程、校本课程等方面入手(图 13-5)。课程成果有中华优秀传统文化教育融入小学语文课程、小学数学课程、小学英语课程以及初中优秀传统文化专题教育课程、初中优秀传统文化多学科融合课程等课型,还有学生语文情景剧《精忠报国》、中英文情景剧《屈原》、体育社团表演《太极拳》等活动,深得好评。

图 13-5 中华优秀传统文化融入课程

相关实践和研究进一步推动学校北京课程创新遨游、科技创新翱翔等项目的科学落实和实践创新，形成具有鲜明特色的学校课程和课堂文化以及校园精神和育人文化。

第三节

"生命浸润"课程实施、管理与评价

学校成立课程建设评价领导小组，加强不同类型课程评价的研究和改革力度。教育处和教学处负责具体日常课程的检查和评价工作。

一、"生命浸润"课程的实施分析 >>>>>>>

为了全面发展学生的核心素养，学校以多学科为基础的综合实践活动课程引起我们的关注。另外，多学科实践课程中渗透中华优秀传统文化，教育意义深远，更有利于学生核心素养的培养。然而，中华优秀传统文化与多学科实践课程的融合如果处理不当，则有生拉硬拽或喧宾夺主之嫌。

以"青青陌上桑"综合实践活动课程为例，它巧妙地将有关桑树的中华优秀传统文化与理科实践相结合，融合了多学科知识，以期促进学生多元化的发展。"青青陌上桑"多学科融合创新实践活动课程的开发，以"桑蚕文化"为核心，以弘扬中华优秀传统文化精神、提升学生的科学素养、促进学生的综合成长为导向，将中华优秀传统文化与开放式科学实践活动相结合，融合多学科资源知识，整合创新应用思维策略，强调实际参与、亲身体验产生实际获得。该课程旨在拓展学生的知识范围、拓宽学生的思维视野和发展学生的综合能力，满足学校和学生对课程资源高品质、个性化和多元化的需求。

（一）课程特色

"袅袅城边柳，青青陌上桑。"桑蚕文化是颇具中国特色的文化形态，是"丝绸之路"的起源，是我国文化走向世界的载体。桑蚕文化以农耕文明的生产技术为基础，蕴含着汉文化的主体文化。学校开发以桑蚕文化为主题的"青青陌上桑"创新实践课程，在文化铺垫的同时突出科学实践的深度与广度。多学科融合的"青青陌上桑"综合实践课程巧妙融合了中医药优秀传统文化和古代诗词歌赋等人文元素，打破了传统学科的壁垒和界限，使课程资源、课程要素和课程环境整体化并产生聚集效应，实现了学生多样的学习体验、丰富的学习经历，实现了综合课程良好的育人功能和教育目标。

"青青陌上桑"课程通过多种活动设计把"动物蚕和植物桑"的科学知识与"桑蚕文化"的人文知识融为一体，注重提高学生的逻辑分析能力，激发学生科学探究的兴趣，渗透有人文底蕴的学科教育，提高学生的审美情趣，推动学生科学素养和人文素养的融合和提升。

"青青陌上桑"课程在多学科知识融合的基础上，以科学实践活动为支撑，巧妙地渗透了中华优秀传统文化的中医药文化，并开展桑白皮面膜、桑叶饼干和桑葚酒的手工制作，以此力图实现中华优秀传统文化的创造性转化和创新性发展。

1. 多学科融合，打破学科界限

"青青陌上桑"综合实践活动课程融合了生物、化学、物理以及历史、语文、艺术等学科基础知识，整合教育资源，提高学生的学习兴趣；将教学内容实践化，对课堂教学是宽度的拓展，也是纵向的、深度的拓展。

2. 融入中华优秀传统文化，升华人文情怀

该课程巧妙地融入有关"桑蚕文化"的传承，包含中华优秀自然科学技术的发展和相关人文诗词的情怀感染，沉淀文化内涵，升华学生对民族文化的认同感和自豪感。

3. 结合实践活动，培养创新和探究能力

该课程通过贴近学生生活实际和最新科技前沿的活动，在动手"做科学"的过程中，促进学生创新意识、理性思维和实践能力的提升；在设计活动中，保护学生的想象力，培养学生的发散思维，提高学生的审美能力，培养学生的自主性、独立性。

(二)课程建设与实施

依据课程目标，学校将"青青陌上桑"课程体系框架初步设为"品味文化""科学探究""社会生活"和"艺术创作"四大模块。每个模块细分为不同的专题课程，充分实现学科交叉融合，以实现学生多方面的发展，培养学生的核心素养，具体见图 13-6。

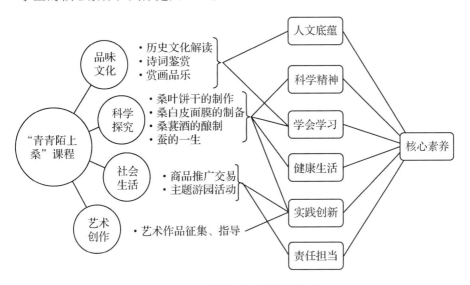

图 13-6 "青青陌上桑"课程体系

在课程的文化铺垫部分，我们通过讲座、学生资料收集等方式普及桑蚕文化和中医药文化知识。

在科学实践部分，我们开展了"采桑养蚕"课程，让学生观察了蚕的生活习性和生长发育特征；高年级学生利用多学科知识和技术探究了蚕丝的理化性质；学生总结了研究性学习报告，如探究蚕卵为什么凹陷，蚕除了吃桑叶外还吃什么等问题。

学生反馈很喜欢探究的过程，懂得如何关爱生命，这与学校"教育浸润生命"的理念是相符的。

除了养蚕的课程外，我们还开发了以"桑"为切入点的综合课程。桑叶、桑白皮都是临床常见的中药，被收录在《中华人民共和国药典》中。课程以桑树的中医药功能引入，内容分为"桑叶饼干的制作"和"桑白皮面膜的制备"两大部分。

在课前，教师引导学生从各学术类网站收集有关桑的中医药知识，并思考以什么产品形式在日常生活中实现其中医药功效，培养学生的创新意识以及理论联系实际的能力。课上教师引导学生以辩证的眼光分析

《本草纲目》的药学知识，让学生通过课前收集的资料从化学分子、生物学功能等科学证据分析解决问题，然后采用生物和化学知识、实验技术通过动手操作完成桑白皮凝胶面膜的制备，以此培养学生的理性思维和科学探究的学科素养。我们鼓励学生将制作的面膜和饼干带回家送给父母长辈，孝心和感恩也是一种传统美德。学生反映通过这一系列课程感受到了中华文化的博大精深，并希望传承下去。其中一个课程案例如下所示。

案例：青青陌上桑之桑白皮面膜的制备

一、教学目标

(一)知识与技能目标

1. 认识桑白皮并了解其功能效用。

2. 了解溶液、胶体，以及溶解、溶胀现象。

3. 初步学会桑叶面膜的制作方法。

(二)过程与方法目标

学生通过凝胶面膜的制作，学会使用量筒等，并了解溶解、溶胀过程。

(三)情感、态度与价值观目标

学生通过在合作中学会互助、体会成功、建立自信，激发对科学的兴趣；培养勇于质疑和严谨的科学态度。

二、教学重点、难点

教学重点：认识桑的药用价值；学习桑白皮凝胶面膜的制作方法。

教学难点：桑叶、桑白皮中有效成分的提取原理。

三、教学片段

环节一：课程引入

讲述：同学们，走进校园，大家是否感觉到我们的学校很漂亮？其实，我们的校园不仅漂亮，而且到处都是宝……

环节二：初探新知——了解桑的药用价值

环节三：制备桑白皮凝胶面膜

……

"青青陌上桑"系列课程巧妙地将中华优秀传统文化与理科实践活动

相结合，融合了多学科知识，巧妙解决了中华优秀传统文化与多学科实践课程的融合问题。该课程符合课程改革理念，注重提高学生的逻辑分析能力，激发他们的科学探究兴趣，渗透有人文底蕴的学科教育，提高他们的审美情趣，提升他们的民族自豪感和爱国情怀，引导他们承担一定的社会责任，有利于他们的多元化发展和核心素养的培养。"青青陌上桑"课程是以桑蚕文化为主题的创新实践课程体系，将中华优秀传统文化与学科实践相结合，并打破传统学科的壁垒和界限，以知识的综合运用和能力的综合培养为目的，使课程资源、课程要素和课程环境整体化并产生聚集效应，有利于学生的多元化发展，也有助于促进教师的专业化成长。

该课程由不同学科背景的教师组成课题开发小组，在课程开发和实施过程中成为学习共同体，可以优化自身的知识结构和教学方式，促进研究型教学的生成；特色校本课程的开发，有助于凸显学校特色建设，促进学校文化积淀，使学校、课程和教师同步发展；该课程的开发也有望为优秀传统文化的继承和传扬做出有益的探索。

另外，我国学生面临考试和升学等压力，实施时如何协调该课程与国家课程之间的时间安排需要引起关注。为解决这一问题，我们可考虑将该课程作为选修课程，为学生提供多种选择。学校每周二下午安排的各种兴趣课由校外机构提供，学生可以自主选择。该课程可以作为兴趣课的一种在该时间段开展。

二、"生命浸润"课程评价 >>>>>>>

学校从学生的核心素养发展、教师的专业化发展、学校的可持续发展以及课程科研成果与社会影响力评价四大方面建立与落实以发展性评价为核心的多元评价体系。

(一)学生的核心素养评价

根据中国学生发展核心素养的文化基础、自主发展、社会参与三个方面的指标特征，学校建立了以发展性评价为核心的学生多元评价体系。学校重视过程评价，注重对学生学习方法、态度、情感、表现以及实践能力和多元潜能的综合评价，突出评价的发展性功能和激励性功能，重视对学生学习潜能的评价。学校借助心理咨询室的功能在每学年对学生进行专项核心素养评估，并将评估结果及时反馈，检验推进效果。本项评价采取过程性评价、发展性评价和定期评价相结合的方式。

（二）教师的专业化成长评价

学校在每学期对课程体系的推进进行系统的评估与评价，采用问卷与座谈的方式，了解在课程体系推进过程中的问题并逐渐解决。每学期的教师专业水平考核都会对教师对体系的理解与落实情况进行考察。每学期的课堂教学视导对教师的课程教学进行指导。学校按不同阶段编制了核心指导评价标准，便于教师掌握。以上措施都取得了较好的效果。本项评价采取发展性评价、定期评价和诊断性评价相结合的方式。

（三）学校的可持续发展评价

学校需要有稳定的教师队伍和明确的办学思想，实现学校的制度建设和科学化管理，形成深厚的文化底蕴，坚持科研先导，充分发挥科研在学校发展中的重要作用等。学校要注重教育资源的整合开发和利用，培养具有健全的人格和终身发展能力的学生，按照学校发展的规律和趋势，借助科学的、具有长远生命力和有效率的举措，从根本、全局上进行整体设计、规划和落实，使学校不断超越，不断创新，实现可持续发展。本项评价采取自主评价和外部评价相结合的方式，以自主评价为主。

（四）课程科研成果与社会影响力的评价

学校具有承担教育部规划课题、市级规划重点课题的能力和经历。当前学校同时承担北京市"遨游计划"项目和北京市"翱翔计划"的实践研究。学校开发和正式出版了包括德育、语文、数学等的多套系列教材。学校获得北京市基础教育科研先进学校、北京市基础教育课程建设先进单位等荣誉称号。目前学校发展稳健，整体向上，提升效果明显。本项评价采取自主评价和外部评价相结合的方式，以外部评价为主。

三、"生命浸润"课程管理与保障 >>>>>>>

学校成立了以校长为核心的由科研部、教育处、教学处共同参与的领导小组，课程的管理与教育教学日常工作密切结合。学校在每学期以研讨会的形式推进课程实施。学校以教研组组长、年级主任具体推进，建立完善的档案管理和奖励制度，建立鼓励教师深入研究的长效机制。

学校设立课程实施专项经费，每年拨付相应的款项用于课程实施的有关活动，确保经费落实，为课程实施的顺利进行提供必要的物质支持。学校充分利用西城区和北京市各级教育教研机构，充分利用北京师范大学等高校教育资源，形成专业的课程建设咨询指导队伍。

学校通过多种渠道和形式，向家长、社区广泛深入宣传学校课程建设以及特色课程开设的目的、意义、内容及阶段成果，努力营造有利于国家课程、地方课程尤其是校本课程实施的良好社会氛围，争取教师、家长和社会对课程实施工作的理解和支持。

学校对参与课程实施有突出贡献的教师，在确定教师工作量、职称评聘、聘任、评优、评先等方面优先考虑。学校还建立相关制度，用制度来规范操作，用制度来加强管理。

在选聘教师的过程中，学校对教师进行整体布局调整，适度增加具有全科教学能力的教师，增加具有海外留学背景的教师，在学历层次上适度聘用具有博士学位专业素养的教师，以满足课程建设落实的需要。

总之，课程体系建立与推进的研究，是一个持久的浸润过程，是一个不断改进与探索的过程。它是提升学校办学品质、促进学生健康发展、促进教师专业化发展的有效途径。我们要以发展研究的科学态度去实践，实现教育者的生命价值与理想。

主要参考文献

中文文献

著作类:

1. [美]约翰·富兰克林·博比特. 课程[M]. 刘幸, 译. 北京: 教育科学出版社, 2017.

2. [法]P. 布尔迪约, [法]J.-C. 帕斯隆. 再生产——一种教育系统理论的要点[M]. 邢克超, 译. 北京: 商务印书馆, 2002.

3. [美]约翰·杜威. 民主主义与教育[M]. 王承绪, 译. 北京: 人民教育出版社, 1990.

4. [美]菲利普·贝尔, [美]布鲁斯·列文斯坦, [美]安德鲁·绍斯, 等. 非正式环境下的科学学习: 人、场所与活动[M]. 赵健, 王茹, 译. 北京: 科学普及出版社, 2015.

5. [美]George J. Posner. 课程分析[M]. 第3版. 西安: 陕西师范大学出版社, 2005.

6. [英]A. V. Kelly. 课程理论与实践[M]. 第5版. 吕敏霞, 译. 北京: 中国轻工业出版社, 2007.

7. 华东师范大学教育系, 杭州大学教育系. 现代西方资产阶级教育思想流派论著选[M]. 北京: 人民教育出版社, 1980.

8. 靳玉乐. 新课程改革的理念与创新[M]. 北京: 人民教育出版社, 2003.

9. 江山野. 简明国际教育百科全书: 课程[M]. 北京: 教育科学出版社, 1991.

10. 李子建, 黄显华. 课程: 范式取向和设计[M]. 香港: 香港中文大学出版社, 1994.

11. 马克思恩格斯全集(第一卷)[M]. 中共中央马克思恩格斯列宁斯

大林著作编译局，译．北京：人民出版社，2016．

12.［美］威廉·F.派纳．课程：走向新的身份［M］.陈时见，潘康明，等，译．北京：教育科学出版社，2008．

13.杨明全．课程论［M］.北京：中国人民大学出版社，2016．

14.杨明全．当代课程话语比较研究［M］.太原：山西教育出版社，2019．

15.张华．经验课程论［M］.上海：上海教育出版社，2000．

16.赵祥麟．外国现代教育史［M］.上海：华东师范大学出版社，1987．

17.全国十二所重点师范大学．课程论［M］.北京：教育科学出版社，2007．

18.钟启泉，崔允漷，张华．为了中华民族的复兴 为了每位学生的发展——《基础教育课程改革纲要（试行）》解读［M］.上海：华东师范大学出版社，2001．

19.中华人民共和国教育部．普通高中课程方案（实验）［M］.北京：人民教育出版社，2003．

20.中华人民共和国教育部．中小学综合实践活动课程指导纲要［M］.北京：北京师范大学出版社，2017．

期刊类：

1.陈舒，裴新宁．正式与非正式科学教育组织的协作——美国K-12科学教育的经验与启示［J］.全球教育展望，2016(1)．

2.崔允漷，何珊云．"丛林之旅"：校本课程十年——校本课程的回顾、省思与展望［J］.基础教育课程，2010(Z1)．

3.范佳午，杨明全．校本教研：校本课程开发的有效途径［J］.教育科学研究，2015(7)．

4.黄志成．弗莱雷解放教育课程建构论述评［J］.全球教育展望，2003(2)．

5.姜英敏，金春玉．把游学活动开发成国际理解课程［J］.人民教育，2016(21)．

6.李臣之．课程实施：意义与本质［J］.课程·教材·教法，2001(9)．

7.林一钢，黄玉鑫．校本课程评价［J］.江西教育科研，2002(9)．

8.刘晓虹．整体主义与个人主义之争：西方哲学的一条重要线索［J］.学术界，1999(6).

9. 彭华．中国传统思维的三个特征：整体思维、辩证思维、直觉思维[J]．社会科学研究，2017(3).

10. 王北生．马克思恩格斯关于人的全面发展学说的理论体系[J]．河南大学学报(哲学社会科学版)，1987(6).

11. 王鑫．以学生核心素养为统领的学校课程体系建设——成都市棕北中学"三·三·六"课程体系探索[J]．教育研究，2017(9).

12. 吴德刚．关于马克思主义人的全面发展学说的再认识[J]．教育研究，2008(4).

13. 许洁英．国家课程、地方课程和校本课程的含义、目的及地位[J]．教育研究，2005(8).

14. 徐玉珍．校本课程开发：概念解读[J]．课程·教材·教法，2001(4).

15. 辛涛，姜宇，王烨辉．基于学生核心素养的课程体系建构[J]．北京师范大学学报(社会科学版)，2014(1).

16. 熊梅，脱中菲，王廷波．校本课程开发实践模式探索[J]．教育研究，2008(2).

17. 杨明全，吴娟．论基于证据的学习的内涵与意义[J]．教育科学研究，2017(11).

18. 杨明全．课程实施的学理分析：内涵、本质与取向[J]．全球教育展望，2001(1).

19. 杨明全．行动研究与课程创新[J]．教师教育研究，2004(4).

20. 杨明全．以人文促教化：我国传统儒学课程考辨[J]．课程·教材·教法，2017(6).

21. 杨明全．论课程知识的文化本质——基于东西方文化的诠释与比较[J]．全球教育展望，2013(12).

22. 杨文．活力：课程实施过程的本质——来自怀特海过程哲学思想的启示[J]．牡丹江师范学院学报(哲学社会科学版)，2004(4).

23. 张超．基于学科的课程综合化实施[J]．教学与管理，2017(29).

24. 张斌贤．进步主义教育运动：概念及历史发展[J]．教育研究，1995(7).

25. 张华．体现时代精神的综合实践活动课程：理念与实践[J]．人民教育，2017(22)．

26. 张廷凯．我国课程论研究的历史回顾：1922—1997(上)[J]．课程·教材·教法，1998(1)．

27. 钟启泉．基于核心素养的课程发展：挑战与课题[J]．全球教育展望，2016(1)．

28. 钟启泉．综合实践活动课程的设计与实施[J]．教育发展研究，2007(3)．

29. 钟启泉．研究性学习："课程文化"的革命[J]．教育研究，2003(5)．

30. 顾明远．马克思个人全面发展理论的现实意义[N]．光明日报，2017-07-25(6)．

英文文献

1. Apple, M. Ideology and Curriculum (3rd Edition)[M]. New York & London: Routledge Falmer, 2002.

2. Bruner, J. S. The Process of Education[M]. Cambridge: Harvard University Press, 1960.

3. Cremin, L. A. The Transformation of the School: Progressivism in American Education 1876-1957[M]. New York: Alfred A. Knopf, Inc., 1961.

4. David Scott. Critical Essays on Major Curriculum Theorists[M]. London: Routledge, 2008.

5. George Willis, et al. The American Curriculum: A Documentary History[M]. Westport: Greenwood Press, 1993.

6. Giroux, H. Theories of Reproduction and Resistance in the New sociology of Education: A Critical Analysis[J]. Harvard Education Review, 1983(3).

7. Jacobs, H. H. Interdisciplinary Curriculum: Design and Implementation[M]. Alexandria: Edwards Brothers, Inc., 1989.

8. Mash, C, J. & Willis, G. Curriculum: Alternative Approaches, Ongoing Issues[M]. New Jersey: Pearson Education, Inc., 2007.

9. Pinar, W. F. What is Curriculum Theory? [M]. New York & London: Routlege, 2004.

10. Posner, G. J. Analyzing the Curriculum[M]. New York: McGraw-

Hill, Inc. , 1992.

11. Posner, G. J. & Rudnitsky, A. N. Course Design: A Guide to Curriculum Development for Teachers[M]. Boston: Pearson Education, Inc. , 2006.

12. Ralph, W. Tyler. Basic Principles of Curriculum and Instruction[M]. Chicago: The University of Chicago Press, 1949.

13. Skilbeck, M. Curriculum Development[M]. Bangkok: UNESCO Regional Office for Education in Asia and the Pacific, 1982.

14. Schubert, W. H. Curriculum: Perspective, Paradigm, and Possibility[M]. New Jersey: Prentice-Hall, 1997.

15. Schubert, W. H. , Schubert, A. L. , &.Thomas, T. P. , et al. Curriculum Books: The First Hundred Years[M]. New York: Peter Lang Publishing, Inc. , 2002.

16. Taba, H. Curriculum Development: Theory and Practice[M]. New York: Harcourt Brace Jovanovich, Inc. , 1962.

17. Tanner, D. & Tanner, L. Curriculum Development: Theory into Practice[M]. New York: Macmillan Publishing Co. Inc. , 1975.

18. Wiles, J. & Bondi, J. Curriculum Development: A Guide to Practice[M]. New York: Pearson Education, Inc. , 2007.

后　记

　　在基础教育研究领域摸爬滚打这么多年，我越来越相信一点，那就是课程改变学校。这一判断的基本出发点就在于课程是育人的基本载体，有什么样的课程，就有什么样的学生和教师。两千多年之前，东方的孔子开坛讲学，以"礼、乐、射、御、书、数"这"六艺"授徒，由此开启中国私学教育的先河，儒家之风泽被后世；西方的"智者学派"、苏格拉底、柏拉图等人同样高举开蒙启智的火把，以教授年轻人为业，推崇"文法、修辞、逻辑、算术、几何、天文、音乐"这"七艺"，智慧的光芒照亮欧洲历史数以千年。无论是"六艺"还是"七艺"，这都是学校课程的最初形态。因为有了这些课程的浸润，人类的文化才得以传承，文明才得以延续。在今天，科技文化水平和社会发展程度已远非两千多年前的圣人时代所能比拟，但教育的本质目的亘古未变，那就是启智育人、助人成才。在这一目的背后，途径和手段是变化的。因为不同的时代有不同的使命与课题、有不同的理念与追求，课程变革也就具有了合理性。课程为学生提供了各种发展的机会，课程变革就是要优化这些机会，为他们的发展带来更多的可能。所以，学校课程的质量提升了，学生的发展才能有坚实的基础和依据，才能为学校的发展打开新的空间。

　　很高兴的是，这一想法得到了北京市不少中小学校长和教师的认同。我们组建了学校课程建设的实践共同体，在8所中小学开展了有关学校课程建设和课程综合化实施的实践和实验。这些项目学校基于不同的办学情境和各自的理念，卓有成效地开展了一系列研究和探索。项目学校的校长和教师对学校课程的专业理解让我赞叹，他们身上体现出的对未来一代高度负责的精神以及矢志不渝的教育情怀让我钦佩！在此，感谢项目学校的校长和教师的支持，特别是北京教育科学研究院丰台学校的张广利校长、厂桥小学的高红校长、阎村中心小学的李莉萍校长、北京教育科学研究院丰台实验小学的祁红校长和张海燕副校长等，在此不再一一列举。友谊之树常青，希望我们在研究中加强合作，共同探索学校课程的奥秘。

本书是合作的结晶。上编"学校课程建设的理论创新"属于理论研究，共五章，由北京师范大学杨明全撰写；下编"学校课程建设的实践探索"属于实践层面的案例研究，共八章，各章的作者依次是北京市西城区厂桥小学刘晔（第六章）、北京石油学院附属实验小学宋春艳（第七章）、中国人民大学附属中学朝阳学校小学部孙文娜（第八章）、北京教育科学研究院丰台实验小学祁红（第九章）、北京市房山区阎村中心小学李莉萍和陈玉平（第十章）、北京教育科学研究院丰台学校张广利（第十一章）、北京市陈经纶中学保利分校吴志强（第十二章）、北京师范大学亚太实验学校徐向东（第十三章）。

"贤俊慕而自附兮，日浸淫而合同。"在研究的道路上遇到一群志同道合的人，实乃人生之大幸！再次感谢这些学校的校长、教师，感谢作者们的辛勤付出！2019 年 10 月，我被调往北京师范大学珠海校区工作。励教楼深夜的灯光，见证着我对本课题研究的执着，谨以本书铭记这段难忘的时光。谨代表各位作者，以此书致敬初心不改、勇往直前的人们！特别感谢北京师范大学出版社的同人，对他们的专业精神和宝贵建议表示敬意和感谢！

杨明全

2020 年 6 月 6 日

于珠海校区粤华苑青年公寓